SAGGISTICA 40

Mediterraneo e dialoghi di intercultura tra pandemie e guerra

The Mediterranean and Intercutlural Dialogues Among Pandemics and War

Mediterraneo e dialoghi di intercultura tra pandemie e guerra

Conferenza internazionale online su letteratura, arte, cinema, politica e filosofia mediterranee

Edited by
Antonio C. Vitti
Anthony Julian Tamburri

BORDIGHERA PRESS

Library of Congress Control Number: 2023934496

COVER PHOTO: "Panorama di San Donato Val di Comino," 6 May 2011, by Samuele Tocci

© 2023 by the Authors

All rights reserved. Parts of this book may be reprinted only by written permission from the author, and may not be reproduced for publication in book, magazine, or electronic media of any kind, except for purposes of literary reviews by critics.

Printed in the United States.

Published by
BORDIGHERA PRESS
John D. Calandra Italian American Institute
25 West 43rd Street, 17th Floor
New York, NY 10036

SAGGISTICA 40
ISBN 978-1-59954-206-5

Table of Contents

Antonio Vitti and Anthony Julian Tamburri • "Prefazione" (ix)

Elisabetta D'Amanda • "*Porpora* (2021) e lə altrə: Porpora Marcasciano si racconta" (1)

Alan Hartman • "Renovation and Renewal in Nicola Pugliese's *Malacqua*" (8)

David Joseph Higgins • "Lust, Loyalty, Love, and Soccer in *È stata la mano di Dio*" (18)

Mario Inglese • "Lo spazio vuoto: una lettura di Giorgio Caproni" (25)

Maria Laudani • "Leonardo Sciascia y la guerra civil española" (37)

Claudio Mazzola • "Gianni Amelio, Il Signore delle Formiche: cronaca di uno scandalo annunciato" (51)

Bruno Mellarini • "'Perché il mondo più bello è sempre l'altro'. Su Biamonti, dalla tragedia della Storia all'armonia del paesaggio" (62)

Anna Maria Milone • "Altre case, altre stanze. Letture da George Orwell, Andrea Bajani, Davide Morganti, Alain Robbe-Grillet" (82)

Massimo Nicaso • "La trilogia di Francesco Rosi: *Salvatore Giuliano, Il caso Mattei, Lucky Luciano*" (89)

Domenico Palumbo • "Le Sirene, falsi aedi: variazioni sul tema" (96)

Ilaria Parini • "Sex, Lies, and Homilies. Sorrentino's Controversial Representation of The Ecclesiastic World in *The Young Pope* and *The New Pope*: A Linguistic and Translational Analysis" (107)

Daniela Privitera • "La letteratura italiana oltre i confini dello stato nazione: il Mediterraneo e i nuovi italiani" (142)

Daniela Privitera • "Dee, brigantesse, bagnarote e scrittrici: il Mediterraneo delle donne tra mito, storia e letteratura" (153)

Giuseppe Scraviglieri • "Dal passato al presente: esperienze sulla valorizzazione della cultura architettonica mediterranea" (166)

Tellini, Giulia • "*Goldoni e la guerra* (187)

Carmelina Vaccaro • "Pensieri ancorati e sogni proiettati. Mediterraneo la storia presente" (194)

Antonio Carlo Vitti • "Who Reads a Book Discovers a Man: Notes and Reflections on Giose Rimanelli" (201)

Maria Rosaria Vitti-Alexander • "La cattura" (222)

David N. Winkler • "Apollo, Dionysius, and Will to Power in Sorrentino's *È stata la mano di Dio*" (229)

INDEX (235)

AUTHORS (240)

Prefazione

Passati ormai quindici anni dal nostro primo incontro ad Erice e dodici dalla nascita della Fondazione: *Mediterranean Center for International Studies* (MCIS), questa raccolta di saggi presentati al convengo online del 2022, continua il dialogo tra studiosi che operano in tre continenti diversi e da anni si confrontano su argomenti e su temi relativi a qualsiasi aspetto della cultura mediterranea.

Questa raccolta spazia da incontri, scontri, inatttese sinergie fra Nord e Sud nelle opere di Pirandello, tra personaggi, fantasmi e attori in Pirandello e in Eduardo De Filippo, a Palermo mediterranea di Santo Piazzese, alla metafore palermitane nella narrativa di Giorgio Vasta, a una rilettura di *Mediterraneo* di Gabriele Salvatores, alla odissee migratorie del nostro presente, alla Grande Madre mediterranea e l'enigma dell'anima italiana, alla socio-linguistica della lingua franca del Mediterraneo, alla nuova critica sulla letteratura degli americani italiani, alla fama delle modelle ciociare a Montparnasse, per concludersi con The Moroccan Diaspora and Political Representation e la storia raccontata attraverso la ministoria di un inconsueto privilegiato.

La varietà della raccolta continua il nostro impegno e desiderio di costruire un dialogo attraverso la diversità e la ricchezza multiculturale della cultura mediterranea. Questo nuovo volume sottolinea lo scopo della nostra organizzazione nel promuovere il dialogo, e l'indagine accademica per un futuro più equo e sostenibile per tutti.

Antonio Carlo Vitti
Casalvieri, febbraio 2023

Anthony Julian Tamburri
Manhattan, marzo 2023

PORPORA (2021) E LƏ ALTRƏ
Porpora Marcasciano si racconta

Elisabetta D'Amanda

Nel 2020 in anteprima al Lovers Film Festival di Torino veniva proiettato il primo cortometraggio di Roberto Cannavò con Porpora Marcasciano "Divieto di Transito" che si avvale della collaborazione dei materiali d'archivio del Fondo Marcasciano digitalizzati e messi a disposizione dall'Archivio OUT-TAKES di Bologna. Porpora Marcasciano in un'intervista, che le ho fatto a marzo del 2022 nella mia serie *Viva l'Italia* al Rochester Institute of Technology, mi ha parlato di oltre 300 ore di archivio da lei girate e raccolte nel corso degli anni. Il film *Porpora*, sempre di Roberto Cannavò, del 2021, è nato dalla collaborazione con il MIT Movimento identità trans e con produzione di Marilisa Murgia e Vittorio Martone - che vediamo pure nel film come compagno di viaggio e voce narrante. Questo articolo vuole mettere in rilievo l'unicità del lavoro di Porpora, reso evidente in questo film, che si avvale del suo prezioso archivio visivo, centrale nell'importante costruzione di sé e della rappresentazione della comunità trans mediata da un consapevole uso della narrazione e della videocamera, e non solo di quella del regista Cannavò.

Il film *Porpora*, presentato in anteprima assoluta all'XI edizione di Divergenti–Festival Internazionale di Cinema Trans di Bologna, il primo festival in Italia dedicato al cinema trans, se fosse drammatizzato potrebbe essere un *bildungsroman*, anche se è sostanzialmente un 'road film', il cui prologo, tratto dal libro *Antologaia. Vivere sognando e non sognare di vivere: i miei anni Settanta* (2016), ne stabilisce il manifesto. "Il termine trip aveva significati diversi" recita Porpora Marcasciano in apertura del documentario, "tutti riconducibili al concetto di ricerca. Trip non era solo viaggio, scoperta di paesi diversi, ma attraversamento di altre dimensioni, di altri mondi o di mondi 'altri'. Per trip intendo il transito, tutto quel percorso iniziato nel settembre 1973, quando mi si spalancò davanti un mondo nuovo e da lì cominciò la mia presa di coscienza. Quando smisi di vergognarmi e compresi profondamente che quanto mi era stato detto prima non era vero, che gli indiani non erano i cattivi, i comunisti non erano cannibali, gli omosessuali non erano mostri ... e che gli stronzi che vorrebbero fartelo credere sono sempre gli stessi."

Questa porzione di recital teatrale richiama a sua volta una porzione dell'introduzione del suo libro, *Tra le rose e le viole. La storia e le storie di transessuali e travestiti* in cui già nel 2002 Porpora ci parlava della creazione di una biografia che nasce con una lente doppia che focalizza sia sulla persona che sul contesto d'azione e di come questo contesto mette in evidenza 'le regole e i valori' di un periodo storico che potrebbero passare inosservate o dimenticate. "Ricordi, aneddoti, diari sono documenti essenziali per ricostruire e interpretare un periodo e un'esperienza. «Pas de documents, pas d'histoire». Accanto alla storia ufficiale e riconosciuta, [...] ce n'è una parallela, invisibile e silenziosa, quindi sconosciuta, fatta da gente comune coinvolta in situazioni sociali significative. Materia di questo lavoro è per l'appunto la controstoria, o storia dal basso." (pag. 1-2 Introduzione)

E nella narrazione-viaggio cinematica di *Porpora*, una volta chiarito nuovamente il suo impianto antropologico-politico, l'attivista parte. E messo tutto in valigia, con tagli e montaggi spazio-temporali, iniziamo con lei un percorso, cronologicamente avanti e indietro grazie al materiale d'archivio raccolto, ed al percorso nell'oggi dell'attivista che viene intramezzato dalla voce narrante di Vittorio Martone che, come dicevo, oltre che produttore, diventa fisicamente il compagno di strada con la funzione di coscienza ed interlocuzione. La struttura di questo documentario narrativo è abilmente tracciata per permettere al pubblico, da una parte, di avere spazi di riflessione e, dall'altra di identificazione, alternati in un flusso dove l'oggi e ieri, l'io e il noi si mescolano senza soluzione di continuità in un viaggio intimo; eppure, molto esplicito al tempo stesso. Infatti, solo alla fine, ci rendiamo conto, che la narrazione è incastonata tra due parti di un video di un viaggio fatto da Porpora nel 1992 di ritorno al suo paese di nascita, San Bartolomeo in Galdo in provincia di Benevento, montato appunto all'inizio e alla fine del film. Un viaggio che la rende, a suo dire, emozionata e ansiosa allo stesso tempo, mentre nel percorso visivo la ritroviamo a confrontarsi con un sé tra passato e presente. In questo percorso si evidenzia un dolore profondo mai sopito e un isolamento dal gruppo nel paese di origine poi virato in lotta e ricerca della propria comunità: un atto politico in cui tutto "il personale è politico" in un continuo fluire da una rappresentazione-affermazione di sé a quella di un 'noi comunità Trans'.

Nelle note di produzione del film, leggiamo che "*Porpora* nasce come racconto di una figura storica del movimentismo italiano, trasversale, capace di partecipare a una varietà di movimenti (quelli femministi, comunisti, LGBTQ+) contribuendo con la sua unica personalità al loro arricchimento. Ma il viaggio nasce anche per mostrare quanto sia fondamentale ancora oggi questa sua esperienza." Da qui la scelta di affiancare a Porpora un compagno di viaggio che ne potesse raccogliere la testimonianza, come tramite per un pubblico anche esterno alla comunità LGBTQ+, e il progetto di una produzione affiancata dalle associazioni protagoniste delle istanze rappresentate da Porpora Marcasciano.

Il regista Cannavò ci offre molte inquadrature classiche del documentarismo che potrebbero apparire innocue: i campi medi si alternano ai primi piani, talvolta ai primissimi piani. In realtà la composizione di questo duo, attrice/attivista da una parte e narratore/ascoltatore/pubblico dall'altra, presenta alcuni dialoghi fondamentali in classiche inquadrature di cinema narrativo quasi di genere, con campi totali che vedono i due a confronto. Proprio quando il tema del confronto tra le parti, Porpora persona-comunità trans discute la sua identità e diritto di esistenza fronteggiando il pubblico-non trans. Lo stesso avviene quando Porpora-sacerdotessa LBGTQ+ presenzia centrale il confronto tra la sua comunità e quello stesso pubblico-non trans, il campo medio tiene le parti della comunità e mette in difetto il pubblico con una netta presa di posizione sul fatto che ai non trans finalmente tocca ascoltare. Dichiara il regista Cannavò, "*Porpora* è un film che attraverso la sua protagonista racconta le difficoltà di tutta la comunità transessuale [...] In questo film Porpora è al tempo stesso soggetto, narratrice, guida e testimone." Io direi di più; questo è il film che Porpora Marcasciano ha scritto durante tutta la sua vita, proprio dagli inizi. Nell'epilogo, siamo lasciati ad un montaggio della sua vita dagli esordi ad oggi. In una scena — e dico scena non a caso — una ventenne Porpora reagisce alla ripresa "Mi stai filmando? Nessuno mi aveva mai filmato prima." Ma in realtà, già da quel momento, è lì per essere filmata, per essere vista, per rappresentare. Questa è la forza di un'attivista che non ha mai smesso di lottare sino dall'inizio. E da quel momento ha iniziato a raccogliere la sua storia orale, attraverso le immagini dell'amica fotografa e ally Lina Pallotta, degli eventi politici con le altre trans e attiviste storiche come la prima leader del MIT, Gloria Di Folco, delle immagini private e pubbliche di sex worker e nella memoria orale del dramma della carcerazione brutale quando negli anni '80 la polizia carceraria riduceva la condizione Trans a travestitismo.

È un film che ruota intorno alla protagonista, lasciando che autonomamente gli spettatori possano rendersi conto della differenza sostanziale tra divismo e leadership. Da oltre 40 anni Porpora Marcasciano difende i diritti della comunità LGBTQ+. Nel 2015 le è stato assegnato il titolo di Defensor of Human Rights da Amnesty International. *Porpora* (2021) di Roberto Cannavò è un film *on the road* nell'avventura umana di Porpora Marcasciano da Bologna, dove oggi siede tra i banchi del Consiglio comunale, al sud, verso il suo paese natale, per ripercorrere un'esperienza di battaglie che durano ancora oggi: una storia che è fatta di storie; le storie di tutti i compagni e le compagne di viaggio che nel tempo hanno trovato in lei un punto di riferimento. Una storia per dare voce a chi non ha/ha avuto voce. Il materiale d'archivio collezionato dalla stessa attivista mette in luce come da sempre sia stata lei stessa una filmmaker, autrice della propria storia e identità con dignità, forza e lucidità. Parla di sé e dice "Io parlo poco ... al MIT dicono che sono anaffettiva ... ma fondamentalmente perché ho bisogno del silenzio." Porpora è una grande osservatrice, profonda intellettuale, ha documentato sé stessa e il suo mondo per quarant'anni senza risparmiare nessuno o risparmiarsi nulla. E questo vuol dire anche riprendersi la gioia, le risate e 'la favolosità', come la chiama lei. E nelle parole di Porpora nel film, "questa è la mia altra parte, quella di non prendermi sul serio che è una delle grandi medicine. Il problema è quando ci si prende troppo sul serio, quando non si ha autoironia, lì è la fine." Ma Porpora è anche una dichiarata provocatrice, "anche quello credo sia un elemento politico ... perché il personale è politico," come ci spiega, e l'opposizione al sistema vetero-patriarcale l'ha spinta, nella sua mancanza di conformità a detto sistema, a vivere una vita politica con il dovere di essere attenti.

Questo dovere da oltre quarant'anni Porpora Marcasciano l'ha abbracciato per difendere, come attivista e scrittrice, i diritti della comunità LGBTQ+. Iniziando con la partecipazione nel movimento di liberazione sessuale degli anni '70, ha continuato con la co-fondazione insieme a Gloria Di Folco prima del Movimento Italiano Transessuale nel 1979 divenuto poi nel 1999 Movimento Identità Transessuale ed oggi Movimento Identità Trans – MIT nel 2017, che sotto la sua direzione si è ridefinito – come si legge sul suo sito, per 'proseguire nel percorso delle pluralità e dell'ampiezza delle esperienze che gravitano intorno alle varianze di genere. Trans come fluidità che includa, le persone transessuali, transgender, donne e uomini trans, male2female, female2male, genderqueer, non binarie, ed altre identità non riconosciute ... ma altrettanto degne di esistenza.' Lucida intellettuale ed antropologa, tra le sue pubblicazioni non vanno dimenticate oltre ai citati *Antologaia. Vivere sognando e non sognare di vivere: i miei anni Settuntu* (2016) e *Tra le rose e le viole. La storia e le storie di transessuali e travestiti* (2002), anche il più recente *L'aurora delle trans cattive. Storie, sguardi e vissuti della mia generazione transgender* (2018).

Porpora, movimentista del '77, è una persona molto avanti da sempre. Il suo stesso nome è ispirato dal personaggio di Porporino nel romanzo *Porporino o i misteri di Napoli* del 1974.[1] Cantore evirato che narra, quasi in segreto, le proprie memorie. Nell'epilogo del romanzo, il protagonista si domanda se, nel secolo successivo, i giovani arriveranno a vestirsi senza differenze, a tenere i capelli della stessa

---

[1] Il romanzo *Porporino o i misteri di Napoli* (*Porporino ou les Mystères de Naples*) dell'autore Dominique Fernandez vede la prima edizione italiana nel 1976.

lunghezza. Porpora Marcasciano ha scelto di mantenere infatti questo come nome 'proprio' (1145), abbandonando il suo 'deadname'.[2] E così come il suo personaggio simbolo, Porpora Marcasciano rifiuta di essere messa in una categoria ed, in particolare in un paese ancora pregno di patriarcato come l'Italia, auspica che il genere non definisca l'esistenza, ma che stia piuttosto all'individuo il definirsi. Parla di sé con un uso di pronomi personali fluido e al tempo stesso pronta a rappresentare e rappresentarsi di fronte al mondo, con il suo solito coraggio, affronta 'i soliti stronzi' che la vorrebbero/ci vorrebbero chiudere in categorie stereotipate e controllabili e ci invita alla fine del viaggio, che poi è soltanto una tappa, filtrata dalle riflessioni della voce narrante di Vittorio/noi pubblico – innanzitutto ad essere felici perché "non può essere tutto un divertimento ma se non ti diverti, vuol dire che c'è qualcosa che non va."

Bibliografia e Filmografia

MIT Movimento Identità Trans | Associazione Onlus. Bologna, 1979. https://mit-italia.it/. Accesso il 20 febbraio 2023.

Divieto di transito. Reg. Cannavò, Roberto. Humareels APS: The Humanareels Association, 2020. DVD.

Porpora. Reg. Cannavò, Roberto. Humareels APS: The Humanareels Association, 2021. DVD.

Galli, Sara. "Degenderizing the Italian Syllabus: Reflections and Suggestions on How to Make the Italian Language More Inclusive in Italian Courses". *Italiano LinguaDue 14/1* (2022): 1142-1147.

Marcasciano, Porpora. *Tra le rose e le viole. La storia e le storie di transessuali e travestiti*. Edizioni Alegre, 2002.

Marcasciano, Porpora. *Antologaia. Vivere sognando e non sognare di vivere: i miei anni Settanta*. Edizioni Alegre, 2016.

Marcasciano, Porpora. *L'aurora delle transe cattive. Storie, sguardi e vissuti della mia generazione transgender*. Edizioni Alegre, 2016.

---

[2] Sara Galli (1145) sostiene l'uso di nome 'proprio' in quanto rappresentativo non soltanto del nome di persona di normale uso nella lingua italiana, ma perché indica essere di proprietà della persona Trans che lo ha scelto.

Nota biografica

Nel 1983 si laurea in Sociologia all'Università La Sapienza di Roma con una laurea in Storia moderna. Ha realizzato e coordinato diverse ricerche (sociologiche, antropologiche, storiche) sul tema del transessualismo e dell'identità di genere producendo pubblicazioni e saggistica. Ricopre la carica di vicepresidente dell'ONIG (Osservatorio Nazionale Identità di Genere) ed è responsabile del Consultorio ASL/MIT che è tra i principali centri specialistici italiani. Ha ideato e messo a punto la strategia di Riduzione del danno mirata al mondo della prostituzione per questo coordina il progetto specifico del Comune di Bologna e Regione Emilia-Romagna dal 1997. Consulente e supervisor sulle questioni trans per diversi progetti italiani, svolgendo anche attività di formazione. Come esperta tiene lezioni specifiche sul tema per diversi istituti universitari. Dal 2008 dirige Divergenti Festival Internazionale del Cinema Trans, una tra le principali rassegne di cinema specialistico in Europa. Si occupa della raccolta di fonti orali e documentazione per la ricostruzione di una storia trans. In qualità di esperta partecipa a convegni e seminari in Italia e all'estero. Ha pubblicato *Tra le rose e le viole, la storia e le storie di travestiti e transessuali* (Manifestolibri 2002; e la ristampa con Edizioni Alegre 2020); *Favolose Narranti, storie di transessuali* (Manifestolibri 2008); *Elementi di Critica Trans* (Manifestolibri 2010); *Antologia, vivere sognando e non sognare di vivere, i miei anni Settanta* (Edizioni Alegre (2016); *L'aurora delle trans cattive storie sguardi e vissuti della mia generazione transgender* (Edizioni Alegre 2018). Ha partecipato inoltre a una nutrita serie di pubblicazioni collettanee sul tema identità di genere. Nel 2015 mette in scena lo spettacolo Il sogno e l'utopia, tratto dal libro Antologia. Numerosi video documentari riprendono suoi interventi e interviste.

Renovation and Renewal in Nicola Pugliese's *Malacqua*

Alan G. Hartman

In Paolo Macry's 2018 text *Napoli, Nostalgia di Domani*, the historian writes that Naples "si offre in dono a ogni visitatore suscitando passioni, sensazioni, innamoramenti. È una sorpresa che deve essere cercata" (7). Indeed, the joyousness and the peculiarity of Naples described by Macry is what readers encounter in Nicola Pugliese's 1973 work *Malacqua*. In this novel we find Naples and the Neapolitan people collectively facing a common and curious obstacle; a rainstorm that is comprised of a mix of cyclones and anticyclones.[1] The protagonist of the novel, Andreoli Carlo, is a pseudo-autobiographical personage of the novel's author; Nicola Pugliese. Like Pugliese when writing this text, the protagonist Carlo is in his early thirties, a journalist from Naples who seeks to report and understand the happenings in his city, once also known as the *Regina del Mediterraneo*. In *Malacqua* we find, however, not simply a city that withstands an unknown force of nature despite the anxieties and gnawing sentiments of the narrator, protagonist, and many personages. In the novel Naples is depicted as a city whose inhabitants persevere in negotiating private concerns and hopes when they encounter the novel's rainstorm, which breaks their routine and causes deaths, special municipal meetings, and an opportunity for Pugliese to remind readers that truly newsworthy events are not simply those that surround us or our homes but the emotions and dreams that stir one's innermost drive to move forward despite obstacles big and small.

Naples can be seen as a microcosm of the dynamic and powerful Mediterranean Sea. The cradle of Western civilization, the Medi-

---

[1] When one of the personages in the novel calls the Naples airport on the third day of the rainstorm, they are told that there was "una serie di cicloni e anticicloni dai quali discendeva, in parole povere, la constatazione tristissima che sarebbe continuato a piovere così come negli scorsi e precedenti giorni" (152).

terranean Sea basin is the birthplace of many ancient civilizations, especially those of the ancient Greeks, Egyptians, and Romans as well as monotheism and Abrahamic religions, which continue to highly influence the world today. The Mediterranean consequently serves as a lynchpin for contemporary global cultures and thought today. On this the Mediterranean historian David Abulafia writes

> 'Mediterranean' means that which is between the surrounding lands. Yet histories and geographics of 'the Mediterranean' may concern themselves mainly with the lands that surround the Mediterranean Sea and the peoples who inhabit them, to the extent of paying rather little attention to the bonds that have linked the opposing shores of the Mediterranean world: studies of Mediterranean Europe, for example, that are more concerned with the inner history of Provence or Catalonia than with the impact of the Great Sea upon the societies that developed in such regions. (64)

Abulafia therefore also sees the Mediterranean not simply as a sea or geographic entity but rather a place that allows all peoples of the Mediterranean Sea Basin to share a common "bond" that far exceeds its geographic size or shape.

In *Malacqua* Pugliese similarly presents Naples to readers as a thoroughly liminal and therefore deeply "Mediterranean" city. Just as the Mediterranean Sea basin unites the globe through common history and trade, Abulafia notes that Naples is an outlier when regarding most other Mediterranean ports and that "Naples and Marseilles had never ceased to function as intermediaries between East and West" (71). Understood as a major place of cultural and factual encounters between diverse peoples, Naples has also been an outlier in relation to other Italian, Mediterranean, and Western European cities. Historian John Santore discusses Naples' uniqueness in detail, and the following lengthy quote is worth full inclusion as it shows precisely this:

> (a)t the start of the 19th century, Naples was still – in terms of size, influence, and culture – among the greatest cities in Europe. In terms of size, its population numbered over 350,000 people, more than twice as large as Rome and greater than Florence, Turin, and

Milan combined. In all of Europe, only London and Paris surpassed it in numbers, and future centers, such as Berlin, St. Petersburg, and Vienna, were still far behind. Most of this population lived in a narrow, three-mile arc stretching along the city's famous bay. Within this arc, there existed a vibrant and, often, brilliant artistic and intellectual culture. During the 18th century, Neapolitan philosophers and historians, such as Vico, Giannone, Filangieri, and Genovesi, had contributed enormously to the European Enlightenment, while Neapolitan artists and composers such as Pergolesi, Solimena, Sammartino, and Cimarosa, had made the city a center of European opera, architecture, and art. By the 1780s, the reputation of Naples had grown to such a point that the city became a place of pilgrimage for many European writers and intellectuals… such visitors were almost uniformly impressed by the beauty of the city's natural setting, the liveliness and spontaneity of its popular culture, the grandeur of the opera performances at the Teatro San Carlo, and pageantry and splendor that surrounded the royal court. (XXXI).

While Naples' importance and prestige quickly declined with the collapse of the Kingdom of Two Sicilies and its place as a capital city, in *Malacqua* Nicola Pugliese celebrates the anachronistic richness of Naples and its people despite external happenings. Pugliese shows that Naples is not simply a city but a phenomenon whose fascinating inhabitants quickly become micro-phenomena deserving of admiration, attention, and respect. Eugenio Capozzi similarly sees Naples "come realtà metropolitana di tipo nuovo [...] quella città *melting pot e casbah*" (54), or a "motore di innovazione culturale e politica" (54) which allows for a cosmopolitan fusion that creates a distinct culture, language, and people.

In *Malacqua* Pugliese depicts Neapolitan "popular culture" in the many personages that populate the novel. Sartore notes how Neapolitans have intrigued international visitors throughout the centuries because of their unique and often expressive characteristics, and *Malacqua*'s personages are no different. In his novel, Pugliese displays Neapolitan popular culture as a backdrop of his a pseudo-journalist reportage as each character lives out their lives despite the unending and threatening rainstorm surrounding them. Unlike other ethnographers, historians, or writers, however, Pugliese uses his novel to seemingly celebrate *Napolitudine* as a prism through which Naples' people remain capable of enduring and overcoming adversity. Reflecting Pugliese's formation as a journalist, the author presents readers with many detailed descriptions of the kaleidoscope of literary characters who inhabit Naples and its many neighborhoods, streets, and social classes in a way that allows for a full understanding of not only the personages but their role as actors in larger and far more complex familiar and urban environments.

Malacqua is Pugliese's only novel and the novel's wayfaring narrator traverses the city's dynamic and fascinating streets and neighborhoods as a four-day rainstorm brutalizes the city. Amazingly, even though the novel's Neapolitan personages are fully aware of the deadly rainstorm they struggle to maintain their daily routines regardless of the problems the storm creates. Indeed the "pioggia che scende and scende" forms mostly a backdrop in the text before which Neapolitans contemplate key happenings in their lives and relationships while modifying their quotidian realities as slightly as possible during each rain-soaked day despite the terrifying damage, injuries, and deaths resulting from the deluge. In this way these personages affirm Paolo Macry's description of Naples as

> un fenomeno inossidabile al tempo, un'eterna ricorrenza di vicende e caratteri. Qui classi dirigenti e gente comune sembrano coltivare un senso del passato come fosse parte viva del presente, di un presente perciò sempre eguale a se stesso, quasi un destino. Un'idea di storia che continuamente torna a ricordare ai vivi il loro debito con i morti, che sottolinea similitudini di lungo periodo e le scorge anche dove non ci sono, che aspetta al varco avvenimenti e protagonisti quasi fosse una commedia dell'arte. (8)

Macry's suggestion that the Neapolitan "vivi" have a "debito con i morti" emphasizes especially how the Southern Italian metropolis does not simply exist as modern city but rather a persevering Mediterranean host whose culture and people remain deeply connected to its dynamic past.

There is very little secondary literature on *Malacqua* or Pugliese, however the novel is sometimes compared to Gabriel García Márquez's famous 1967 novel *Cien años de soledad* and consequently characterized as a magical realistic text, typical of the Colombian writer's work and the literary genre that he is known to represent. This comparison is especially commonly found in book reviews, such as the 2017 review found in *Cleaver Magazine* by Robert Sorrell in which the reviewer writes that the novel's stormy background does not make the book "about climate change. It's just a novel with a touch of magical realism."[2] Such a comparison, however, is incorrect largely because of the marked difference between the two novels. The storm that serves as a background for *Malacqua* is not an element of magical realism because the work does not seek to transport readers into a fantastic state or represent a fantastic happening. Rather, the storm is an uncommon weather happening that also serves as a strong metaphor for the turbulent daily reality lived by most Neapolitans. In this way the incredible rainstorm is simply Pugliese's literary mise-en-scène that allows the writer to explore how the novel's characters live out often humdrum and periodically regrettable or tragic lives despite the challenges they encounter.

The resistance of the Neapolitan people in the face of adversity is precisely what Pugliese shows throughout the novel. Divided into five chapters, the novel begins with a brief "introduzione e prologo" followed by four subsequent chapters, named for which of the four consecutive days of rainstorm is described therein; "primo giorno," "secondo giorno," "terzo giorno," and "quarto giorno." The narration in these chapters moves quickly and is often easily readable because it is written in the form of "flow of consciousness" and interspersed by factual happenings or individual personage frustrations and reflections. The fourth and final chapter of the text consists of very long paragraphs comprised largely of the protagonist's memories and reflections on the rain storm as Carlo seeks to complete one simple task; appropriately shave his face and prepare his mustache

---

[2] The entire review can be found here: https://www.cleavermagazine.com/malacqua-a-novel-by-nicola-pugliese-reviewed-by-robert-sorrell/.

and beard so that he can confront the day with a good outlook because "una barba fatta per bene ti dura fino a tardi nella notte, e poi mette di buon umore, naturalmente, è una specie di favorevole auspicio per la giornata" (175). This uncharacteristically positive detail only appears towards the last pages of the work and prefigure the sunshine that appears on the fifth day, but only after many explicit references to negative forebodings and collective feelings of dread that the protagonist states form a chorus of "voci nella notte" (94).

As the novel develops, it becomes increasingly apparent to readers that the city's inhabitants persevere as well despite the temptation to leave, reminding readers that Naples is as much of a part of Neapolitans as they are of the metropolis. In *Malacqua* Carlo states that "queste voci nella notte dense si facevano di un magma preoccupato e duro" (94), which led him and many other Neapolitans to ask themselves "(r)estava da chiedersi se era il caso di partire, oh sì, partire. E perchè no? (...) (v)ia dalla città nel cuore della notte, lontano come seperazione, terra bruciata, basta, un taglio netto" (95). Feeling tempted to flee Naples and its many problems during the epic rainstorm, one of many crises that the city has endured during its very long history, brings the protagonist to describe Naples as a "città in angoscia" (89). Just as the entirety of Naples collectively experiences the storm as a "presenza nera" (76) the narrator observes that in Naples hangs a "strana mescolanza... nell'aria, e nelle griglie dei fognoli, di morte e di avvenire, di consapevolezza dolorosa e di speranza" (77). Such a mixed sense of painful and hopeful foreboding forces Carlo to reflect on the strength of one's will to live. Here Carlo states "(c)om'è forte la vita in presenza della morte, come acquista coscienza, e si ribella, e ferma si alza dire di no" (76). The protagonist notes that all Neapolitans persist in living despite the discouraging and nagging fact that "(i)l presentimento scava e scava" (77). In calling readers' attention to the Neapolitan's characteristic endurance despite overwhelming adversity Pugliese emphasizes that Neapolitans, like he as a Neapolitan journalist and writer, are constantly torn between struggling to live out productive lives in their ancient city or leave to find a better and less challenging life elsewhere.

Even Carlo is strongly tempted to flee and leave Naples behind. The verb that he uses is not one that simply means to leave, however, but "fuggire," or to escape. In this way Naples is not simply depicted as a city that can be left behind but rather a pseudo-living entity from which one must flee or remain to combat. On the third day of the rainstorm the narrator states that

> (f)u allora che Andreoli Carlo pensò a fuggire, certo, a fuggire, e in effetti fu un pensiero strano questo che adesso gli trapassò la mente, perché fuggire volva dire non risolvere niente e anzi per dirla proprio tutta fuggire era rinunziare, in pratica, e arrendersi, dire basta così, non ce la faccio, e per la verità non rientrava nelle sue abitudini, non rientrava per niente, e pure in quella mattina grigiastra con fili di acqua a disegnare lui avrebbe potuto mettersi in auto e attraversare la città estranea e raggiungere l'autostrada e poi lontano, lontano da un'altra parte dove le cose stessero diversamente, dove la vita avesse le sue regole precise e concrete. Senza questa mollezza triste, e questo sfinimento di sentimentilismi, e senza la pigra intelligenza a sospirare dietro pensieri folli. (149-150)

In the novel, the desire to flee is understandable because, as Carlo notes, Neapolitans felt as if "un assedio stesse stringendo Napoli, e il cerchio sembrava ravvicinarsi a ogni ora di pioggia, a ogni segnalazione di allarme" (153). The elderly, however, remind Carlo and readers that "Napoli aveva vissuto giorni anche molto peggiori di questi che adesso viveva" (153) and this allows the protagonist to feel that "(i)n effetti, questi racconti dei vecchi, per quanto terribili, sembravano in qualche misura rassicuranti" (154). In *Malacqua*, therefore, readers are reminded that Naples is not only a city inhabited by a population that bravely faces challenges daily but one that has faced so many terrible and incredible happenings that a four-day rainstorm resulting from "cicloni e anticloni" (152) that has resulted in several deaths, many displacements, and a general feeling of despair cannot be seen as insurmountable. Carlo even notes on the fourth day, when movement in the city has nearly come to a halt due to flooding, that the city's inhabitants are not discouraged but instead assume a sentiment of indifferent resignation and continues to go about their lives as best as possible despite the pouring rain and flooding. On this Carlo states that:

> la rassegnazione si era trasformata in indifferenza, e nella vita ci si abitua a tutto. Se anche la città avesse dovuto cambiare il suo destino di sole in un nuovo e diverso destino di pioggia, bene, anche tale cambiamento sarebbe stato accettato, perché nella vita si accetta tutto inevitabilmente, e insomma nella vita la vita si subisce, e allora se anche i giorni a venire fossero stati grigiastri e piovosi questo non avrebbe provocato traumi né aperto ferite. (145)

Recognizing that Naples is a "città del sole" e not "di pioggia" is significant, and we see this at the end of the text when the sun returns to Naples on the fifth day and Neapolitans stay "fermi, perché la vita non è dentro i pensieri tortuosi, nella pioggia che scende, nelle strisce che sbarrano il cielo, la vita è in questo sole caldo di ottobre che viene a disegnare tenerezze su ogni foglia" (182). In this way the rain that oppressively torments Naples and its people for four days can be seen as more than a simply natural phenomenon. Rather, it is a prism through which the city's people are forced to pause from their daily routines and travel inwards towards themselves, review their lives and life-choices, and re-evaluate what they truly wish to achieve before they too become a part of Naples' long, complicated, and often forgotten history.

With the conclusion of the rainstorm Neapolitans survive a happening that serves as a collective trauma for its people and springboard that forces Neapolitans to remember their personal traumas, which they prefer to forget in the sun-filled streetscapes that often populate Naples. Cathy Caruth, a specialist in trauma studies, calls trauma a "wound" (3), especially a "wound of the mind" (3). Caruth also writes that "(t)he idea of trauma as a deferred experience – not grasped as it occurs, returning later to haunt the survivors" (117) is key here as the pause from activity forces Naples' people to return to contemplating previously unexamined experiences. Caruth notes that literature can be seen as a "voice that cries out from a wound" (119), and Pugliese's writing of *Malacqua* may be understood as a vehicle for healing of collective trauma by the Neapolitan people whose constant battle with civic frustration, emigration, and social stagnation needed to be voiced literarily so that readers and the writer alike may dispel any unresolved conflict that these unexpressed sentiments hold over them.

Malacqua shows how a four-day rainstorm forces Neapolitans to persevere in living their lives while simultaneously and unwittingly travelling inwardly and re-examining their lives and past choices. The novel shows Neapolitans to be a people who are natural-born survivors despite repeated and systemic adversity. This is so evidently the case that Pugliese writes an entire work comprised of trials that Naples and its people face without even mentioning the ongoing apocalyptic threat that the nearby volcano, Vesuvius, has always posed to them and their city. Maria Pace Ottieri writes that Vesuvius is "il piú pericoloso vulcano del mondo e un'eventuale evacuazione della popolazione un evento senza precendenti, che potrebbe coinvolgere, se si considera la nuova città metropolitana, fino a tre millioni di persone" (7). Yet, as Carlo notes, Naples is the "città del sole," and happiness returns to Neapolitans not necessarily when problems are resolved but rather when they are able to best express their extraverted, social, and freest forms of self. This is especially treasured after four days of assaulting weather and unwelcomed introspection. The renewed promise of sunshine and socialization with others who live out the same challenges, therefore, also reminds the reader of the hopefulness intrinsically held by the Neapolitans. Pugliese's *Malacqua* is notable not simply because of the writer's description of Naples as a "città del sole" or because of his personages whose uniqueness and nobility is found in their resoluteness. *Malacqua* is therefore a celebration of the Neapolitan people whose culture, language, and spirit deserve global admiration and attention. The singleness of the city and Neapolitan people also emphasizes the richness of the Mediterranean that embraces the city's coast, history, and watery imagination. In *Malacqua* readers may recognize that although Atlantis appears to have been lost to the rising tides of a mythical Mediterranean Sea that may have also carried Noah in his biblical arc, Naples and its people endure despite a similarly threatening aqueous phenomenon. Just as *Malacqua*'s protagonist affirms that "la vita non è dentro i pensieri tortuosi nella pioggia che scende (...) la vita è in questo sole caldo di ottobre che viene a disegnare tenerezze su ogni foglia" (183), readers and the novel's many personages alike rejoice once the storm concludes and the characters resume daily life in a busy and rejoicing public, away from their personal ruminations. *Malacqua*'s Naples, therefore, also allows readers to understand how many of the city's residents focus more on the metropolis' better qualities than its deficits and share Totò's poetic view of "(s)ta Napule, riggina d' 'e ssirene, / ca cchiù 'a guardammo e cchiù 'a vulimmo bbene" (43).

Works Cited

Abulafia, David "Mediterraneans." *Rethinking the Mediterranean* by W. V. Harris. New York: Oxford University Press, 2005.

Capozzi, Eugenio. "Napoli occidentale, Napoli mediterraneea: un dibattito politico-culturale." *Ventunesimo Secolo*. 8:20 (Ottobre 2009): 41-61.

Caruth, Cathy. *Unclaimed Experience*. 2nd ed. Baltimore: John Hopkins University Press, 2016.

Macry, Paolo. *Napoli*. Bologna: Il Mulino, 2018.

Ottieri, Maria Pace. *Il vesuvio universale*. Turin: Einaudi, 2018.

Pugliese, Nicola. *Malacqua*. 3rd Ed. Bompiani, 2022.

Santore, John. Introduction. *Modern Naples*. New York: Italica Press, 2001.

Sorrell, Robert. "*MALACQUA* by Nicola Pugliese translated by Shaun Whiteside and Other Stories Publishing, 198 Pages." *Cleaver Magazine*. November 21, 2017.

Totò. '*A livella e Poesie d'amore*. 2nd ed. Milan: Grandi Tascabili Economici, 2007.

Lust, Loyalty, Love, and Soccer in *È stata la mano di Dio*

D.J. Higgins

The goal of this essay is to highlight the vulgarity and raw portrayals of Paolo Sorrentino's family in his autobiographical film *È stata la mano di dio* (translated into English as the *The Hand of God*) as his rebellion against the status quo and pop-culture. The Neapolitan director fearlessly shatters any expectations that we may have after viewing *La grande bellezza* as a film that brought pride to Italy on an international level. *La grande bellezza* won Sorrentino an Oscar in 2013 for *Best Foreign Film* and has been hailed as a masterpiece by most critics. *The Hand of God* has very little in common with *The Great Beauty* and received far more conflicting reviews. Rotten Tomatoes gave it an 83% critical review and the audience's score was a 76% rating (compared with *The Great Beauty's* 91% and 81%). The merit of *The Hand of God* lies in Sorrentino's unapologetic nature and courage to create a vulgar smorgasbord of crude stereotypes, that in fact, detail his own family and life. The very vulgarity of the film is a choice that goes directly against Giulio Andreotti's famous guideline to creating Italian films, "*I panni sporchi si lavano in famiglia.*"[1] Sorrentino not only leaves his dirty laundry out to dry publicly, but a focal point of the film is his incestual lust for his aunt Patrizia. His close-up shots of her naked body provide a strange and cathartic beat to the drum that propels his subconscious nature as filmmaker. We must rely on Sorrentino's script, as he wrote and directed the film, as to how he views life's conundrums. If we dissect the conversation between Fabietto Schisa, Sorrentino's alter ego, and his brother Marchino, the film's motifs are revealed:

> Marchino Schisa: So... how hot was Aunt Patrizia today? Buck naked. On a scale of one to a hundred?
> Fabietto Schisa: A billion.

---

[1] In English this has often been translated to, "Washing dirty laundry in public."

> Marchino Schisa: If you had to choose between Maradona coming to Napoli and screwing Aunt Patrizia... which would you choose?
> Fabietto: Maradona.

Can a viewer understand this film if they are not from Italy? If they are not Neapolitan? Diego Maradona, a soccer God to many fans, inspired the title. Why? Sorrentino's story starts when Maradona, an Argentinian, scored a goal against England in the quarterfinals of the 1986 World Cup. After the game, Maradona was asked about whether or not it truly was an illegal goal, and he responded that he scored that "goal a little with the head of Maradona and a little with the hand of God."

Who was Maradona? And why is this film named in reference to an Argentinian soccer player. Neil Stacy, in his article from *The Guardian* (May 2017), "Maradona is immortal here" — Napoli fans thirty years after winning their first Scudetto," perfectly describes Maradona's relevance to Napoli and explains his relevance in the Neapolitan culture:

> As impressive as his sporting achievements were with Napoli, his effect on the city of Naples stretches further than the boundaries of the San Paolo Stadium. One of the deepest convictions held across Italian society is the idea of an unbridgeable gap between the industrial, business-driven north and the rural, rough-around-the-edges south. This all made Naples the perfect fit for Maradona, who was born into humble origins in Buenos Aires. Before he had kicked a ball, 75,000 Neapolitans turned up to see one of their own being unveiled in 1984. This north-south divide was also represented across the Italian football landscape with the northern powerhouses of Milan, Juventus, Roma and Inter having a stranglehold on the Scudetto. No southern team had won the title and then along came Maradona to turn the world upside down. It took him two seasons to achieve the seemingly impossible but, with Maradona pulling strings and scoring goals, Napoli claimed the Serie A title on 10 May 1987. The little Argentinian magician gave the south something to rejoice and made them rediscover their pride. He became a symbol of liberation and inspired them to change the way they saw themselves.

Why was an outsider accepted as God? Does this film translate to audiences outside of Napoli? If a viewer does not appreciate soccer, or rather Neapolitan soccer, does the title make sense? Throughout the film Fabietto Schisa (played by Filippo Scotti) describes soccer as a cure-all. It helps him throughout his parents' death and through a troublesome adolescence. Soccer is an integral part of his identity. What does the acquisition of a foreign soccer player mean to a non-football fan? Sorrentino's film portrays Maradona as God and those who subscribe to his religion escape life's pain. He is even more powerful than San Gennaro and as we see in the opening scene Sorrentino's San Gennaro is more of a womanizer than a miracle worker [while Maradona is (culturally) more of a miracle worker than goal-scorer]. Just as Nietzsche wrote that the humanities were the new religion (art, music, etc.), Sorrentino clearly states that soccer trumps everything. Even sex.

Fabietto has the privilege to obtain a classical education. His family pushes him to better himself, yet he does not abandon his passion for soccer. He lives in two worlds. He is a Gramscian intellectual, the organic and hegemonic thinker, who lives with the masses in order to better them, despite his privilege. Fabietto is the ghost of Sorrentino's past, a yearning youth who craves truth. Fabietto chooses film as a medium in order to engage in a cathartic "Fellini-ian" spiral of self-realization and to distract himself from life's trials and tribulations.

The Hand of God has been overlooked by many critics and it is my goal to reveal the didactic nature of this film. This film is one of Sorrentino's four gospels. Sorrentino is a filmmaker detailing his own life. The film is flawed, as any authentic autobiography should be, and one cannot deny the authenticity in such a production where a filmmaker must cast actors to play his own parents and relatives.[2] Why would a director retreat and engage in challenging his audience once international success and fame has been achieved?

The critics were ruthless and many dismissed and dismantled the film as a lackluster attempt to engage a global audience in stereo-

---

[2] And recreate his parents' death on screen.

typical Italian motifs. My goal is to address the vulgarity of the film as a form of reinvention. Sorrentino's commitment to art, as a risky journey based in introspection, goes far beyond Fellini's influence on the film. Sorrentino unapologetically has created a Neapolitan *8 1/2* that underscores his self-confidence in the medium and in his audience. Many critics do not agree with my analysis.

Nick Rogers, from the *Midwest Film Journal*, writes, "An amorphous saga about Italian satire, splendor, sports and sorrow, the film amounts to scattershot abstraction in search of a tangible anything. The point for this portrait of an artist as a young man proves elusive across 130 enervating minutes."

Australian reporter, Jake Wilson, from *The Age*, states, "It's fair to say *The Hand of God* is far from Sorrentino's best work. It's a typical medley of themes and ideas, swinging from over-the-top romanticism to black, brutal comedy, and even more indebted than usual to Fellini."

Tom Beasly, from *Flickering Myth*, underlines, "Enjoyable vignettes aren't enough to sustain the movie through its ambling two-hour running time, leaving it looking desperate for a direction of some sort."

Cole Smithey, from *Cole Smithy.com*, lambasts the film stating, "Dreadful. This movie is a dog. Dogdamn it."

Sorrentino, in the good, the bad, and the ugly, tells his personal story. We meet Fabietto, a 16-year-old Neapolitan, who longs for a lover and the affection of his parents. Sorrentino's story shows a world where southern Italians drink and smoke too much, have incestual fantasies, and are essentially engulfed in their own hedonistic and self-inflicted forms of purgatory. Fabietto's father (Toni Servillo), a perpetual cynic and an unfaithful husband, is charming and witty. Fabietto's mother (Teresa Saponangelo) is a prankster and is the only character who really seems to understand her son's reserved nature. In the strangest scene of the film, we watch Fabietto lose his virginity to La Baronessa Focale (Betti Pedrazzi), a woman who appears to be well into her 70s. La Baronessa commands Fabietto to think of the girl that he truly desires while she makes love to him. The Baronessa Focale, in Sorrentino's world, performs an act of service. She knows Fabietto is inexperienced and welcomes Fabietto's innocence as a rite of passage. Sorrentino's POVS and close-ups bring us into the bedroom of an awkward world of lust and confusion. Sorrentino's camera, like his storytelling, is unapologetic. It's invasive and perverse. There is very little spared for the imagination. Fabietto is obsessed with his voluptuous aunt Patrizia (Luisa Raineri) and Sorrentino's sexualized portrayal of his aunt is strange and uncomfortable. The director's camera and use of light showcases Patrizia as a fearless and daunting muse. She is a breath of fresh air in the smog of a troubled city. Sorrentino's camera captures Patrizia sunbathing, fully nude, as all her male relative's gawk at her audacity and lust for her body. Clearly Sorrentino takes a risk in evaluating the public's acceptance of incestual fantasies as a taboo. Why would Fabietto want to sleep with his aunt?[3] As disturbing as this scene is, Sorrentino makes an uncomfortable decision to be vulnerable. His film forces critics to choose sides, a neorealistic position that most critics have avoided. In Idaho, Nevada, and Michigan incest is punishable with legal ramifications up to life in prison. In Italy, incest is legally far more complicated and is punishable only if it invokes public scandal. Incest is charged as a felony in many U.S. states and Sorrentino does not hide behind American law (a direct rebuttal to his need for acceptance by an international audience). His over-sexualized portrayal of his aunt is flamboyant and flummoxing.

Is there not courage in Italy's A-List director (and Oscar winner) striving for authenticity? Many critics have lambasted Sorrentino's autobiographical film and have implied that his jejune take on reality has digressed from *La Grande Bellezza*. While Italianistica constantly praises Pasolini as a modern saint they fail to remain coherent in their criticisms. Pasolini was a poet, a filmmaker, a fiction writer, and essayist, who also wrote about film and poetry. Far too easy is the academic's job to critique a filmmaker, without creating films, while praising Pasolini. One can only imagine what his review of Sorrentino's film would entail.

---

[3] The critics have shied away from addressing this point.

An experimental phase, after critical acclaim, in the name of art and self-exploration, that speaks upon vulnerability and the antheses of self-righteousness, is where Sorrentino's cinema shines.[4] While *8 1/2* was an attempt to provide an autobiographical insight as to who Fellini was, Sorrentino is raw and unapologetic. He is more Amelio than Fellini as he owns the ugly nature of his subconscious. Sorrentino presents a story based on pain and the culture that has influenced him most as a filmmaker. *The Hand of God* is an instruction manual as to how best unpack and understand his past films. Fabietto is our Virgil, as we venture through the hell that births one of Italy's most prolific filmmakers. The journey is arduous and ugly. Sorrentino's *8 1/2* also consists of three muses: cinema, his aunt Patrizia, and soccer. In Sorrentino's rendition, there are only two ways to escape life's pain; through cinema and soccer. Cinema is his God. Soccer is his mistress.

Sorrentino's film forces us to choose sides, asking his audience if we no longer value provocative cinema and if neorealism has become a relic. The power of Sorrentino's cinema, unlike his contemporaries, is that he continues to ask tough question on a mainstream plat form.

While the critic who resides in the safer realm of criticism clings to the safeguard that Sorrentino's *The Hand of God* is a film that only reinforces his love for Fellini, they fail to reference Guido's definition of film in *8 1/2*. He states, "I wanted to make an honest film. No lies whatsoever. I thought I had something so simple to say. Something useful to everyone. A film to help bury forever all the dead things we carry around inside. Instead, it's me who lacks the courage to bury anything at all. Now I'm utterly confused, with this tower on my hands."

Sorrentino has clearly been impacted by Fellini, but he is not afraid to challenge his mentor. His film is very different than that of his so-called idol's. Sorrentino can thank *La Grande Bellezza* for his past stock in an international audience's acceptance and perhaps

---

[4] A rebellion against the masses and a statement to those who find themselves holier than though is where Sorrentino's camera underlines the need for unapologetic art.

what makes his latest film his boldest is that he showcases that an Oscar-winning-director is depending less on his publics' acceptance.

Works Cited

Fellini, Federico, Dir. *8½*. Cinerez, 1963.

Morgoglione, Claudia. "Giulio Andreotti, Dai 'Panni Sporchi' Al Tassinaro: Un Divo Anche per Il Cinema." *La Repubblica*, 6 May 2013, https://www.repubblica.it/politica/2012/05/03/news/dai_panni_sporchi_al_tassinaro_un_divo_anche_per_il_grande_schermo-5334780/.

Pasolini, Pier Paolo, Dir. *Accattone*. Arco Film, 1961.

Rogers, Nick, et al. "The Hand of God." *Rotten Tomatoes*, 2021, https://www.rottentomatoes.com/m/the_hand_of_god

Smithey, Cole, et al. "The Hand of God." Rotten Tomatoes, 2021, https://www.rottentomatoes.com/m/the_hand_of_god

Sorrentino, Paolo, Dir. *The Great Beauty*. Medusa Film, 2013.

Sorrentin, Paolo, Dir. *The Hand of God*. The Apartment, 2021.

Stacy, Neil. "'Maradona Is Immortal Here' — Napoli Fans 30 Years after Winning Their First Scudetto'." *The Guardian*, 11 May 2017, https://www.theguardian.com/football/copa90/2017/may/11/diego-maradona-naples-napoli-fans-30-years-scudetto.

Morgoglione, Claudia. "Giulio Andreotti, Dai 'Panni Sporchi' Al Tassinaro: Un Divo Anche per Il Cinema." *La Repubblica*, 6 May 2013, https://www.repubblica.it/politica/2012/05/03/news/dai_panni_sporchi_al_tassinaro_un_divo_anche_per_il_grande_schermo-5334780/.

Rogers, Nick, et al. "The Hand of God." *Rotten Tomatoes*, 2021, https://www.rottentomatoes.com/m/the_hand_of_god.

LO SPAZIO VUOTO
UNA LETTURA DI GIORGIO CAPRONI

Mario Inglese

L'obiettivo del mio intervento è un'analisi della rappresentazione dello spazio nella poesia di Caproni. Ripercorrendo la produzione dell'autore toscano (da *Il passaggio d'Enea* del 1956 — che raccoglie e integra le opere giovanili — al volume postumo *Res amissa* del 1991), si passa dalla rievocazione delle concrete geografie che hanno contraddistinto la vicenda terrena del poeta — segnatamente la natia Livorno, Genova e infine Roma — all'affermarsi di una dimensione dai contorni sempre più sfuggenti di luoghi e ambienti. Così, alla diffrazione ed erosione dell'io, che si confonde sempre di più con l'"altro", corrisponde un'ambiguità spaziale — ma anche temporale — caratterizzata da coordinate quanto mai inaffidabili dove si inscrive il discorso caproniano, in cui la parola ha perso il potere salvifico di rifondare la realtà. Vita e morte diventano sempre più intercambiabili e le domande più profonde sul vivere pervengono a esiti tutt'altro che risolutivi. Sono solo i segnacoli di una "teologia negativa" (Testa 23), di un'ansia esistenziale destinata a dissolversi nella nebbia e nel vuoto (due parole chiave nella produzione del poeta) di uno spazio — fisico o interiore che sia — che non offre più alcun ancoraggio concreto. Questa metamorfosi dello spazio, questo svuotamento della realtà tangibile assumono una forte connotazione metafisica — che sfugge purtuttavia a ogni facile simbolizzazione — nell'ultima fase della produzione caproniana, vale a dire a partire dalla pubblicazione de *Il muro della terra*, la silloge del 1975, attraverso poi *Il franco cacciatore* del 1982, *Il Conte di Kevenhüller* del 1986 e culminante nella summenzionata raccolta *Res amissa*.

Giorgio Caproni è uno dei "maestri in ombra" del Novecento, per usare l'espressione di Pasolini, un poeta inimitabile, come lo ha definito Biancamaria Frabotta (409), alieno da ogni scuola, meno che mai fondatore di qualsivoglia movimento letterario. La sua opera va controcorrente; Caproni esordisce infatti negli anni Trenta, ricorrendo all'allegoria anziché al simbolo, allora predominante. Usa forme tradizionali in un'epoca in cui si affermano l'assolutezza della parola e l'ermetismo. È un "poeta così inafferabile, indefinibile, sempre in bilico fra una promessa di verità e un impercettibile sospetto di finzione", osserva ancora Frabotta (410). Se la studiosa può affermare che "pochi come Caproni nutrirono gelosamente il senso degli spazi e del tempo" (409), rimaniamo ancora più affascinati, persino turbati, dalla trasfigurazione dello spazio che ne compie l'autore.

Sin dalle prime smilze raccolte (*Come un'allegoria* del 1936, *Ballo a Fontanigorda* del 1938, *Finzioni* del 1941) assistiamo a una rievocazione, musicalissima e metricamente ineccepibile, di paesaggi ed esperienze sensoriali — nonché vagamente erotiche — che sottolineano la presenza di una fisicità mai dissimulata. Eppure, il rapporto con la realtà in Caproni rimane sempre problematico, tanto da far scrivere a Frabotta che il poeta "[f]a a meno della realtà e ce ne instilla la cocente nostalgia..." (409). Come affermato dall'autore stesso[1], la sua poesia nasce quasi per caso dovendo egli comporre semplici pezzi ricorrendo a testi di poeti quali Poliziano, Tasso, Rinuccini, all'epoca dei suoi studi al liceo musicale. Questo può spiegare la facilità con cui vengono costruiti i suoi componimenti, nei quali la rima non è mai disdegnata — tutt'altro — e dove ripetizioni e variazioni su pochi, insistiti, temi saltano subito all'occhio di chi si accosta alla sua arte. Ecco perché il poeta ritorna spesso sul termine "finzione", quasi a voler dar conto dell'inconsistenza di fondo del reale e del tentativo di costruire architetture poetiche quasi per esorcizzare lo slittamento di ogni ancoraggio alla concretezza del mondo. Nondimeno, è innegabile la forte pregnanza di oggetti, luoghi e figure umane che il poeta teatralizza, potremmo dire, nei suoi versi.

Nato a Livorno nel 1912, a 10 anni Caproni si trasferì con la famiglia a Genova, la città che sarebbe rimasta per tutta la vita la più consentanea, la più amata e persino rimpianta quando se ne distaccò per andare a fare il maestro elementare a Roma. La città toscana lo influenzò molto, si vedano per esempio i "Versi livornesi", una delle

---

[1] Cfr. Giorgio Caproni (1969).

sezioni de *Il seme del piangere*. Come affermato dal poeta, della città lo colpivano molto i canali — i Fossi — ma soprattutto le immense piazze, che gli trasmettevano un senso di solitudine, di costernazione, che gli rimase impresso per tutta la vita. Già questa osservazione sembra preludere a quella trasfigurazione dello spazio reale, alla sua rarefazione per entropia, per così dire, che approderà alle metafisiche ambientazioni delle raccolte più mature e alla produzione estrema prima della morte, avvenuta nel 1990.

Due esperienze, in particolare, segnarono la sua poesia in maniera indelebile: la guerra (il poeta venne infatti richiamato alle armi nel 1939) e la morte di Olga Franzoni, la donna che avrebbe dovuto sposare da lì a poco; morte che lasciò, come afferma Giuseppe Langella[2], un senso profondo di labilità che avvolge tutto, che contrassegna l'intera esistenza umana. Da una parte si coagula il dolore per gli orrori e l'assurdità della guerra, dolore che sfocia in un canto sincopato, involuto, angosciante (si vedano i componimenti della sezione "Lamenti" e quelli contenuti ne "Gli anni tedeschi"), dall'altra l'elegia (e sono i versi di *Cronistoria* del 1943) che caratterizza il canzoniere scritto per la morte della donna. Sono, questi, versi che preludono alla rievocazione in vita e in morte della madre, Anna Picchi, che avverrà nel 1950. Come succede con Saba, Caproni attinge con estrema frequenza alla forma della canzonetta di ascendenza medievale.

Le stanze della funicolare (apparse nel 1952 e da alcuni critici considerate il vertice di Caproni) sono uno splendido esempio di poesia che si esprime nelle rigorose forme della stanza di sedici versi rimati. Qui il poeta tematizza un luogo preciso dell'amata Genova, la funicolare che sale al Forte Righi, trasfigurandolo in uno spazio purgatoriale che allegorizza, come precisa l'autore stesso, le varie fasi dell'uomo a partire dalla nascita, attraverso le stagioni della vita, sino all'uscita della funicolare dal tunnel verso un paesaggio avvolto da una fitta nebbia, vale a dire sino all'esito ineludibile della morte di ogni essere umano. Il poeta tributa tutto il suo amore per la città, per luoghi topici quali i bar, le latterie, e figure umane

---

[2] Cfr. Giuseppe Langella.

dimesse, legate ai loro compiti quotidiani eppure esemplate a personaggi da mito, da oltretomba.

> Una funicolare dove porta,
> amici, nella notte? Le pareti
> preme una lampada elettrica, morta
> nei vapori dei fiati — premon cheti
> rombi velati di polvere e d'olio
> lo scorrevole cavo. E come vibra,
> come profondamente vibra ai vetri,
> anneriti del tunnel, quella pigra
> corda inflessibile che via trascina
> de profundis gli utenti e li ha in balìa
> nei sobbalzi di feltro! È una banchina
> bianca, o la tomba, che su in galleria
> ora tenue traluce mentre odora
> già l'aria d'alba? È l'aperto, ed è là
> che procede la corda — non è l'ora
> questa, nel buio, di chieder l'alt.
> (...)
> E i fanali... Che sera è mai accaduta?
> quale notte prelude? Una sterrata
> zona scintilla di cocci e di muta
> luna, ch'ora un silenzio copre e aerata
> luce di pioggia promessa. La prua
> volge l'arca a Staglieno, e se la mano
> porta l'utente alla bocca, la sua
> fronte è spruzzata a un tratto da un lontano
> sciame di gocce gelide che al cuore
> l'abbandono impediscono. Giù i vetri
> tira, ma ormai una musica incolore
> altri vetri infittisce — rada stria
> di lucori la notte, e all'inodora
> promessa sorvolando muta, la
> cheta barca procede verso altr'ora
> forse più giusta di chiedere l'alt.
> (...)
> Perché è nebbia, e la nebbia è nebbia, e il latte
> nei bicchieri è ancor nebbia, e nebbia ha
> nella cornea la donna che in ciabatte
> lava la soglia di quei magri bar

> dove l'Erebo è il passo. E, Proserpìna
> o una scialba ragazza, mentre sciacqua
> i nebbiosi bicchieri, la mattina
> è lei che apre nella nebbia che acqua
> (solo acqua di nebbia) ha nella nebbia
> molle del sole in cui vana scompare
> l'arca alla vista. La copre la nebbia
> vuota dell'alba, e la funicolare
> già lontana ed insipida, scolora
> nella nebbia di latte ove si sfa
> l'ultima voglia di chiedere l'ora
> fra quel lenzuolo di chieder l'alt.
> (Caproni 1998: 136-142 *passim*)

Un altro straordinario esempio di questo viscerale attaccamento a Genova è rappresentato da "Litania" (dalla raccolta *Il passaggio d'Enea*), dove la percussiva ripetizione di uno schema da litania, appunto, produce un effetto quasi incantatorio:

> Genova mia città intera.
>   *Geranio. Polveriera.*
> Genova di ferro e aria,
>   *mia lavagna, arenaria.*
>
> Genova città pulita.
>   *Brezza e luce in salita.*
> Genova verticale,
>   *vertigine, aria, scale.*
>
> Genova nera e bianca.
>   *Cacumine. Distanza.*
> Genova dove non vivo,
>   *mio nome, sostantivo.*
> (172)

Il passaggio d'Enea del titolo omonimo (ispirato da una statua genovese raffigurante l'esule Enea con Anchise sulle spalle e il piccolo Ascanio per mano) si riferisce alla figura dell'uomo provato dalla terribile esperienza del conflitto bellico, caricato da un oneroso passato che rischia di sgretolarsi del tutto e con un futuro che stenta ancora ad avviarsi.

Il seme del piangere, la raccolta del 1959, inaugura la seconda stagione caproniana. Il titolo è costituito da una citazione tratta da *Purgatorio*, XXXI. Dante infatti resterà una costante figura di riferimento per l'autore, la cui avventura poetica si tingerà sempre di più di atmosfere e situazioni che richiamano i luoghi metafisici, oltremondani della *Commedia*, *in primis* dell'Inferno. Come osserva Langella, in Caproni vi è "uno struggente desiderio di credere destinato a rimanere inappagato". Nella raccolta in esame Livorno viene fuori in tutta la sua luminosa concretezza eppure, al tempo stesso, persino il paesaggio livornese è "sempre troppo 'bianco e nero' per essere 'vero' ", come avverte Frabotta (414)[3]. La madre Annina riluce di uno splendore giovanile che, alla maniera dello stilnovismo, ne fa una donna-angelo di cui il poeta canta le lodi in una sorta di corteggiamento amoroso. Nondimeno questo lucore si contrappone al senso di solitario smarrimento in uno spazio che si fa scenario quasi teatrale che ne ribadisce la sostanziale inconsistenza al cozzare pungente del ricordo e della consapevolezza di un'assenza irreversibile.

L'esilio esistenziale cui l'uomo è destinato, il senso incombente della morte come uscita obbligata di ogni vicenda umana, che prende allegoricamente le sembianze di un viaggio[4] cui non è dato sottrarsi, vengono magistralmente teatralizzati in *Congedo del viaggiatore cerimonioso e altre prosopopee*, del 1965. Qui la stessa materia verbale, che veniva sapientemente orchestrata in sonore, musicali composizioni, come abbiamo testé visto a proposito di *Stanze della funicolare*, è sottoposta a una sorta di 'dimagrimento' progressivo. Il lessico si fa più dimesso, il tono decisamente colloquiale. Le atmosfere diventano, al contempo, più rarefatte e gli spazi evocati sembrano – nella mia lettura – più dei contenitori, ancora una volta quasi fondali di una scena dove si rappresenta una finzione, piuttosto che

---

[3] Anche Mengaldo ha posto l'attenzione su questi "luoghi cittadini che nelle ultime raccolte, divenuti distanti, segnaletici e quasi virtuali, saranno solo metafisici, ma fino al *Congedo* compreso sono intensamente reali e metafisici" (XIX).
[4] Sul tema del viaggio si veda l'interessante saggio di Angela Barbagallo, per altro ricco di spunti filosofici.

concreti luoghi. Il viaggio in treno del personaggio che si prepara a scendere dal suo scompartimento e si rivolge a mute controfigure (il dottore, la ragazzina, il militare, il sacerdote) allegorizza il nostro viaggio terreno che ha per destinazione la morte.

> Amici, credo che sia
> meglio per me cominciare
> a tirar giù la valigia.
> Anche se non so bene l'ora
> d'arrivo, e neppure
> conosca quali stazioni
> precedano la mia,
> sicuri segni mi dicono,
> da quanto m'è giunto all'orecchio
> di questi luoghi, ch'io
> vi dovrò lasciare.
> (...)
> Ora che più forte sento
> stridere il freno, vi lascio
> davvero, amici. Addio,
> di questo, sono certo: io
> son giunto alla disperazione
> calma, senza sgomento.
>
> Scendo. Buon proseguimento.
> (243-245, *passim*)

Il tema dell'esilio è, in particolare, rievocato in modo struggente nel componimeto "Il gibbone", contenuto nella stessa raccolta:

> No, non è questo il mio
> Paese. Qua
> — fra tanta gente che viene,
> tanta gente che va —
> io sono lontano e solo
> (straniero) come
> l'angelo in chiesa dove
> non c'è Dio. Come,
> allo zoo, il gibbone.

> Nell'ossa ho un'altra città
> che mi strugge. È là.
> L'ho perduta. Città
> grigia di giorno e, a notte,
> tutta una scintillazione
> di lumi — un lume
> per ogni vivo, come,
> qui al cimitero, un lume
> per ogni morto. Città
> cui nulla, nemmeno la morte
> — mai, — mi ricondurrà.
>
> (264)

In *Congedo* l'uomo ci appare profondamente solo, rimpiange una città per sempre perduta e il Dio agognato non è dato incontrarlo mai, in nessun luogo. Lo spazio — come abbiamo visto — perde i suoi connotati, le coordinate si fanno sfuggenti, l'"oltre" appare come un vuoto baratro. Abbondano termini chiave quali: cancelli, muri, pareti, versanti, creste, litorali, cimiteri, stazioni, buio, nebbia.

Il muro della terra (1975) inaugura la terza stagione caproniana. Ancora una volta siamo di fronte a un termine — muro — che delimita uno spazio, cartina di tornasole della nostra impossibilità di trovare una collocazione sicura perché vaghiamo esuli e soli, eppure arsi dal desiderio di dare un senso al paradosso della vita. Il titolo deriva ancora una volta da Dante (*Inf.* X, 2). Come osserva Langella, "il muro raffigura il limite contro cui si infrange ogni sforzo umano di far luce sul mistero dell'universo" ma anche "una sorta di prigione esistenziale, il perimetro entro cui obbligatoriamente si svolge l'esperienza dell'uomo, che è anzitutto esperienza tragica del male". D'ora in poi vi saranno solo "beckettiane allegorie vuote", osserva Frabotta (414).

CONDIZIONE

> Un uomo solo,
> chiuso nella sua stanza.
> Con tutte le sue ragioni.
> Tutti i suoi torti.

Solo in una stanza vuota,
a parlare. Ai morti.

(287)

SENZA ESCLAMATIVI

Ach, wo ist Juli
und das Sommerland

Com'è alto il dolore.
L'amore, com'è bestia.
Vuoto delle parole
che scavano nel vuoto vuoti
monumenti di vuoto. Vuoto
del grano che già raggiunse
(nel sole) l'altezza del cuore.

(339)

Ho parlato di spazi fisici e di spazi metafisici, trasfigurati. Anche le coordinate temporali sono soggette a questo slittamento, perdono ogni connotato rassicurante e univoco. L'allontanamento dalla Storia si fa progressivamente sempre più marcato proprio perché la dimensione esistenziale dell'uomo prende vieppiù il sopravvento. È come se il tempo cronologico cedesse il passo a quello fenomenologico esperito dall'uomo, con l'implicazione che non ci si può più aggrappare al conforto della memoria del passato, meno che mai a una promessa rassicurante di futuro. Va aggiunto, tuttavia, che questo svuotamento cui sono soggetti sia lo spazio che il tempo investe anche lo spazio della pagina. Ciò avviene in concomitanza con il frantumarsi del dettato poetico. La stessa spazializzazione tipografica del testo si fa sempre meno ortodossa. Brandelli di versi, una disposizione grafica anticanonica, parentesi, uso frequente del corsivo o dei caratteri maiuscoli, concorrono a dislocare il testo, a svuotare sempre di più la pagina, caricandola di una sgomenta appercezione del vuoto. In questo prosciugamento del testo, in questo peculiare impiego delle risorse grafiche si riflette, facendosi sempre più essenziale, rarefatta, l'angosciosa ricerca esistenziale e religiosa — o per meglio dire "ateologica" — di Caproni.

Come attestano sia il *Franco cacciatore* (ispirato all'omonima opera di Carl Maria von Weber) e *Il conte di Kevenhüller*, il tema della caccia diventa centrale. Nella prima raccolta la *venatio Dei* di agostiniana ascendenza (Dio insegue l'uomo perché questi ceda al suo amore) si capovolge, come osserva Langella. È l'uomo ora a dare la caccia a Dio, perché — finalmente — nell'atto della sua uccisione da parte dell'uomo stesso, che ne ha proclamato — seguendo Nietzsche — la morte, se ne possa almeno proclamare la presenza. Tuttavia questo proposito rimarrà per sempre frustrato. Leggiamo da *Il franco cacciatore*:

FALSA PISTA

Credevo di seguirne i passi.
D'averlo quasi raggiunto.
Inciampai. La strada
si perdeva fra i sassi.
(433)

Ne *Il conte di Kevenhüller*, che trae lo spunto da un fatto di cronaca avvenuto alla fine del XVIII secolo, la caccia riguarda una fantomatica Bestia ("La preda che si raggira / nel vacuo..." [558]) — feroce ma sfuggente — la quale non è altro che il male, dentro e fuori l'uomo stesso, creatura stupida e feroce — feroce perché stupida — come ammette Caproni stesso. L'uomo vagola, come vediamo in entrambe le raccolte, in un paesaggio metafisico, uno spazio sempre più spoglio, vuoto, dove — beckettianamente — ogni attesa è delusa. Così come Dio non comparirà mai, la bestia non si presenterà mai al cospetto del suo inseguitore, anzi inseguito e inseguitore si confondono, così come io e altro si confondono ("Nel vuoto / del suo volto, afferro / me assente" [687]). D'altro canto, sin dalle prime raccolte mature, Caproni ci aveva abituati a questa obliterazione della nozione di io, pur non cancellando — paradossalmente — la nozione di identità, segno che la responsabilità dell'uomo è pur sempre quella di porsi le domande più importanti, gli interrogativi fondamentali che da sempre lo attanagliano.

L'entropia spaziale raggiunge una sua ultima manifestazione in *Res amissa*, la silloge apparsa postuma, come accennato prima. I versi, sempre più scarnificati, incidono lo spazio vuoto della pagina bianca:

>Son già oltre la morte.
>
>Oltre l'oltre.
>
>>Già oltre
>>(in queste mie estreme ore corte)
>>l'oltre dell'oltremorte...
>>(765)

Restano gli interrogativi supremi, come dicevo, dell'uomo a cui non è rimasta se non la nostalgia di un bene perduto per sempre, la *res amissa* appunto, forse la grazia, Dio. Nemmeno il ricordo può essere di ausilio, poiché anche questo residuale legame con quanto potrebbe ancorarci a un senso del vivere e del morire è venuto a mancare:

>GENERALIZZANDO
>
>Tutti riceviamo un dono.
>Poi, non ricordiamo più
>né da chi né che sia.
>Soltanto, ne conserviamo
>— pungente e senza condono —
>la spina della nostalgia.
>(768)

Il vuoto si fa cosmico e il poeta, votato all'inappartenenza, si chiede se non sia sul pianeta "soltanto uno dei suoi tanti / — smarriti — disabitanti" (807). Inutile sottacere echi leopardiani ma più che in Leopardi la visione si fa, se possibile, oltremodo disincantata ("sfondata ogni porta, / abbattute le mura, / è il cosiddetto Infinito / la nostra vera clausura? ..." (809).

Opere Citate

Barbagallo, Angela. *La poesia dei luoghi non giurisdizionali di Giorgio Caproni*. Foggia: Bastogi, 2002.

Caproni, Giorgio. *Giorgio Caproni legge le sue poesie e si racconta, 1969*. https://www.youtube.com/watch?v=bG7LI5QH_iA.

Caproni, Giorgio. *L'opera in versi*. A cura di Luca Zuliani. Milano: Mondadori, 1998.

Frabotta, Biancamaria. "I maestri in ombra: Giorgio Caproni e Attilio Bertolucci". Nino Borsellino e Walter Pedullà. *Storia generale della letteratura italiana. XIII, Il Novecento. Le forme del realismo, Prima parte*. Milano: Federico Motta Editore, 2004.

Langella, Giuseppe. *Il cacciatore disarmato* https://www.youtube.com/watch?v=k0D4n-oSHKU.

Mengaldo, Pier Vincenzo. "Introduzione". Giorgio Caproni. *L'opera in versi*. Milano: Mondadori, 1998.

Testa, Enrico (a cura di). *Dopo la lirica. Poeti italiani 1960-2000*. Torino: Einaudi, 2005.

LEONARDO SCIASCIA Y LA GUERRA CIVIL ESPAÑOLA

Maria Làudani

INTRODUCCIÓN
1- LA RELACIÓN DE SCIASCIA CON LA CULTURA ESPAÑOLA: *Ore di Spagna*

Los intereses culturales que han hecho madurar a Sciascia como escritor y han decidido su trayectoria son muy amplios. Sabemos, por ejemplo, que ya de niño amaba la literatura francesa de la Ilustración.

Recientemente los estudiosos han destacado algunos aspectos del escritor e intelectual que lo vinculan con el mundo ibérico[1].

Mi reflexión se centra en la relación entre Sciascia y España[2] y, sobre todo, en la influencia que la Guerra Civil española tuvo en el autor.

El nexo entre Sciascia y España está documentado, en primer lugar, por una obra "odeporica", *Ore di Spagna*[3], un diario de viaje en el que vemos descritos los lugares y la cultura ibérica.

La estudiosa Irene Pagliara comenta al respecto:

---

[1] Un ejemplo de este nexo es la correspondencia epistolar entre Sciascia y el poeta Jorge Guillén; al respecto cfr.: P. L. Ladrón De Guevara Mellado, Cartas de Jorge Guillén a Leonardo Sciascia, *Cuadernos de Filología Italiana*, 7 (2000), pp. 661-684.
[2] Cfr. R. Ricorda, L'andare per la Spagna di un siciliano: immagini di viaggio. In N. Tedesco (Ed.), *Avevo la Spagna nel cuore* (pp. 191-207). Milano, La Vita Felice, 2001. Camps Olivé, A., *Una fortuna contrastata: Leonardo Sciascia in Spagna*, Rev. Soc. Esp. Ital. 1-2, 2003, pp. 21-27, Ediciones Universidad de Salamanca. M. Pioli, Leonardo Sciascia, la Sicilia e la Spagna: «Barocco del sud», en *I cantieri dell'italianistica. Ricerca, didattica e organizzazione agli inizi del XXI secolo*. Atti del XVIII congresso dell'ADI-Associazione degli Italianisti (Padova, 10-13 settembre 2014), a cura di Guido Baldassarri, Valeria Di Iasio, Giovanni Ferroni, Ester Pietrobon, Roma, Adi editore, 2016, Id., L'immaginario spagnolo di Leonardo Sciascia: genealogie mediterranee. *Italian Studies*, 74(4), 427–441, 2019, Id. La Sicilia spagnola di Leonardo Sciascia, en *Zibaldone de Estudios Italianos*, Vol. VIII, 1-2, 2020, pp.93-112. Id. (Ri)scoprire la Spagna attraverso la traduzione: Leonardo Sciascia e l'affaire Lorca, en *Quaderni d'italianistica*, Vol. 41, no. 1, 2020, 43–68.
[3] L. Sciascia, *Ore di Sagna*, Milano: Bompiani, 2000. Cfr. M. Pioli, Dalla Sicilia alla Spagna, dalla Spagna alla Sicilia: Leonardo Sciascia scrittore di viaggio. *Italica Wratislaviensia*, 11(2), 2020, 119-135. Y también Cfr.: V. González Martín que subraya al respecto: «en nuestro país encuentra Sciascia las raíces de su sicilianidad. Los viajes sirven a nuestro autor para confirmar lo que había intuido ya en Sicilia: que Sicilia se refleja en España y España en Sicilia» (España en la obra de Leonardo Sciascia, *Cuadernos de Filología Italiana*, 7 [2000], 733-756).

Ore di Spagna si configura come una sorta di viaggio compiuto in dieci acuti capitoli accompagnati dalle suggestive fotografie di Ferdinando Scianna attraverso le cose di Spagna, si tratta sicuramente dell'opera sciasciana in cui il riferimento alla Spagna è più sistematico. Tuttavia, considerato che l'amore dell'autore per la Spagna, la sua storia e la sua cultura, si rivela abbastanza precocemente e si alimenta in un arco di tempo più che quarantennale — dal 1945 al 1985 circa — è naturale che sia possibile rinvenire dei preziosi riferimenti anche nel resto della produzione del racalmutese, poiché è frequente il ricorso al parallelo tra i concetti di hispanidad e sicilitudine, considerati modulazioni tonali di un analogico comune sentire.[4]

De hecho, fue la lectura de obras de escritores, intelectuales y filósofos españoles la que inspiró los numerosos viajes que Sciascia emprendió en tierras ibéricas en compañía de su esposa Maria Andrònico.

Las imágenes que transmite *Ore di Spagna* se alimentan de los continuos contrastes entre la Península Ibérica y Sicilia, comparaciones que, a menudo, tienen como objetivo investigar problemas sociales comunes o experiencias históricas, como las de la Inquisición o de la Guerra Civil española. De igual manera estas comparaciones tienen la finalidad de analizar las expresiones lingüísticas y artísticas.

El interés por España madura, poco a poco, y el propio Sciascia dice:

---

[4] I. Pagliara, La Spagna come metafora nell'opera di Vittorio Bodini e Leonardo Sciascia, *en Oblio, Osservatorio Bibliografico della Letteratura Italiana Otto-Novecentesca*, III, 9-10, pp.78-88, 2013, p. 83. La traducción es mía: «*Ore di Spagna* se configura como una forma de viaje realizado en diez capítulos inteligentemente concebidos, acompañados de fotografías alusivas de Ferdinando Scianna [...], es sin duda la obra de Sciascia en la que la referencia a España es más sistemática. Así mismo, teniendo en cuenta que el amor del autor por la historia y la cultura de España se revela muy pronto y se nutre a lo largo de más de cuarenta años – desde aproximadamente 1945 hasta 1985 –, es natural que sea posible encontrar valiosas referencias [N.dT.: a la cultura española] también en el resto de la producción del escritor de Racalmuto, ya que se recurre con frecuencia al paralelismo entre los conceptos de hispanidad y de "sicilitudine", considerados modulaciones tonales de un sentimiento común».

> Io avevo allora cominciato a studiare un po' la lingua spagnola servendomi di uno di quei manuali popolari dell'editore Sonzogno; ma dal momento in cui ebbi le *Obras* di Ortega, lasciai da parte il manuale [...] Così sulle *Obras* di Ortega ho appreso quel po' di spagnolo che so (e lo so da sordomuto: a leggerlo soltanto).[5]

Otro aspecto del vínculo de Sciascia con la cultura española se encuentra en la búsqueda constante de "sicilitudine" o "sicilianità".

A nivel "teórico", recibe un estímulo considerable a través de la lectura de la obra de Américo Castro titulada *La realidad histórica de España*[6], que Sciascia menciona en numerosas ocasiones, sobre todo en sus ensayos.

En este texto, el historiador español intenta representar la identidad española, la "hispanidad", a partir de la descripción de la "casa vital" de este pueblo.

Sciascia cita a Américo Castro para responder al curador de sus escritos literarios, Claude Ambroise, a la pregunta si la obra de Pirandello no se convierte para él en una Sicilia reducida a ideología con las siguientes palabras:

> Non una ideologia, direi, il "troppo umano" della Sicilia, piuttosto [...] per dirla con una espressione di Américo Castro: l'umano che ha raggiunto il punto del "vivir desviviendo": che è quel che accade ai personaggi di Pirandello. Il punto, insomma, vicino alla morte ma in cui si raccoglie tutto il senso, tragico quanto si vuole, della vita[7].

---

[5] L. Sciascia, *Ore di Spagna*, a cura di N. Tedesco, Milano, Bompiani, 2000, p. 32. La trad. es mía: «Había empezado, en aquel entonces, a estudiar un poco la lengua española con uno de esos manuales populares de la editorial Sonzogno; pero, desde el momento en el que tuve entre mis manos las *Obras* de Ortega, dejé el manual a un lado [...] Como consecuencia, a partir de las *Obras* de Ortega aprendí el poco español que sé (y lo aprendí como sordomudo: solo leyéndolo)».

[6] A. Castro, *La realidad histórica de España*, Madrid, Trotta, 2021 (primera ed. 1954).

[7] L. Sciascia, Opere 1951-71, p. IX-X., cura di Claude Ambroise, Milano, Bompiani, 2004, La trad. es mía: «No una ideología, diría yo, sino lo que es "demasiado humano" de Sicilia [...]. Para citar una expresión de Américo Castro: el humano que ha llegado al punto de "vivir desviviendo": que es lo que les sucede a los personajes de Pirandello. En fin, cuando se está a punto de morir y se entiende el sentido de la vida, por muy trágico que este parezca».

De este modo, Sciascia utiliza la obra de Castro para interpretar a Pirandello y además a través del texto *La realidad histórica de España* el autor fundamenta su propio discurso sobre Sicilia.

Asimismo, con respecto a la relación entre Sicilia y España, en el ensayo de 1961 *Pirandello e la Sicilia*, Sciascia afirmó:

> Se la Spagna, come ha affermato qualcuno, più che una nazione è una forma di essere, la Sicilia è anche una forma di essere; e la più vicina che uno possa immaginare alla forma di essere spagnola.[8]

Por lo tanto, la continuidad España-Sicilia representa el nodo central de la relación de Sciascia con la cultura ibérica, continuidad que el autor explica con una específica razón histórica.

En el reportaje "Qui un siciliano ritrova i viceré", publicado en el *Corriere della Sera* el 8 de abril de 1983, leemos al respecto:

> Andare per la Spagna è, per un siciliano, un continuo insorgere della memoria storica, un continuo affiorare di legami, di corrispondenze, di "cristallizzazioni" [...] con qualcosa di simile [...] a una ritrovata fraternità. E dico ritrovata pensando allo splendido dominio degli arabi che Spagna e Sicilia ebbero comune e che ancora accende parole e fantasia. I viceré, gli avidi e infausti viceré della Sicilia spagnola, non sono soltanto parte della storia siciliana, ma anche, coi loro nomi, con le cose che da loro hanno preso nome, della nostra. La via Maqueda, la piazza Villena, la via duca d'Ossuna.... La storia è diventata toponomastica, la toponomastica memoria individuale.[9]

---

[8] L. Sciascia, Pirandello e la Sicilia [1961]. In *Opere* 1984-1989. A cura di Claude Ambroise, Milano, Bompiani, 2004, 2004, p. 1045. La trad. es mía: «Si España es, como ha dicho alguien, más que una nación una forma de ser, Sicilia es también una forma de ser; y la más cercana que uno pueda imaginarse al modo de ser español».

[9] L. Sciascia, "Qui un siciliano ritrova i viceré", *Corriere della Sera*, 8 de abril de 1983. La trad. es mia: «Pasar por España es, para un siciliano, un surgir continuo de la memoria histórica, un afloramiento continuo de lazos, de correspondencias, de "cristalizaciones" [...] con algo parecido [...] a una fraternidad redescubierta. Y digo redescubierta pensando en el espléndido dominio de los árabes que tuvieron en común España y Sicilia y que aún enciende las palabras y la imaginación. Los virreyes, los virreyes ávidos y infaustos de la Sicilia española, no solo forman parte de la historia siciliana, sino también de nuestra historia, con sus nombres, con todo lo que ha tomado el nombre de ellos. Via Maqueda, Piazza Villena, Via Duca d'Ossuna... La historia se ha convertido en toponimia, la toponimia como memoria individual».

2- LAS LECTURAS "ESPAÑOLAS" DE SCIASCIA Y LA INFLUENCIA DEL *Don Quijote*

Además del conocimiento de España en sentido amplio, de los lugares, de la historia de este país, Sciascia, como ya hemos subrayado, se inspiraba en la lectura de los clásicos de la literatura española. Así dice al respecto la estudiosa Nora Moll:

> Un completo elenco degli "autori" sciasciani sarebbe eccessivamente lungo, ma dovrebbe senz'altro contenere nomi come Pirandello, Manzoni, Stendhal, Gogol, Gide, Voltaire, Montesquieu, Borges e, non per último, Cervantes: autori, questi, tanto significativi per la biografia artistica oltreché "civile" del nostro, da costituire altresì il sottostrato incancellabile dei suoi testi.[10]

No es del todo accidental encontrar muchos rasgos del "Caballero de la triste figura" en algunos de los antihéroes de Sciascia. Una característica recurrente de personajes como Laurana (*A ciscuno il suo*), Bellodi (*Il giorno della civetta*), Rogas (*Il contesto*), el pintor de *Todo Modo*, Di Blasi (*Il Consiglio d'Egitto*), el joven protagonista de *Il Quarantotto* (*Gli zii di Sicilia*) es, de hecho, su bibliofilia, juzgada precisamente como "dañina" o incluso "peligrosa" por la sociedad y por los representantes del poder.

La novela "cervantina" ocupa un lugar central en *L'onorevole*[11], obra teatral de 1964, en la que el *Don Quijote* se convierte en el motivo principal, casi como si fuera el protagonista oculto, de la trama.

En *L'onorevole* se ponen en escena los acontecimientos de dos lectores del *Quijote*: el primero es el profesor Frangipane, figura de alto nivel moral y humano, para quien esta fue su novela predilecta, «el libro más grande del mundo», hasta que se postuló como candidato y fue electo diputado del "Partido Cristiano".

---

[10] N. Moll, Alcune letture spagnole di Sciascia, E. Russo (edita por), *Testimoni del vero. Su alcuni libri in biblioteche d'autore*, Roma, Bulzoni, 2000, p. 312. La trad. es mia: «Una lista completa de los "autores" de Sciascia sería excesivamente larga, pero ciertamente debería contener nombres como Pirandello, Manzoni, Stendhal, Gogol, Gide, Voltaire, Montesquieu, Borges y, por último, pero no menos importante, Cervantes: autores, estos, tan significativos para la biografía tanto artística como "civil" de nuestro escritor, para constituir también el sustrato indeleble de sus textos».

[11] L. Sciascia, *L'onorevole*, Milano, Adelphi, 1995.

Tras este punto de extravío, su desamor por esta y otras lecturas es proporcional al decaimiento de su honestidad y al ceder a los «compromisos» con la corrupta realidad política y social. Por el contrario, el segundo lector, es decir la esposa del profesor, doña Assunta, una mujer sencilla al principio y dedicada exclusivamente a la familia, comienza a apasionarse por la misma novela a medida que ve cambiar a su marido, hasta convertirse en una experta en todas las interpretaciones y nuevas ediciones del *Quijote*.

Con el tiempo, Assunta se descuida a sí misma y es considerada loca como el héroe de su libro favorito, mientras crece en ella la lucidez con la que juzga los hechos y la lleva a la convicción de que su marido, a un paso de convertirse en un ministro, sería arrestado.

SCIASCIA Y LA GUERRA CIVIL ESPAÑOLA

Hasta aquí hemos analizado las profundas raíces de la pasión de Sciascia por la historia y la cultura españolas.

A seguir vamos a examinar el largo cuento en el que se trata de la Guerra Civil española, es decir, *L'antimonio*, publicado en 1958 en la revista literaria «Gettoni» de Vittorini y añadido a la edición de 1961 de la colección de cuentos *Gli zii di Sicilia*[12].

Es justo en el enfrentarse a los hechos españoles de la Guerra Civil donde se forma la conciencia del joven Sciascia y se desarrolla su antifascismo, lo que no es fácil si tenemos en cuenta que llegan a Italia casi exclusivamente las noticias filtradas por el régimen fascista.

En 1936, Sciascia tenía 15 años e, influenciado por la propaganda de los periódicos, creía que los rebeldes eran los llamados "rojos sin Dios" y que el "derecho" y la "legitimidad" estaban del lado de Franco y su aliado Mussolini.

Fue necesaria la postura pro-republicana de Ernest Hemingway y John Dos Passos, escritores que Sciascia idolatraba, o de sus mitos del cine estadounidense, Charlie Chaplin y Gary Cooper, para que el joven Sciascia se acercara a los círculos antifascistas de Caltanissetta.

---

[12] L. Sciascia, *Gli zii di Sicilia*, Milano, Adelphi, 1992.

En la obra *Le parocchie di Regalpetra*, el proprio Sciascia escribía:

> Avevo la Spagna nel cuore, quei nomi — Bilbao, Malaga, Valencia; e poi Madrid, Madrid assediata — erano amore, ancor oggi li pronuncio come fiorissero in un ricordo di amore. E Lorca fucilato. E Hemingway che si trovava a Madrid. E gli italiani che nel nome di Garibaldi combattevano dalla parte di quelli che chiamavano Rossi.[13]

En el diario de viaje *Ore di Spagna* que ya he citado antes, el escritor explica cómo, muchos años después del final de la Guerra civil, se había documentado sobre ese acontecimiento a través de varias lecturas:

> Ecco, allineati in uno scaffale, insieme a quelli di cose stendhaliane e di cose siciliane i soli ordinati nella mia libreria, tutti i libri che riguardano quell'avvenimento; e non sono pochi. C'è, particolarmente caro, quello di George Orwell: *Omaggio alla Catalogna*. *I grandi cimiteri sotto la luna* di Bernanos, *La speranza* di André Malraux, *L'esperienza della guerra di Spagna* di Matthews, Il diario di Koltsov [...].[14]

Y sigue citando los poetas de la "Generación del '27", Lorca, Salinas, Guillén y Cernuda. Por lo tanto, en *L'antimonio* convergen todas las reflexiones maduras de Sciascia sobre el evento nefasto de la Guerra civil española. El título deriva del nombre de "antimonio" que los mineros sicilianos daban al peligroso gas grisou, como explica el propio escritor en una nota inicial.

---

[13] L. Sciascia, *Le parocchie di Regalpetra*, Milano, Adelphi 1991, p. 53. La trad. es mía «Tenía España en el corazón, esos nombres – Bilbao, Malaga, Valencia; y luego Madrid, Madrid asediada — fueron amores, las pronuncio todavía hoy como si florecieran en un recuerdo de amor. Y Lorca fusilado. Y Hemingway que estuvo en Madrid. Y los italianos que lucharon, en nombre de Garibaldi, del flanco de los que llamaban rojos».

[14] L. Sciascia, *Ore di Spagna*, Pungitopo editrice, 1988, p. 13. La trad. es mía «Aquí, alineados en una estantería, junto con los libros stendhalianos y los de autores sicilianos, las únicas ordenadas en mi biblioteca están todos los libros referentes a ese acontecimiento; y no son pocos. Hay, especialmente querida la obra de George Orwell, *Homenaje a Cataluña*. *Los grandes cementerios bajo la luna* de Bernanos, *La esperanza* de André Malraux, *La experiencia de la guerra española* de Matthews, *El diario* de Koltsov [...]»

El cuento narra la evolución espiritual de un joven trabajador siciliano de una minera de azufre que, para escapar del azaroso trabajo, se alista en las tropas italianas que flanquean al ejército de Franco y parte para luchar en España contra los republicanos. Al comprender las razones sociales y las verdaderas motivaciones de esta guerra, se da cuenta de que está del lado equivocado y que está arriesgando su vida por ideales contrarios a los intereses vitales de su propia clase social.

La situación límite en la que se ve envuelto el protagonista corresponde a un doloroso, pero también, liberador despertar intelectual. Pero lo que más nos interesa es el hecho de que la distancia con Italia y Sicilia mejora su capacidad para juzgar los mecanismos que caracterizan al país y a la sociedad de la que proviene y, por lo tanto, el protagonista acaba tomando una posición clara por primera vez frente a la postura de fascismo y de Mussolini.

La larga narración consta de cuatro capítulos y está anticipada por una cita del poema *Conquistador*, de Archibald MacLeish[15], un intelectual estadounidense que concientizó al público sobre la Guerra civil española.

Para describir los lugares y las fases de la guerra, Sciascia se valió de una extensa documentación preliminar extraída de crónicas y relatos de escritores y veteranos.

La acción comienza *in medias res*, durante un ataque en un pueblo español. La voz narrativa es la del protagonista de la historia, como decíamos, un joven minero siciliano cuyo nombre nunca se menciona, pero que describe cuidadosamente los lugares, los hechos, los personajes que salen al campo en el conflicto.

Junto a él se encuentra otro personaje, llamado Ventura, soldado y compañero inseparable: una especie de guía espiritual, casi un nuevo "Virgilio", en este descenso a los infiernos que es la Guerra civil española. Ventura también es de origen siciliano, aunque había emigrado a los Estados Unidos cuando era niño y luego había regresado porque implicado en el asesinato de un policía.

---

[15] A. MacLeish, *Conquistador*, 1932, Boston, Houghton Mifflin Company, 1932.

Poco a poco descubrimos que incluso este "voluntario" se unió a la guerra fascista no por una convicción íntima, sino con la esperanza de poder llegar a las tropas estadounidenses y regresar a los Estados Unidos.

A diferencia del protagonista, Ventura tiene desde el principio ideas muy claras sobre las motivaciones "ideales" que animaron a Mussolini a sumarse a una guerra que, al fin y al cabo, no preocupaba a los italianos: los fines expansionistas y razones de poder que no tienen nada que ver con los hermosos discursos del "duce" del que muchos se habían enamorado.

En realidad, yendo de una batalla a otra, de un pueblo a otro, en esa España maltratada y desolada, el protagonista-narrador intuye, cada vez más, que Franco y los falangistas son los que intentan usurpar el legítimo poder de los republicanos a través de la fuerza bruta y la violencia. El joven minero se ve obligado a presenciar tiroteos indiscriminados contra ciudadanos comunes, adolescentes, soldados republicanos o prisioneros desarmados. Esta es la dinámica sin sentido de la guerra, que no conoce reglas ni humanidad, sino que se alimenta de la fuerza bruta y de la violencia más ciega.

El protagonista ve, día tras día, que está luchando del lado de quienes, en España, como en Sicilia, oprimían a los campesinos pobres, a los obreros pobres, a los mineros pobres, es decir, los dominantes formados por ricos terratenientes, por el clero y por todas las guardias dispuestas a defender el abuso de poder de los fuertes contra los débiles.

Por ejemplo, leamos unas líneas de la historia:

> E pensa alla Sicilia, disse Ventura, pensa alla Sicilia degli zolfatari, dei contadini che vanno a giornata: all'inverno dei contadini, quando non c'è lavoro, le case piene di bambini che hanno fame […] E se i contadini e gli zolfatari un bel giorno ammazzano il podestà il segretario del fascio don Giuseppe Catalanotto, che è il padrone della zolfara, e il principe Castro che è il padrone del feudo; se questo succede nel mio paese e se il tuo paese comincia a muoversi e se in tutti i paesi della Sicilia comincia a soffiare un vento simile, sai che succede? Tutti i galantuomini, che sono fa-

> scisti, si mettono coi preti coi carabinieri coi questurini: cominciano a fucilare contadini e zolfatari, e e contadini e zolfatari ammazzano preti carabinieri e galantuomini; non si finirebbe più di ammazzare, e poi vengono i tedeschi e ti aggiustano un paio di bombardamenti da far passare per sempre ai siciliani la voglia di fare rivolta, e i galantuomini vincono.[16]

Así, la elección de ir a luchar para evitar el terror frente al trabajo en la mina se convierte en una oportunidad de crecimiento cultural y de toma de conciencia: de minero ciego e ignorante el protagonista se transforma en un hombre consciente de las injusticias sociales, de los derechos de los débiles y de los desastres de la guerra.

Cuando, tras ser gravemente herido y mutilado en el brazo — nótese el paralelismo con el relato del escritor Cervantes, que perdió el uso de la mano izquierda en la batalla de Lepanto — vuelve a casa cambiado y se avergüenza de la paga de soldado obtenida al precio de la muerte de otros hombres.

Este personaje nos recuerda, por algunos aspectos, a otra figura literaria, esa de un hombre que vive en una ciudad siciliana durante la época fascista y que, poco a poco, madura su aversión al régimen y sus falsos mitos, es decir, el protagonista del cuento *El viejo con botas* del escritor siciliano Vitaliano Brancati.

Sin embargo, en ese caso, el personaje no tendrá ninguna redención y quedará "derrotado" por los acontecimientos posteriores a la conclusión de la dictatura fascista.

Sin duda alguna, una característica muy importante a destacar en el largo relato de Sciascia es que la Guerra civil española no

---

[16] L. Sciascia, *Gli zii di Sicilia*, «*L'antimonio*», cit. p. 184. La trad. es mia «Y piensa en la Sicilia, decía Ventura, piensa en la Sicilia de los mineros del azufre, de los campesinos que van de día: del invierno de los campesinos, cuando no hay trabajo, las casas llenas de niños hambrientos [...] Y si, en el final, los campesinos y los mineros del azufre matan al alcalde, al secretario del "fascio", don Giuseppe Catalanotto, que es el dueño de la mina de azufre, y al príncipe Castro, que es el dueño del feudo; si esto sucede en mi país y si tu país empieza a moverse y si un viento similar comienza a soplar en todos los pueblos de Sicilia, ¿sabes lo que sucede? Todos los señores que son fascistas se unen a los curas, a los carabinieri y a los policías: comienzan a fusilar campesinos y mineros, y campesinos y mineros matan curas, carabinieri y señores; nunca dejarías de matar, y luego vienen los militares alemanes y organizan un par de bombardeos para que los sicilianos ya no quieran rebelarse, y los potentes ganan».

solo se ve y se vive en su realidad concreta, sino que se convierte en una oportunidad para la "formación" del protagonista: el descenso a los infiernos de la guerra se convierte en un viaje de catarsis y maduración.

Otro rasgo interesante para destacar es el que concierne a la descripción de los lugares y ambientes españoles: a través de los ojos del protagonista, España se asimila a Sicilia. En los ojos y la mente del protagonista casi no hay diferencia entre las ciudades, los edificios, el campo, el ambiente español y el ambiente siciliano, sus lugares y sus iglesias.

Así, por ejemplo, leemos:

> Non ho buona memoria per i luoghi, ma per i luoghi della Spagna ancora meno: forse perché i paesi somigliavano molto a quelli che fin da bambino conoscevo, il mio e i paesi vicini, e dicevo "questo paese è come Grotte, qui mi pare di essere a Milocca, questa piazza è come quella del mio paese" ed anche a Siviglia mi pareva a momenti di camminare per le strade di Palermo intorno a piazza Marina. E anche la campagna era come quella della Sicilia: nella Castiglia desolata e solitaria com'è tra Caltanissetta ed Enna, ma più vasta desolazione e solitudine; come se il Padreterno, dopo aver buttato giù la Sicilia, si fosse dilettato a fare un gioco di ingrandimento....[17]

Con razón se ha comparado esta tendencia a un "juego de espejos" en el que «la Sicilia si riflette nella Spagna e la Spagna nella Sicilia»[18].

---

[17] L. Sciascia, «L'antimonio» cit. pp. 199-200. La trad. es mia: «No tengo buena memoria para los lugares, y para los lugares de España tampoco: quizás porque los pueblos se parecían mucho a los que yo conocía desde niño, el mío pueblo y los pueblos cercanos, y solía decir "este pueblo es como Grotte, aquí me parece Milocca, esta plaza es como la de mi pueblo" y en Sevilla me parecía a ratos andar por las calles de Palermo alrededor de plaza Marina. Y también el campo era como el de Sicilia: en Castilla desolado y solitario como lo está entre Caltanissetta y Enna, pero con mayor desolación y soledad; como si el Ominipotente, después de esbozar Sicilia, se hubiera deleitado en jugar un juego de engrandecimiento...».

[18] N. Tedesco, Un sorvegliato spazio di moralità e ironia. Sciascia: siciliano e europeo, en (edito por) Id.., La cometa di Agrigento. Navarro, Pirandello, Sciascia, Palermo: Sellerio, 1997, pp. 59-66. La trad. es mia: «Sicilia se refleja en España, y España en Sicilia».

Muchas flechas están dirigidas a la gratuita ferocidad del mando militar falangista y de Franco, hipócrita y falto de escrúpulos, como podemos leer en estas líneas:

> Sereno ed elegante, Franco è l'uomo che si è appena alzato dall'inginocchiatoio di velluto, niente di buono c'è da aspettarsi da un uomo che prega sull'inginocchiatoio di velluto.[19]

A continuación, se pasa a describir el exterminio de la población de Santander a manos de la falange, tras el orden dado por Franco a los militares italianos de abandonar ese frente. Desde el punto de vista de los militares italianos, muchos muestran escepticismo hacia la participación en este conflicto, mientras que muchos permanecen empañados por el enamoramiento con el fascismo. Los republicanos, entre los que militan anarquistas, comunistas y socialistas, son colocados en una luz positiva, como los que luchan por la causa justa del gobierno legítimo, por los trabajadores y por los humildes.

Se describe a la población española humillada y derrotada por una terrible guerra civil que devastó las ciudades, la sociedad e incluso las familias y los lazos más íntimos.

Otro aspecto que me gusta destacar es el hecho de que el protagonista no solo va tomando conciencia, poco a poco, de la realidad del fascismo y de las raíces de la Guerra civil española, sino que también se da cuenta de la importancia de las palabras y de la narración de los hechos.

Entonces leemos:

> Io credo nel mistero delle parole, e che le parole possano diventare vita, destino; così come diventano bellezza.[20]

El final del cuento permanece abierto, al igual que las expectativas y perspectivas del protagonista que nuevamente quiere esca-

---

[19] L. Sciascia, «L'antimonio» cit. p. 198.
[20] L. Sciascia, «L'antimonio» cit. p. 213.

par del cerrado entorno siciliano para viajar por el mundo como el héroe Odiseo, con el objetivo de saber y aprender cada vez más.

Conclusiones

La Guerra civil española representó para Sciascia un espejo útil para analizar la eterna intolerancia humana, fascista e inquisitorial, de la que España, como Sicilia, fueron y son metáforas.

Como destaca el estudioso Giovanni Caprara:

> L'antimonio non è dunque soltanto la narrazione di episodi bellici, occorsi durante la Guerra Civile di Spagna, piuttosto è una denuncia, pubblica, che per bocca del protagonista giunge ai lettori di ogni epoca.[21]

La historia del personaje narrador es, en primer lugar, un viaje real por lugares de España muy parecidos a los de Sicilia, por otra parte, es un camino espiritual a través de la desolación de una guerra terrible y sin sentido porque fratricida.

De ahí que, podemos considerar esta obra como un auténtico "viaje de formación", con el descenso a los infiernos de la Guerra civil Española y la "catarsis" final.

Un elemento fundamental del cuento es el que atañe a el progresivo mejoramiento cultural del protagonista que asume siempre una mayor conciencia del valor de la palabra escrita: en esto podemos reconocer otro mensaje muy importante que Sciascia quiere transmitirnos, a saber, que la literatura no puede quedar relegada a una simple función estética, sino que debe convertirse en instrumento de "verdad" y, por tanto, de formación de las conciencias civiles de los seres humanos como lo demuestran las palabras del protagonista de *L'antimonio*, con las que me gusta concluir este breve ensayo:

---

[21] G. Caprara, Tra la Sicilia e la Spagna, un trattato sull'impostura. *L'antimonio* di Leonardo Sciascia, en *Annual*, XXXVIII, 1-2, 2015, p. 131. La trad. Es mía: «*L'antimonio* es no solo la narración de episodios bélicos acaecidos durante la Guerra Civil Española, sino también una denuncia pública que, por boca del protagonista, llega a lectores de todas las epocas».

Io sono andato in Spagna che sapevo appena leggere e scrivere, leggere i giornali e la *Storia dei reali di Francia*, scrivere una lettera a casa; e son tornato che mi pare di poter leggere le cose più ardue che un uomo può pensare e scrivere. E so perché il fascismo non muore, e tutte le cose che nella sua morte dovrebbero morire son sicuro di conoscere, e quel che in me e in tutti gli altri uomini dovrebbe morire perché per sempre il fascismo muoia.[22]

---

[22] L. Sciascia, «L'antimonio» cit. p. 213. La trad. es mía: «Fui a España que apenas sabía leer y escribir, leer los periódicos y la historia de la familia real de Francia, escribir una carta a casa; y regresé sintiendo que podía leer las cosas más difíciles que un hombre puede pensar y escribir. Y sé por qué el fascismo no muere, y estoy seguro de saber todo lo que debe morir en su muerte, y también lo que, en mí y en todos los demás hombres debe morir para que el fascismo muera para siempre».

GIANNI AMELIO, IL SIGNORE DELLE FORMICHE
CRONACA DI UNO SCANDALO ANNUNCIATO

Claudio Mazzola

Per un periodo piuttosto lungo, che va all'incirca dalla fine della Seconda Guerra Mondiale fino alla fine degli anni Settanta, il cinema italiano ha cercato di evitare storie che facessero esplicito riferimento a rapporti omosessuali. Basterà forse ricordare con quanta cautela Luchino Visconti in *Rocco e i suoi fratelli* (1960) avesse girato l'incontro tra il manger di boxe Morini e Simone, uno dei fratelli di Rocco. La sequenza si sviluppa lentamente nell'appartamento del manager tra velate allusioni, senza che mai nulla di troppo ovvio emerga tra i due personaggi maschili. Il riferimento più chiaro all'omosessualità lo si trova solo nelle parole di Morini che, rivolto a Simone, dice: "Come pugile i tuoi giorni sono ormai finiti e come uomo puoi interessare solo a qualcuno come me". Data la vaga allusività della scena, non sorprende quindi che la censura di allora si accanì più contro la rappresentazione della prostituzione e contro la scena dello stupro piuttosto che sui riferimenti all'omosessualità, che per il grande pubblico non potevano che risultare piuttosto oscuri.

Da almeno un paio di decenni, però, anche la cultura cinematografica italiana ha superato questa reticenza politico-religiosa. Ormai si contano numerosi film e documentari sull'argomento. Si tratta sia di film di nicchia prodotti da collettivi politici o associazioni culturali che anche grandi produzioni commerciali con attori famosi. Curioso notare che si sia arrivati a questa quasi impensabile apertura culturale per vie traverse, senza cioè una vera conquista sociale di una qual forma di parità di diritti e spesso costringendo il cinema a passare attraverso contesti comici (spesso piuttosto triti) per rendere l'argomento più palatabile al grande pubblico. Come non ricordare il grande successo di pubblico, nel lontano 1978, de *Il Vizietto* (film, di fatto, francese di Edourad Molinaro ma con un'icona del machismo italiano come Ugo Tognazzi). D'altro canto, in tempi più recenti, anche registi appartenenti a generazioni molto più giovani, come ad esempio Ferzan Ozpetek, sono ricorsi a cliché popolari e una rappresentazione piuttosto stereotipica dell'omosessualità in opere come *Le fate ignoranti* (2002) e *Mine Vaganti* (2010).

Questa breve premessa serve a far riflettere sul fatto che *Il Signore delle formiche* (2022), ultima opera di Gianni Amelio, arriva sugli schermi in un momento particolare, un momento cioè in cui la società coeva si è un po' assuefatta alla discussione di temi una volta controversi quali l'omosessualità. Al contrario di quanto Amelio fece sia con *Lamerica* che con *Il ladro di bambini*, quando cioè espose con coraggio problemi quali l'abuso di minori e l'immigrazione illegale, qui si avventura in quel territorio di denuncia sociale che i mezzi di comunicazione di massa hanno ormai reso meno rischioso e di conseguenza, forse, anche meno intellettualmente stuzzichevole. I fatti storici risalgono al 1964 quando il professor Braibanti fu denunciato per "plagio della mente" in riferimento al rapporto che ebbe con un suo allievo. L'accusa, per evitare di menzionare direttamente la parola omosessualità, si aggrappò a una vecchia legge fascista del 1930 (in particolare all'articolo 603 del codice di procedura penale) in cui veniva introdotto il concetto di "plagio" inteso come l'assoggettare qualcuno al proprio potere per ridurlo a uno stato di dipendenza psicologica. Per tale reato la legge prevedeva una pena che andava dai 5 ai 15 anni. (fu necessario attendere fino al 9 aprile 1981 perché la Corte Costituzionale dichiarasse la legge del 1930 anticostituzionale). Il caso richiamò nel 1964 l'attenzione e la mobilitazione di scrittori ed intellettuali del calibro di Alberto Moravia, Elsa Morante, Pier Paolo Pasolini e Umberto Eco, per citare i più famosi.

All'epoca Amelio aveva ventitré anni, e partecipò personalmente a un paio di udienze; il fatto che ora, a quasi più di sessant'anni, Amelio decida di riproporre l'assurdità di quegli eventi, ci fa capire quanto il regista ritenga sia necessario non dimenticare il retroterra culturale della società in cui viviamo oggi. Eppure, per varie ragioni, questo recupero rischia di passare quasi inosservato. Sia per un senso di apatia che per una certa assuefazione dello spettatore contemporaneo nei confronti di conquiste sociali che ai più sembrano oggi scontate. Non è un caso che fra le recensioni che hanno accolto l'uscita del film di Amelio, una tra le più severe sia quella di John Bleasdale, critico della influente rivista inglese del British Film Institute *Sight and Sound*. Le dure parole del critico evidenziano una certa irritazione nei confronti di un problema che agli occhi del mondo anglosassone, libero da ancoraggi religiosi e contestualizzato in una società abituata da tempo a discutere liberamente i problemi dell'omosessualità, il film di Amelio possa sembrare quasi anacronistico:

> But Amelio's film is plagued by its own sense of importance, which manifests in its sepulchral pace, with barely a line-reading that doesn't stop for a breather mid-sentence.... It's all as chaste as an AIDS drama from the '80s, and probably for the same reason. Amelio is aiming to convert the still unconverted, so he speaks the language of old sentiment". [1]

L'accusa precisa che Bleasdale fa ad Amelio è quella di aver scelto un registro stilistico prudente, caratterizzata da un linguaggio inadatto (quello degli "old sentiment") al tema affrontato. Amelio avrebbe quindi rinunciato ad un approccio più provocatorio e polemico per un facile buonismo politicamente corretto dai toni da fiction televisiva (vedi il riferimento all' "AIDS drama" degli anni Ottanta). Certo il registro scelto da Amelio per raccontare il rapporto tra Braibanti (qui impersonato da Luigi Lo Cascio) e Ettore Tagliaferri (Leonardo Maltese, giovane attore al suo esordio sullo schermo) è quello della pacatezza, dei toni dimessi. Si accentuano più le pause e i silenzi, il non detto, che la frase urlata. È facile quindi accusare Amelio di far conto su una cifra stilistica forse un po' démodé, non in linea con i toni più scandalistici e provocatori di un certo cinema di moda oggi. Amelio però non concede nulla agli stereotipi del caso e con un approccio del tutto personale evita sia vecchi che nuovi cliché. Innanzitutto, Amelio rinuncia alla platealità del gesto, alla rappresentazione del climax della vicenda affidandosi, per esempio, nelle sequenze in tribunale a grandi pause

---

[1] John Bearsdale. "The Lords of the Ants: one of the straightest gay film around". *Sight and Sound*. 6 settembre 2022. Url: https://www.bfi.org.uk/sight-and-sound/reviews/lord-ants-one-straightest-gay-films-around.

e a scambi laconici anche se molto incisivi. Non si verifica mai quell'ovvio scontro tra la cieca e un po' becera accusa (fatte di calunnie e di luoghi comuni) del tribunale e la candida semplicità del professore. Lo stesso si può dire per il tono con il quale Amelio racconta il difficile rapporto tra Braibanti e l'allievo. I loro gesti e le loro parole non sono mai tratteggiati in un contesto melodrammatico, banalizzato da fini sentimentali o politici. Emerge invece un Braibanti personaggio a tuttotondo che alterna momenti di tenerezza con Ettore e altri momenti invece decisamente spigolosi nel raffrontarsi con gli altri. In più di un'occasione il professore tratta infatti i giovani che frequentano con dedizione ed entusiasmo la sua accademia di recitazione in modo brusco e scortese. A tratti è addirittura misogino e antipatico e ogni forma di empatia viene ovviamente rigettata. Braibanti non viene rappresentato come il tradizionale eroe votato a una specie di eroica e stoica resistenza nei confronti di uno stato e di una nazione ancora così ignoranti nei confronti dell'omosessualità. Amelio si avvicina al professore per vie traverse, esponendo tutta la fallacità e le debolezze del personaggio, evitando di farne un martire. Svuota quindi la narrazione di ogni climax drammatico che avrebbe potuto facilmente rendere Braibanti una figura con la quale identificarsi. Da un punto di vista narrativo, i due climax tradizionali, cioè quello del risultato del processo e quello del momento in cui il professore e l'alunno sono colti in fragrante, sono entrambe privati della loro suspense narrativa. Un momento cruciale viene si messo in scena, all'inizio del film, quando a freddo, senza altre coordinate di riferimento, si assiste alla scena in cui la madre di Ettore, accompaganta dall'altro figlio e con la complicità della padrona di casa, fa irruzione nell'appartamento di Braibanti scoprendolo a letto con il figlio. È come se Amelio volesse liberarsi della parte più sensazionalistica della vicenda per concentrarsi su aspetti più rilevanti quali la nascita del rapporto fra maestro e alunno, per mostrare come il coinvolgimento del giovane ragazzo fosse una combinazione di curiosità intellettuale e di infatuazione fisica. Il corteggiamento fatto di sguardi furtivi, di parole pronunciate con cautela, ma soprattutto di parole taciute, di innocenti sorrisi maliziosi, è un processo che Amelio descrive con particolare accuratezza. Forse anche perché la società contemporanea ha fagocitato il processo di coinvolgimento personale di un rapporto amoroso per sostituirlo con un asettico approccio virtuale attraverso i "social media". I due protagonisti, invece, quasi si annusano, sentono l'odore delle proprie menti e dei propri corpi, restituiscono al processo seduttivo la freschezza dei sentimenti combinata a quella dose di rischio che oggi viene accuratamente evitato. Il processo di seduzione contempla sempre il mettersi in gioco, esporsi al possibile scherno dell'altro/a e/o della societa'. Nel film al fratello di Ettore, che frequenta l'accademia di Braibanti e lo conosce bene, viene affidata la funzione di rappresentare il commento esterno, il coro, la voce dell'opinione pubblica, il chiacchericcio della gente. In più di un'occasione, infatti, il fratello questiona davanti a Ettore le reali intenzioni di Braibanti. Allude a scopi che vanno ben oltre l'interesse culturale. Emerge nelle sue parole la crassa ironia di chi pensa che Braibanti sia solo un pervertito in cerca di facili avventure con un minorenne innocente come Ettore. Se il fratello sia motivato da un senso di vendetta per essere stato più volte maltrattato dal professore, oppure se sia mosso perché custode di un'amara verità nel suo stesso rapporto con il professore, viene lasciato in dubbio. Di certo l'atteggiamento del fratello aggiunge una dose di inquietante ambiguità alla figura del professore.

Per Amelio, *Il Signore delle formiche* non è quindi tanto una prevedibile rivisitazione ideologica del caso Braibanti, quanto l'opportunità per una verifica dei progressi sociali fatti dalla nostra società dagli anni Sessanta a oggi. In una breve intervista rilasciata a Camillo De Marco[2], il regista fa notare l'importanza di collegare quanto successe allora con i giorni nostri. Nello specifico, Amelio sostiene che, pur mantenendo il nome del professore, abbia invece deciso di cambiare il nome della famiglia dell'allievo. Tale scelta, sempre secondo Amelio, permette a una qualsiasi famiglia di oggi di inserirsi nella storia, di mettersi nei panni di coloro che hanno denunciato Braibanti. Il presente entra così nella storia in un

---

[2] Camillo De Marco. "Il Signore delle Formiche". Cineuropa.org, 7 settembre 2022. Url: https://cineuropa.org/it/newsdetail/429557/.

processo osmotico che mantiene intatta l'attualità dell'intera vicenda sottolineando, in fondo, come il liquidare oggi la società di allora come arretrata e bigotta risulti un'operazione assai fallace. Lo stesso tentativo di attualizzare l'accaduto, Amelio lo fa spazio dato a ben quattro personaggi femminili. Da un lato le due madri: quella di Ettore, schematica nella sua ostinata e ignorante opposizione all'omosessualità del figlio, e quella di Braibanti, vulnerabilmente esposta al ridicolo pubblico con quella scritta volgare all'esterno della sua ("casa del cullattun") che la mette definitivamente in crisi. Le altre due figure femminili fanno più riferimento al personaggio di Ettore. Da un lato c'è Graziella, attivista dei diritti umani che partecipa a manifestazioni di protesta per quanto è successo a Braibanti. Figura, questa, che, secondo Amelio, rappresenta la coscienza della giovane donna moderna che protesta per ribellarsi allo status quo. Ed infine la ragazzina, probabilmente è innamorata di Ettore e che nonstante lo veda invece andarsene con il professore, si prenderà cura di lui anche quando uscito dall'ospedale, verrà completamente abbandonato dalla famiglia. Quattro modi diversi di essere donna che Amelio inserisce per modernizzare la vicenda.

La spigolosità di Braibanti, il suo essere cosciente del suo ruolo artistico nella società coeva, fa di lui un personaggio molto moderno e sottolinea snche l'interesse di Amelio per il personaggio Braibanti più che sul caso Braibanti. A tratti sembra che il professore sia vittima di una crisi personale originata dall'angoscia e dal tormento della difficile coesistenza tra vita privata e vita pubblica. Braibanti anticipa molti personaggi dello spettacolo di oggi che sentono tutto il peso del mantenere un difficile equilibrio tra esterno ed interno, tra pubblico e privato. Come fa notare infatti Lisa Ginzburg nella sua recensione parlando di Braibanti:

> Guida intellettuale, personaggio di evidente e influente carisma, ma a propria volta intrappolato in una dinamica di osmosi alterata con il mondo esterno ("Sono una lama affilata che per abbracciare colpisce" si vede scritto su un muro del casale nella campagna

emiliana dove Braibanti dirige le prove di uno spettacolo teatrale: un'ode ai rapporti di forza).[3]

Braibanti si dibatte tra uno sfrenato individualismo, con una forte dose di indipendenza da tutto e da tutti, e il suo bisogno di primeggiare, di sentirsi riverito ed amato, che quindi impone necessariamente un essere esposto al pubblico e quindi una dipendenza dagli altri. Si tratta di un atteggiamento quasi schizofrenico che oscilla tra la voglia di proclamarsi lontano da tutti e la necessità di sentirsi vicino a tutti. Forse questo spiega anche il titolo del film in cui si allude al fatto che Braibanti fosse mirmecologo, si interessava cioè alla vita di diversi tipi di formiche. Come viene detto nel film, le formiche hanno due stomaci, uno per nutrire sé stesse e l'altro per nutrire le compagne bisognose. Bisogni personali che si mescolano quindi a una necessità sociale di stare vicine alle altre. Il parallelismo con la vita di Braibanti è fin troppo ovvio.

Qualche critico, come per esempio Bonsignore Giuseppe[4], fa notare come *Il signore delle formiche* si muova all'interno della grande tradizione del cinema d'inchiesta di stampo americano e in particolare al classico "court room drama". Direi, però, che al film di Amelio manchi sia il ritmo narrativo o/e i ritmi della denuncia di film quali *All President's Men* (1976) o *The Verdict* (1982) per citarne due a caso dalla ricchissima filmografia americana. Amelio tratteggia solo i momenti essenziali del processo pubblico. Non c'è quella progressiva crescita di tensione tipica di quei film. Il silenzio di Braibanti non è funzionale all'esito del processo. Dell'impianto strutturale di quei film tanto cari alla cinematografia americana rimane forse il momento culminante della drammatica testimonianza di Ettore. Testimonianza tanto attesa non perché ci debba rivelare qualcosa di nuovo ma in quanto la sua voce è assente dallo schermo da quando cioè Ettore è stato prelevato di forza dal letto di Braibanti dalla madre e dal fratello. Ettore può finalmente presentare il suo

---

[3] Lisa Ginzburg. "Vittima: Elvis e Il Signore delle Formiche". *Cinematografo*. 10 ottobre 2022. Url: https://www.cinematografo.it/riflettori/sillabari/vittima-elvis-e-il-signore-delle-formiche-y9aqs9aw.
[4] Giuseppe Bonsignore. "*Il Signore delle Formiche*". 7 Settembre 2022. Url: https://cinematik.it/2022/09/il-signore-delle-formiche.

punto di vista e chiarire ogni dubbio sull'effettiva possibilità che il giovane fosse stato veramente circuito dal professore. In ogni caso la tensione sorge più in riferimento all'effettiva capacità di Ettore di pronunciare qualcosa di comprensibile dopo essere stati testimoni delle varie sedute di elettroshock a cui era stato sottoposto nella speranza di "guarirlo" dall'omosessualità. Durante l'interrogazione la macchina da presa si sofferma spesso su suoi primi piani che espongono il terrore che si impossessa del ragazzo mentre si ha la netta sensazione che il ragazzo non sia in grado di formulare un qualsiasi pensiero intellegibile che possa scolpevolizzare il professore. Improvvisamente però Ettore pronuncia con orgoglio poche parole che sono sufficienti a demolire l'intero apparato di falsità presentate in corte contro Braibanti. Le parole, appena mormorate dalla voce tremante di Ettore, sono un atto di personale liberazione per l'isolamento e gli abusi subiti nell'ospedale psichiatrico ma anche uno sberleffo all'apparato pubblico che impiegò ben quattro anni per mettere in scena un processo basato più sul tentativo di demonizzare il professore attaccandone la sua ricerca, la sua attività politica, e le sue convinzioni filosofiche che non sui fatti.

Che Amelio non sia guidato da un'arida rappresentazione dei fatti lo dimostrano certe sequenze che si discostano da una schematica rappresentazione dei fatti. In questo senso l'esempio più interessante è la sequenza finale in cui Amelio lascia da parte la ricostruzione storica. Il segno filmico si libera di qualsiasi ancoraggio sociopolitico per lasciare spazio alla libera interpretazione della creatività registica. La sequenza inizia con una lenta carrellata prima una foresta poi su un palcoscenico dove due cantanti stanno intonando un'aria dell'Aida. Ne nasce un momento magico che ci porta lontano ma presto la magia viene interrotta quando si scopre che la fonte della musica non è la voce dei cantanti ma bensì un giradischi posato ai margini del palco. La panoramica finisce su delle comparse che giocano a calcio. In questa onirica mise en scène improvvisamente, dopo un breve stacco, compare Ettore che sta dipingendo su dei giganteschi fogli di carta, probabilmente parte della scenografia dell'opera. In campo lungo, arriva una macchina della polizia da cui scende, non accompagnato dai poliziotti, il professore. Sempre mantenendo una certa distanza, con un campo medio lungo, la cinepresa mostra il ragazzo che accortosi dell'arrivo del professore gli corre incontro. È la prima volta che assistiamo a un dialogo tra Braibanti e Ettore dal momento in cui quest'ultimo fu letteralmente sequestrato dalla madre e dal fratello. Un'assenza di contatti verbali che ha di fatto condizionato lo svolgimento della storia accentuando il senso di isolamento dei due protagonisti attorniati dall'indifferenza e dall'incomprensione del mondo esterno. Nelle ultimissime inquadrature, la cinepresa abbandona i campi lunghi per passare a piani ravvicinati dove Braibanti e Ettore si scambiano momenti di tenerezza rubati alla realtà prima di essere di nuovo travolti dal destino pubblico. Prima Ettore accenna alla scomparsa della mamma di Braibanti, poi chiede al professore se riesce a scrivere in cella. Braibanti risponde, "*Ma io potrei essere confinato in una noce ed essere il re dello spazio.*" Ettore capisce subito trattarsi di una citazione dall'*Amleto* a cui il ragazzo replica con le seguenti parole:

> Tutto questo sembrava una favola
> E la favola sembrava finita.
> Poi di colpo ho capito che
> Mi ero fatto te.
> Non ti avrei mai proiettato in un mondo che non esiste
> Perché loro l'hanno distrutto.

Braibanti reagisce dicendo che Ettore è diventato un vero poeta a cui Ettore ribatte dicendo che quella recitata era una poesia molto vecchia del professore stesso. "Adesso è tua" gli risponde Braibanti. Uno sguardo all'indietro verso la macchina che l'attende e un ultimo abbraccio. Altre parole non sono necessarie. I due non si rivedranno mai più ma la loro unione rimarrà salda ben oltre le contingenze morbose e scandalistiche delle vicende mondane degli strascichi del processo. Amelio abbandona qui il linguaggio della realtà per affidarsi al linguaggio della suggestione. Il dialogo di questo magico re-incontro è artefatto, metaforico, nulla di pratico ma fortemente allusivo. La componente visiva e sonora, con l'aria dell'Aida che continua per tutta la sequenza e una luce crepuscolare resa ancora più struggente da una leggera pioggia rendono la fine della sequenza altamente suggestiva.

Amelio trova il classico colpo di genio cinematografico, come già aveva fatto con i momenti di cinema puro nel finale de *Il Ladro di bambini* e di *Lamerica*. Chiusure che in qualche modo riconciliavano i personaggi principali con se stessi e con una loro realtà che si concretizzava oltre le difficoltà contingenti. In nessuno di quei film Amelio proponeva una chiusura logica secondo le aspettative generate dalla narrazione. La strada è lunga e incerta sia per i due regazzini che affrontano un incerto destino in orfanotrofio ne *Il Ladro di Bambini* sia per Gino in *L'America* che sbarcato in Albania come conquistatore, sta tornando in Italia su una nave piena albanesi come un immigrato perché privo di passaporto. Con questa ultima sequenza che dura ben otto minuti, Amelio si allontana definitivamente dal caso Braibanti da un punto di vista storico, lo reinventa, lo rigenera, lo allontana dalle polemiche becere del caso. Qui scopriamo l'aspetto più innovativo di Amelio, la sua capacità di fare cinema con l'intuizione del grande cineasta.

La validità e l'adeguatezza delle scelte stilistiche di Amelio la si può misurare solo nell'efficacia con cui queste scelte riescono a mettere in evidenza particolari aspetti del film. Certo Amelio, con i dati disponibili e la distanza storica dagli eventi, avrebbe potuto fare almeno due o tre film diversi. Sarà forse un ritmo lento e una recitazione che si basa molto sull'individualità degli attori, ma Amelio evita soluzioni facili per fare un film che alla fine convince e avvince. Senza farne una crociata sulle libertà individuali e senza neppure ridurre il tema a una rappresentazione dell'omosessualità piena di cliche da fiction televisiva, Amelio ci restituisce il caso Braibanti dopo averlo passato attraverso il suo occhio, forse si anziano, ma non per questo ormai incapace di rendere un tema appassionante e intrigante. Non viene concesso nulla al politicamente corretto o a soluzioni convenzionali del caso che avrebbero rischiato di ridurre il film a una trita revisione di cosa ormai già dette e ridette, spesso in modo banale, da giornali, radio e TV.

Storia privata di tenerezza e storia pubblica di un'ingiustizia perpetrata nel nome di un'ipocrita morale comune. Questo Amelio ce lo dice con voce sicura e con stile. L'epigrafe del film potrebbero essere le parole con cui il giornalista (personaggio inventato da Amelio) si indirizza a Braibanti per cercare di scuoterlo dal torpore da cui è stato investito da quando ha optato per una difesa dominata dal silenzio di fronte alle domande dei giudici: "Questo processo è davvero lo specchio del nostro paese. È l'aspetto più retrivo, più meschino, più criminale. È per quello che devi combattere". Parole semplici e persino ovvie ma che rieccheggiano a monito in una società coeva dominata da torpore e indifferenza. Forse è vero che *Il Signore delle formiche* è un film stilisticamente lontano da forme ibride sperimentate recentemente anche nel cinema italiano, ciò non toglie che il vecchio adagio che la pazienza paga funziona ancora benissimo. Basta forse ritornare sul lungo primo piano che Amelio dedica a Ettore quando si reca a testimoniare. Ettore esita, quasi balbetta prima di iniziare a parlare. Si ha come la sensazione che non sarà in grado di dire nulla e invece dopo una spasmodica attesa riesce a liberarsi, a trovare un momento di lucidità e a dire le parole più semplici; eppure, le più penetranti possibili: "Non c'è nessun colpevole perché non c'è nessuna colpa".

«Perché il mondo più bello è sempre l'altro».
Su Biamonti, dalla tragedia della Storia all'armonia del paesaggio

Bruno Mellarini

> Sentir ses liens avec une terre, son amour pour quelques hommes,
> savoir qu'il est toujours un lieu où le cœur trouvera son accord,
> voici déjà beaucoup de certitudes pour une seule vie d'homme.
> (Camus, *L'été à Alger*)

Ci si potrebbe chiedere preliminarmente, adottando le categorie geografico-antropologiche di Cristina Benussi, se Francesco Biamonti (San Biagio della Cima 1928-2001) sia uno scrittore "di terra" o "di mare". Al riguardo, non c'è dubbio che lo scrittore ligure appartenga a entrambe le dimensioni: non diversamente da Gregorio, il «contadino-marinaio» (Bertone, 2006, 43) protagonista del suo primo romanzo, *L'angelo di Avrigue*, anche Biamonti appare sospeso tra un mondo di terra, geograficamente localizzato nell'estremo Ponente ligure e morfologicamente marcato dalla presenza di sentieri e "fasce", di crinali e rocce a picco, e un mondo, quello della costa e della Riviera, che affaccia sul mare e che del mare subisce l'irresistibile richiamo, pur essendo, così come nel caso di Gregorio che non può navigare a causa del «male del ferro» che lo costringe a rimanere a terra, un richiamo destinato a «sciogliersi nell'eterno e nel nulla» (Biamonti, 1983, 11), giusta una lettura che rimandi a Valéry piuttosto che a Baudelaire, e che tenga conto, sulle tracce dell'autore de *Le Cimetière marin*, della capacità dell'ambiente marino di generare non solo metafore ma anche pensiero e astrazioni che sembrano scaturire direttamente dalla concretezza dell'esperienza sensoriale: «È cosa nota che tutte le nostre astrazioni hanno come origine una qualche esperienza personale e specifica; tutte le parole del pensiero più astratto sono parole tratte dall'uso più semplice, più comune, che noi abbiamo corrotto per poter filosofare con esse» (Valéry, 143).

Nello stesso tempo, sarà opportuno ricordare come Biamonti sia un Autore tanto locale quanto globale o, per lo meno, internazionale: uno scrittore profondamente ligure (e, anzi: dell'entroterra ligure) ma anche aperto su una dimensione che travalica l'ambito strettamente locale (Panella, 32). Come egli stesso ha scritto in una pagina autobiografica: «Amo le radici nella terra, ma anche il cielo e il cosmopolitismo. Ben vengano altri popoli, altri individui, colgono anch'essi il significato delle rocce e dei cieli» (Biamonti, 2008, 17). Uno scrittore a suo modo bifronte, dunque, e che può essere colto in uno sguardo contemplante due mondi geograficamente e antropologicamente connotati, quello della terra e quello del mare; due mondi che nelle sue pagine, lungi dall'apparire contrapposti o distanziati, finiscono spesso per sovrapporsi se non addirittura per confondersi in virtù di una sorta di scambio degli elementi connotativi: si avrà così, da un lato, il mare «duro campo d'arenaria» e, dall'altro, la terra che «non [è] diversa dal mare» (Biamonti, 1983, 8).

È tuttavia chiaro che Biamonti può essere compreso in tutta la sua originalità solo alla luce dei suoi referenti culturali, che ci riportano entro un orizzonte di ascendenza esistenzialista: la formazione dello scrittore è infatti debitrice soprattutto delle pagine di Giono e di Gracq e, ancor più, di Valéry e di Camus, secondo una linea interpretativa collocabile nell'alveo del cosiddetto *pensiero meridiano* teorizzato da Franco Cassano. Di qui l'attenzione a quella che Biamonti chiama l'«esistenzialità immediata» (2008, 237), ovvero, privilegiando una modalità di racconto che punta sul "vedere" anziché sullo "spiegare", il tentativo di cogliere i mutevoli stati esistenziali ed emotivi dei personaggi, il loro "essere nel mondo" in una situazione precisamente determinata, *hic et nunc*, ma senza concedere nulla all'analisi psicologica né, tantomeno, alle esigenze editoriali che prevedono la costruzione di un intreccio che catturi il lettore avvincendolo nella narrazione e nell'attesa di uno scioglimento più o meno imprevisto. Ne deriva un'immagine di Biamonti come scrittore "inattuale", tanto estraneo alle mode del *plot* e della psicologia in formato ridotto quanto attento a definire, anche mediante gli strumenti della visività e di un'accentuata sensibilità pittorica, la condizione esistenziale dei suoi personaggi, quella condizione che lo scrittore coglie, preferibilmente, attraverso un «drammatico dialogo» (Bertone, 2001, 16) con la realtà circostante dell'ambiente e dello spazio, elemento costitutivo ed essenziale, e su cui trova fondamento l'idea stessa di «romanzo-paesaggio» di cui ha parlato Italo Calvino.

In questa sede, dovendo limitare i testi da prendere in esame, ci occuperemo in particolare di due romanzi: *Attesa sul mare* (1994) e *Le parole la notte* (1998).

Ultimo romanzo pubblicato in vita, *Le parole la notte* è quello più denso di riferimenti storici, che vanno dal passato più o meno recente, con la rievocazione del *rattachement* del 1945 ad opera delle truppe francesi, e su cui si focalizza la difficile, dolorosa *recherche* di Corbières – un ex ufficiale impegnato nel tentativo di "ricucire" il passato al presente, il tempo della giovinezza e quello del disincanto –, alla drammatica realtà di un presente che, in un clima di incertezza e di presentito tramonto dell'Europa, vede i «popoli della notte e della fame» (Biamonti, 2008, 97) vagare sperduti sui sentieri tra l'Italia e la Francia, abbandonati a sé stessi e senza alcuna certezza di poter raggiungere la meta agognata. Il che vale, in particolare, per neri, arabi e curdi, popoli derelitti e migranti, spesso in conflitto tra loro, in perenne movimento sul confine e condannati a vivere una vita sospesa sul crinale del pericolo e del timore, in un contesto minaccioso, in cui fanno la loro comparsa anche i *passeurs* e la mafia russa, nonché gli speculatori da cui provengono i finanziamenti per le nuove costruzioni destinate a sfigurare ulteriormente il paesaggio della Riviera.

Ed è qui che si concentra l'attenzione dello scrittore: il paesaggio, in bilico tra l'onnipresente splendore del mare e l'antica, immemore bellezza degli ulivi, è anche un paesaggio che porta su di sé i segni della morte, un paesaggio listato a lutto, marcato per sempre dal ricordo di coloro che «per la strada del tempo» si sono irrimediabilmente smarriti:

> Prima di entrare nel bar guardò ancora le case; le ricordava diroccate. Guardò il sentiero dove scendevano gli uomini morti per la strada del tempo: andava sparendo, come il cimitero dove crescevano rosmarini più alti delle lapidi. (Biamonti, 2014, 8)

Ciò che traspare, già in questo brano, è una concezione tragica della Storia: una concezione della Storia come «costellazione negativa» (Cases, 27) che non offre, al disorientato soggetto novecentesco, alcuna via di fuga o possibilità di salvezza. È la concezione che si ritrova esemplificata nell'*Angelus novus* dipinto da Klee e allegorizzato da Benjamin, e su cui si è soffermato lo stesso Biamonti in un saggio di autocommento:

> Potrei fare un riferimento ad *Angelus novus*, di Benjamin. C'è una pagina di Benjamin in cui si parla dell'*Angelus novus* di Klee, che è un quadro che rappresenta un angelo che ha gli occhi sbarrati, le ali tese e si libra nel cielo e guarda ai suoi piedi un cumulo di rovine che sono le rovine del passaggio della storia e la metamorfosi che il tempo crea. Egli vorrebbe fermarsi, ricomporre l'infranto, resuscitare i morti, ma una tempesta inesorabile si è impigliata nelle sue ali e lo trascina lontano, lo porta lontano da quel cumulo di rovine a cui i suoi occhi però continuano a guardare. Secondo l'interpretazione di Benjamin, il quadro di Klee rappresenta la concezione tragica del progresso. (Biamonti, 2008, 84-5)

Al riguardo, vi sono altri due luoghi di *Le parole la notte* da citare, in particolare per quanto concerne la riflessione sul Mediterraneo come luogo degradato e irriconoscibile, e in cui la Storia si rivela nella sua dimensione di assoluta tragicità:

> Poi pensò, ma non lo disse, che a furia di essere dolce il Mediterraneo si lasciava massacrare. «Dolce azzurro lontano!»
> (Biamonti, 2014, 134).

> «Allora Corbières intervenne di nuovo:
> – Tutto il Mediterraneo è un lago di lacrime –.»
> (Biamonti, 2014, 156).

Di fronte allo sfondo della Storia quale «cumulo di rovine», uno sfondo tragico e che non lascia adito ad alcuna speranza, così come di fronte alla degradata e stravolta realtà del presente — la realtà di un'inarrestabile speculazione edilizia, del degrado dell'ambiente e dello sfregio inferto al paesaggio —, Biamonti indica una via d'uscita nella *verticalità*, nel sogno di un mondo "altro" che compensi il vuoto, l'insensatezza dilagante nel presente. Alla crisi storica, e alla totale mancanza di una prospettiva se non palingenetica per lo meno di rinnovamento umano e sociale, i personaggi biamontiani nulla possono opporre se non, appunto, uno sguardo desiderante che, focalizzandosi di volta in volta sullo scintillio delle onde del mare o sullo splendore degli ulivi, cerca di sottrarsi alla prigione nell'immanenza, alla condanna nell'*hic et nunc* in cui si svolge la vita quotidiana nella sua ritualità di atti e di gesti che si ripetono sempre uguali. Così nelle parole dello stesso Biamonti:

> Mare, cielo e vento sono le realtà in cui si rispecchiano gli uomini; i fatti sono pochi, come conviene a epoche di trapasso, ma alonati da conversazioni che affondano nella storia e, apparentemente dimesse, s'interrogano sulla condizione del mondo. [...] È destino umano abitare il mondo, ma è anche destino sognarne un altro ricomposto nella pace, nella verticalità dello sguardo.
> (Biamonti, 2008, 32)

Ma lo scrittore non offre ricette né facili consolazioni: in un tempo che sembra essere in "scadenza" e che è avvicinabile, per certi aspetti, al "millennio che fugge" cui s'intitola il primo romanzo di Marco Lodoli, non è facile trovare risposte al vuoto esistenziale, alla percezione della perdita di significanza, alla dolorosa consapevolezza del tragico non-senso che sembra avvolgere il presente. In queste condizioni, non si dà ricerca di senso che non sia problematica e controversa, incerta e difficoltosa: se nell'epica vi è una dimensione di compiutezza e di totalità, in cui «la bellezza rende visibile il senso del mondo» (Lukács, 28), nel romanzo moderno il senso non è mai immanente ma deve essere ogni volta ricercato e ricostruito, ove non si pervenga addirittura, come suggerisce Claudio Magris, al riconoscimento della sua inesistenza o della sua impossibilità (876). Alla luce di queste considerazioni, e delle conseguenti cautele, per Biamonti sono due le strade che permettono, sia pure in forma attimale, di fare esperienza dell'altrove, di una realtà diversa e alternativa, trasfigurata dalle proiezioni del sogno e dell'attesa: la bellezza femminile e l'armonia del paesaggio.

Ora, per quanto riguarda la raffigurazione della bellezza femminile, *Le parole la notte* è forse il romanzo biamontiano che ci offre gli esempi più suggestivi e affascinanti, come testimoniano i tanti passi dedicati alla descrizione del fascino ineffabile di Veronique, in un quadro che evoca, assieme all'incanto muliebre, l'indicazione di un'oltranza e la constatazione di una incolmabile mancanza (cfr. Gioanola, 81). Si vedano in proposito i due brani riportati di seguito, in cui trovano perfetta esemplificazione l'idea della mancanza e la tensione verso un "oltre" che, per quanto indeterminato, funziona come un richiamo irresistibile, cui non è possibile sottrarsi:

> La bellezza per lui evocava sempre un senso di privazione. Gli faceva venir voglia di imprecare. Evocava un aldilà.
> (Biamonti, 2014, 22)

> Fuori, lei [Veronique] aveva l'aria di un grande uccello, eretto nell'aria del torrente. «Sembra alle soglie di un altro mondo». Si passava le dita nei capelli, li sollevava sul collo, e li proteggeva con una sciarpa.
> (Biamonti, 2014, 169)

In parte diverso è il discorso per quanto riguarda l'armonia del paesaggio, che è un aspetto certamente presente nella pagina di Biamonti, ma con alcune sfumature che devono essere messe in evidenza. Il punto, anzitutto, è che le immagini paesistiche non sono mai determinate in un senso univoco: nei quadri di paesaggio — che sono peraltro quasi sempre parziali e frammentari, non rapportabili a una visione d'insieme —, Biamonti coglie allo stesso tempo lo splendore di una bellezza indicibile e la desolazione di un ambiente irrimediabilmente sfigurato; l'armonia di un mondo appartato in cui tutto sembra sospeso in un magico equilibrio e gli effetti devastanti della modernizzazione e della speculazione edilizia di calviniana memoria. Non solo: anche gli ulivi, vero e proprio *leitmotiv* paesaggistico tipicamente mediterraneo (cfr. Tabucchi) e costante descrittiva, sono al contempo l'emblema dell'«antica forza» (Biamonti, 2014, 11), sempre risorgente e rinnovata nella creazione, quasi un ammonimento di contro alla umana debolezza e precarietà, e la rivelazione della malattia, di una interna fragilità che penetra e si insinua anche negli strati in apparenza più difesi e inattaccabili del mondo naturale. Così in una pagina de *L'angelo di Avrigue*:

> Si svegliò prima dell'alba, nella mattinata rauca di brezza. Mentre prendeva il caffè emersero dall'oscurità il bosco di querce e l'uliveto. Un mondo vigoroso. Ma poi la piena luce ne rese visibile anche l'aspetto malato: l'ulivo con la fumaggine nera, il limone col cancro.
>
> (Biamonti, 1983, 19)

Va tuttavia detto che, nonostante questa duplicità insita nelle rappresentazioni paesistiche, è poi il paesaggio stesso, se lo intendiamo in un senso molto ampio, fino a comprendere anche gli elementi atmosferici e ambientali dell'aria e della luce, del sole e del mare (visto, quest'ultimo, quasi sempre in lontananza, nella rievocazione memoriale o nello sguardo che, dall'alto, ne coglie i riverberi al tramonto, l'incantevole trascolorare delle onde o, montalianamente, il baluginare delle «scaglie di mare»), a palesarsi in un richiamo di totale apertura e positività come si vede, per esempio, nel brano che segue de *Le parole la notte*, in cui sembrano fare un tutt'uno la descrizione paesistica (che procede, molto semplicemente, per accumulazione degli elementi: «queste agavi, questi aranci, queste mimose»), lo sguardo del personaggio di Sara che rivolge l'attenzione sul cielo e, infine, la citazione di Apollinaire, in cui si riprende e tematizza l'immagine della Via lattea:

> Sara li portò a esplorare il giardino: sempre queste agavi, questi aranci, queste mimose. Guardarono il mare al di là di un botro di ginestre e delle luci delle rive, poi il cielo.
> – Guardate queste stelle.
> E, tenendo la testa rovesciata, aggiunse: – «Voie lactée ô sœur lumineuse / Des blancs ruisseaux de Chanaan».
>
> (Biamonti, 2014, 191)

Assumendo dunque tale prospettiva, appare evidente che il paesaggio, lungi dal definirsi, secondo il modello tradizionale, come un "quadro" circoscritto e limitato, si presenta come il risultato di un'apertura totale, che finisce per abbracciare, come si è detto, l'immagine complessiva di un'atmosfera e di un ambiente, alla cui definizione concorrono elementi che non sono semplicemente quelli legati alla terra e alle rocce, ai crinali e ai sentieri lungo i quali si muovono i personaggi nel loro inquieto, inarrestabile vagabondaggio. Si tratta del resto, per uno scrittore che sembra preferire di norma gli sguardi circoscritti e le zoomate su singoli dettagli, di un brano certamente non tipico, non emblematico di un *modus* descrittivo prevalente, ma, nondimeno, estremamente significativo del tipo di "visione" che, talora, si può attingere quando lo sguardo del narratore (o, come in questo caso, di un singolo personaggio) si apre nella contemplazione di una dimensione naturale che sembra compendiare e contenere in sé anche l'immagine del paesaggio *stricto sensu* inteso.

È in questo modo che Biamonti supera, a nostro parere, quella tendenza elegiaca, fondamentalmente consolatoria e solipsistica che, secondo Paolo Zublena (457), è il rischio principale che insidia la sua rappresentazione del paesaggio. In realtà, è proprio questo il punto essenziale, e su cui è bene insistere: il paesaggio, per Biamonti, non rappresenta tanto una sorta di via di fuga estetica dalla realtà quanto, piuttosto, il mezzo per raggiungere, o per lo meno lambire, una realtà "altra", una realtà che, come suggeriscono i richiami alla bellezza femminile, si colloca sempre in un'*oltranza*, in una dimensione che è allo stesso tempo contigua e lontana, vicina all'osservatore e tuttavia sottratta alla sua presa immediata.

In questo senso, si può osservare come la visione paesistica, o semplicemente naturale, svolga un ruolo narrativamente essenziale rispetto alla realtà percepita dai singoli personaggi. Gli esempi, in proposito, potrebbero essere numerosi, ma di certo vale la pena citare, ancora una volta, il personaggio di Corbières de *Le parole la notte*, che trova, nella dolorosa *quête* sulle tracce del tempo perduto, un momento di pace e di appagamento solo nella contemplazione di un lentisco, elemento minimo ma costitutivo di quel paesaggio mediterraneo che è al centro del raccontare di Biamonti. Essenziale, anche in questo caso, è il dialogo che s'instaura tra l'uomo e l'ambiente, tra il soggetto (che è in crisi per il passare degli anni e l'avvicinarsi della morte, per la perdita del passato e la contestuale necessità di congedarsi dalla giovinezza) e lo spazio che lo circonda, in cui è possibile trovare, se non delle risposte, almeno delle illuminazioni improvvise:

> E nulla di ciò che Corbières vedeva sembrava dargli la minima soddisfazione: né i vicoli, né le scale, né la chiesa, né l'altare. Si fermò soltanto, con una certa commozione, a guardare un lentisco, che in cima a un muro diroccato si prendeva la sua ora di sole. Più lontano, dove il costone girava, un vecchio ulivo era già nell'ombra.
>
> (Biamonti, 2014, 147)

Il confronto, a questo punto, non sarà più solo quello con la dimensione solipsistica, intima e privata dei singoli personaggi; esso riguarda infatti anche una più ampia dimensione storica ed epocale, in cui lo scrittore (e con lui il protagonista Leonardo) si trovano a confrontarsi con i drammi del presente e, in particolare, con la difficile, dolorosa realtà vissuta dai migranti. In questo caso, la risposta di fronte alla sventura non potrà che essere, per dirla con Virgilio, quella delle *lacrimae rerum*, dell'accoglienza fraterna e della umana condivisione; e sarà, appunto, la risposta di Leonardo ne *Le parole la notte*, quando accoglie tra i suoi ulivi un gruppo di profughi curdi, riconoscendo la propria stessa umanità in quegli uomini che «non erano né ladri né assassini»:

> Il fuoco ardeva lento e custodito nell'uliveto. Intorno, uomini accovacciati e donne avvolte da coperte e scialli. E ombre tremule alle loro spalle.
> Uno di quegli uomini levò la mano mostrando il palmo nudo.
> – Bonsoir, – disse.
> – Bonsoir, – disse Leonardo. E accostò a un muretto il suo bastone. A quella mano disarmata l'altro sorrise. Lieve. Ma vi

tremava tutta la mestizia del mondo. – Se cercate il confine, è più in là nell'altra valle.
– Non possiamo restare? Siamo stanchi.
– Finché volete. Gli ulivi sono fatti per proteggere. [...]
Augurò la buona notte e se ne andò in casa.
Non aveva paura. Conosceva chi fuggiva la propria terra e vagava fra Italia e Francia. E quei tipi cupi e quelle donne dal volto fine non erano né ladri né assassini. Gli venne in mente l'uva d'inverno, ancora attaccata alle viti, becchettata dalle passere, sulla curva di un terrazzo, verso il ruscello. Al mattino gliela avrebbe offerta.

(Biamonti, 2014, 24-25)

Ad agire, in questa pagina, è con tutta evidenza la lezione dell'umanesimo più alto, una lezione che non può essere recuperata se non nei termini della *pietas* virgiliana, che Biamonti assume, sia pure deprivandola di ogni connotazione religiosa, come un programma da seguire, un'indicazione etica per affrontare virilmente e senza pietismi i drammi dell'esistenza, ma anche per accogliere, facendoli propri, il dolore e la sofferenza che affliggono le creature viventi. E non si tratta nemmeno, a ben vedere, di una scelta individuale, di un esempio riconducibile a singole personalità eccezionali, quanto, piuttosto, di un insegnamento ripreso dalla tradizione, il portato irrinunciabile di un'intera civiltà: «Queste ultime [le civiltà mediterranee, italica, francese] si rivolgono quasi a una forma di antica pietà, o *pietas* virgiliana, in cui ci sia la compassione della vita umana; un'assunzione di responsabilità davanti al caos e al disordine della vita, una specie di fraternità lirica verso la sventura e gli uomini, quasi fine a se stessa, che dia un po' di conforto a un tempo estremamente caotico dove il marasma sale e la luce della ragione si assottiglia, ma diventa anche più raffinata» (Biamonti, 2008, 94).

La *pietas*, allora, la compassione come forma più alta di espressione dell'umano: solo in questo modo, coltivando questa attitudine e questa forma di attenzione verso gli altri, sarà possibile rispondere, in maniera fattiva e non puramente retorica, ai drammi che si compiono ogni giorno sotto i nostri occhi. Ed è in questi termini che Leonardo, considerando i «popoli della fame» e percorrendo gli stessi sentieri battuti dai migranti che giungono in Europa, si troverà a pensare, verso la fine del romanzo, a una delle tante vittime, la ragazza curda prima rapita e poi misteriosamente scomparsa, la giovane vittima che ha impregnato la terra del suo sangue e della sua morte, marcandola per sempre con i segni del proprio «lutto incerto»:

> Una volpe attraversò la strada, coda ritta, pelo fulvo. Dal bordo si volse e guardò con occhi fosforescenti. Doveva sentire che l'aveva scampata bella. «Aveva un altro appuntamento», pensò Leonardo. Poi, più che pensarvi, lasciò affiorare la ragazza curda. «La sua vita è stata breve». Gli conveniva pensarla morta. Appena affacciata alle terre intorno alla rupe, le aveva intrise della sua scomparsa, le aveva listate di un lutto incerto per dare a lui l'idea dell'impotenza.
>
> (Biamonti, 2014, 225)

Su questi temi, Biamonti tornerà in *Attesa sul mare*, il romanzo in cui si narra la vicenda di Edoardo, un'altra figura di marinaio nostalgico diviso tra terra e mare e che, al suo ultimo imbarco per portare un carico d'armi nella Bosnia-Erzegovina dilaniata dai conflitti civili, si trova sospeso tra passato e presente, tra il ricordo di Clara (la donna che ha lasciato a Pietrabruna) e un'altra presenza femminile, quella di Narenta, la giovane donna che incontra in Bosnia e che allaccerà una breve relazione con Manuel, il marinaio spagnolo imbarcatosi con Edoardo sull'*Hondurian Star*.

In questo romanzo, che è diverso dagli altri di Biamonti sia perché narrativamente più mosso sia perché vi si può riconoscere un *plot* maggiormente articolato, è interessante osservare anzitutto un modus ricorrente di costruzione della pagina, in cui il riferimento al paesaggio svolge un ruolo essenziale: il paesaggio, in effetti, assume nel romanzo una funzione per così dire "contrappuntistica", quasi fosse una sorta di controcanto che ogni volta riporta l'attenzione, come suggerisce un'immagine di Valéry cara a Biamonti, all'«ora che passa nel vento, coi suoi diamanti estremi» (Biamonti, 2008, 21). Ma, attenzione: non si tratta di una valutazione puramente estemporanea o, peggio, impressionistica. È proprio il tessuto testuale che, in *Attesa sul mare*, risulta costruito sulla base di questo "contrappunto" d'immagini, in cui si evidenzia, a ben vedere, un polo positivo e uno negativo, un raffronto costante tra la dimensione della negatività – che può essere quella della Storia e delle sue devastanti tragedie, ma anche quella di un paesaggio irriconoscibile, rivestito dei panni del lutto – e la dimensione di una potenziale, intravista positività che, come si è visto, si lega alla scoperta di una bellezza e di un'armonia cosmica e atemporale, che origina dal paesaggio ma si dispiega in una trascendenza che ne oltrepassa l'immediata evidenza fisico-materica. Non sarà un caso, allora, che anche in questo romanzo si trovino tracce di quell'apertura di cui si è detto, con lo sguardo del personaggio che sembra concentrarsi in una dimensione cosmica, se vogliamo accogliere, ancora una volta, una suggestione montaliana dalla poesia di *Arsenio* («e il vento / la porta con la cenere degli astri»):

> Diede un'occhiata alle efemeridi: nulla di notevole. Poi al cielo: Giove splendeva enorme, ma come franto, i satelliti stavano passando sopra il disco. Le stelle intorno sembravano minerali perduti. Smise di guardare per non soccombere a un senso di malinconia. Pensò al suo paese, agli ulivi dei suoi costoni, che s'accordavano alla maestà del cosmo, quasi sogni di pietra.
> (Biamonti, 1994, 74)

L'attenzione, in questo caso, andrà posta sull'espressione finale, su quei «sogni di pietra» con cui il protagonista, il capitano di mare Edoardo, cerca di definire la presenza consolatoria dei suoi ulivi: se da una parte emerge la debolezza e fragilità delle piante che, come si è detto, sono insidiate dal male che le corrode, dall'altra è da notare come a questi «sogni» si accompagni la determinazione specificante «di pietra», sicché gli ulivi, dapprima fissati in un'immagine che ne restituisce l'aspetto più evanescente e inafferrabile, sono alla fine visualizzati in tutta la loro tangibile concretezza, per cui è come se si passasse dal vuoto al pieno, dalla constatazione dell'assenza (si ricordi che gli ulivi sono presenti solo nella memoria del personaggio, nel ricordo di Edoardo che li paragona a un sogno) alla rivelazione della presenza (come suggerisce l'elemento qualificante della "pietra", ovvero la proiezione onirica che si metamorfizza in una realtà visibile e tangibile ma, per l'appunto, sempre a partire da una dimensione che oltrepassa il tempo, lasciando trasparire una lontananza che è insieme onirica e immaginativa, memoriale e fantastica).

«Sogni di pietra», dunque: verrebbe da chiedersi se non sia questa, forse, la chiave migliore per leggere il paesaggio biamontiano in tutte le sue sfumature. Un paesaggio che è insieme "sogno", segno labile di memorie e di immagini archetipiche, depositate nella stessa traccia mnestica e originaria da cui scaturisce l'atto stesso dello scrivere, e, appunto, "pietra", presenza fissa e indelebile che, per quanto immersa nello scorrere del tempo (Mellarini, 174-9), non cessa di affermare sé stessa, di riproporre la propria ineludibile, essenziale presenzialità: d'altronde, se è vero che «ognuno è solo su questa terra su sfondi di cielo, di mare o di montagne» (Biamonti, 2008, 16), è altrettanto vero che il paesaggio sarà non solo una «*tablette* consolatoria» (Mallone, 51) ma anche un punto di riferimento, un ancoraggio ontologico al quale non è possibile rinunciare. Ne consegue che l'uomo finisce per vivere in una condizione in cui tempo ed eternità non cessano di affrontarsi dialetticamente, offrendo di volta in volta l'immagine transeunte delle cose e la certezza del loro persistere. Così nelle parole di Biamonti, ancora una volta sulle tracce di Valéry: «*Le cimetière marin* è un testo fondamentale. Tra oro, marmi e tombe, la vita è sempre all'inizio» (2008, 17). In una vita «dove tutto è passaggio, transito, clandestinità» (Biamonti, 2008, 17), lo sfondo paesistico diventa qualcosa di essenziale e di irrinunciabile: si può anche conversare sospesi sull'«abisso» (Biamonti, 2008, 95) – è certo –, ma non si potrà mai rinunciare del tutto al proprio quadro di riferimento, a quelle quinte paesistiche che erano familiari a Biamonti e in cui Calvino riconosceva, parlando in *Dall'opaco* dell'«abrigu» e dell'«ubagu», un'insopprimibile e irrinunciabile modalità dell'essere (cfr. Panella, 33).

Un altro esempio lo possiamo trarre dal capitolo undicesimo del libro, quello in cui si racconta del percorso seguito da Edoardo e da Manuel per raggiungere il porto, attraverso dei sentieri pericolosi in quanto tenuti sotto tiro dai cecchini nascosti sulle alture soprastanti la costa. Anche in questo caso, si evidenzia la dialettica negativo-positivo e, nello specifico, il contrappunto che viene a crearsi tra l'immagine dei due soldati trovati riversi sul sentiero, rappresentazione emblematica della inaccettabile violenza e barbarie che ogni guerra porta con sé (e non senza un qualche rimando – crediamo – alle pagine pavesiane de *La casa in collina*, altro testo memorabile, e consacrato al tema della guerra civile), e l'immagine conclusiva dei glicini, con i loro rami fioriti splendenti di fronte alla superficie "ravvivata" del mare. Viene così a crearsi una sorprendente alternanza/sovrapposizione di immagini, in cui allo scenario di morte fa seguito l'evasione (ma nel senso di cui si è detto: evasione come trascendenza e fuga in "verticale", sul modello tolstoiano di *Guerra e pace*) entro un quadro improntato all'irrompere nella tragica negatività del mondo della bellezza naturale e, come si diceva, di quell'armonia cosmica che sembra offrirsi all'uomo come estrema possibilità di riscatto (e tanto più per un protagonista come Edoardo, marinaio nostalgico e disilluso, privo di grazia e fede divina):

> A una svolta si imbatterono in due morti, riversi, accordati alla terra. Uno aveva il berretto discosto, se lo era tolto e gettato via morendo, l'altro teneva una mano al fucile che aveva ancora a tracolla. Edoardo toccò le loro fronti: erano fredde, bagnate da una strana rugiada. Avevano su quel poco di terra una posa raccolta e intima, come se avessero radunato le ali. [...]
> Sul mare ravvivato si stendeva il sole, miriadi di glicini coi loro rami in fiore. Ripresero a scendere verso la scialuppa.
> (Biamonti, 1994, 93-94)

In questo romanzo – che ha per Biamonti un'apertura spaziale inusitata, e che nasceva peraltro da concrete esperienze di viaggio, dalla Bretagna alla costa dalmata –, il bacino del Mediterraneo sembra caricarsi di significati essenzialmente positivi: «Edoardo disse che non c'era terra che non fosse malata. Si pentì e aggiunse che non voleva svalutare il loro dolore. Era il mondo che non andava. Solo sul mare passava ancora qualche ora carica di pace» (Biamonti, 1994, 95). Non solo: nel confronto tra il qui (Pietrabruna, il paese dell'entroterra da cui proviene il protagonista) e l'altrove (la Bosnia, dove avviene la scoperta di un mondo non troppo dissimile da quello che si è lasciato), a prevalere è la continuità del paesaggio e la similarità degli ambienti: è come se il viaggio per mare, la navigazione in certo modo ancora avventurosa e ulissiaca (si ricordino le difficoltà del tragitto, la perdita di contatto con gli armatori di Tolone, l'incertezza della meta finale...), anziché determinare un cambiamento o una diversa visione delle cose, rafforzassero l'identità del protagonista, restituendogli a un livello di maggiore consapevolezza quelle semplici, fondamentali verità dell'esistenza che in passato aveva intuito ma non pienamente posseduto:

> Rimase solo. Narenta era andata a cercare qualcosa da mangiare. Guardava una quercia: stentava sulle rocce e faceva compagnia al vento. C'erano al suo paese terre altrettanto avare intorno a un ultimo ulivo. [...]
> Ma Clara fece il suo colpo di mano nella memoria: si sdraiava in silenzio, meno avara della terra. I suoi occhi non guardavano nulla e nessuno.
> (Biamonti, 1994, 104-105)

Di fronte al mare, al suo richiamo irresistibile e smemorante («l'azzurro tende a dare l'oblio»: Biamonti, 2008, 27), Edoardo fa esperienza diretta della morte ma anche esperienza di una possibile vita ritrovata; è chiamato a scordare il passato, come richiede il navigare stesso, ma al contempo lo ritrova nella memoria, riallacciando la presenza di Narenta al sogno/ricordo di Clara. Ed è un tornare indietro che, ancora una volta, non può essere che mediato dalla rievocazione dei luoghi e dei paesaggi interiorizzati, quei paesaggi della memoria e del ricordo che ora s'impongono con l'evidenza di una realtà irrefutabile. Ma nessun languore, nessuna stucchevole nostalgia emerge nelle pagine di Biamonti: il *nostos*, il "male del paese", fa davvero male e non lascia scampo, mentre l'onda dei ricordi rimanda a un passato di separazioni, di incomprensioni e di lutti (valga per tutti il ricordo della madre, il cui strazio d'abbandono è riecheggiato dalla realtà d'un paesaggio che pare a tratti scarnificato e prosciugato, trasfigurato in immagini che dicono solo della mancanza di senso e della impossibile trascendenza, lasciando trasparire un dolore personale che è irredimibile così come il dolore causato dalle tragedie della Storia).

Lo stesso mare, per quanto offra squarci di bellezza e di indicibile splendore, è anche il luogo su cui sembra essere planato l'«angelo del disordine» (Biamonti, 1994, 84), estrema declinazione dell'*Angelus Novus* di Klee di cui si è già detto, ma in una versione, se possibile, ancora più desolatamente tragica e ultimativa, quasi da annuncio della fine del mondo (cfr. Biamonti, 2008, 27). Ma, come si diceva, la compagine testuale è strutturata secondo una sorta di tecnica "contrappuntistica", in virtù della quale le immagini che si succedono sembrano fare da contraltare l'una all'altra: in questo caso, come si è visto, l'orrore insostenibile della morte e l'armonia pacificante del paesaggio, termini fra loro antitetici la cui dialettica è assimilabile a quella fra luce e ombra, secondo un movimento che, come ha detto lo stesso Biamonti, si determina in funzione di un costante "uscir fuori", a partire da uno sguardo che, pur essendo *interno* al quadro, viene poi a disporsi *al di fuori* del quadro stesso: «Un po' come nel [quadro] *Las meninas* di Velázquez. Tutti i personaggi guardano fuori scena, verso qualcosa che li attrae e li domina. Desiderio di chi scrive è *far avvertire ciò che sta a lato*, al di là della luce e dell'ombra» (2008, 29: corsivo nostro). Ed è un procedimento che si ritrova anche nella famosa pagina conclusiva del romanzo, quella del dialogo finale tra Edoardo e il nostromo, in cui si parla del «seme della morte» riconoscibile in tutte le terre:

– È bella la sua terra?
– Coume uno blanco mar. E la vostra?
Edoardo non rispose.
«C'è in ogni terra, – pensava, – il seme della morte, si vede bene in piena luce... ci sono colpi di sole su terre appese».
(Biamonti, 1994, 115)

Anche in questo caso, è evidente la polarizzazione di cui si diceva, a partire dalla precisa definizione di un quadro, di un'immagine da cui però si esce, portati fuori da uno sguardo che ricerca inevitabilmente l'oltranza, quell'oltre delle cose in cui poter trovare un'apertura di senso, un'illuminazione, per quanto fuggevole, che permetta di opporsi alla insensatezza della Storia. E sarà infatti da notare come lo sguardo che porta "fuori" non conduca soltanto alla scoperta del tragico e, quindi, a una resa nei confronti del negativo di cui la Storia è permeata: come risulta dalla costruzione del testo, al «seme della morte» rispondono, per giustapposizione, i «colpi di sole su terre appese», immagine che non dice, forse, dell'improvviso rifiorire di una vita fin troppo provata dal dolore e dal predominio del male, ma che suggerisce, per lo meno, l'idea di un altrove possibile, sepolto nella memoria o, meglio, ancora nascosto tra le pieghe del futuro, in un tempo che non è ancora ma potrebbe essere: un altrove, quindi, che pare restituire il senso della speranza o, per lo meno, la luce di un'attesa fiduciosa, aperta sul futuro e sulle sue possibilità.

È qui, peraltro, che si può ritrovare il fondamentale magistero camusiano. Le incantevoli immagini epifaniche su cui ci siamo soffermati — i glicini sotto il sole, lo splendore della "marina", i «colpi di sole su terre appese» — sono immagini della bellezza che appartengono contemporaneamente a *questo* e a un *altro* mondo, figurazioni che nascono direttamente dall'esperienza sensoriale (dalla qualità tutta terrena dell'esperienza, dal suo radicarsi nel mondo terrestre) ma che permettono di cogliere, anche sotto un «ciel d'été vidé de tendresse», «ces vérités que la main peut toucher» (Camus, 46-7). La "fuga", in altre parole, non avviene mai in un aldilà indeterminato e inverificabile ma sempre, per così dire, in *questo* mondo, verso un punto di passaggio e di intersezione in cui l'asse della *verticalità* s'incontra necessariamente con quello della *orizzontalità*: se l'esistenza non è altro che una fugace «apparizione tra due nulla» (Biamonti, 2008, 230-1), è dovere dell'uomo affermare sé stesso nel tempo breve di questa *apparizione*, anche interrogandosi sul proprio destino e recuperando la lezione degli antichi nel dialogo con l'altro da sé.

Si può ipotizzare, allora, che sia questo il senso dell'uomo in quanto «essere delle lontananze» (Biamonti, 2008, 29) di cui lo scrittore ligure ha spesso parlato: anche nel tempo del disordine e dello spaesamento, il tempo della notte che *non* sembra fluire «verso qualcosa di positivo» (Biamonti, 2008, 31), in cui l'eredità del passato non sembra più in grado di guidare il cammino, e in cui gli uomini vagano spaesati sulle tracce di qualcosa che non saprebbero nemmeno definire, in preda a una malinconia che li rende inquieti e vicendevolmente interroganti, è possibile, forse, abbeverarsi «a un filo di pietà», così come suggeriva il Montale delle *Occasioni*, affidarsi insomma alla propria residua umanità ricercando parole nello stesso tempo nuove e arcaiche, parole «che si sorreggano nell'antichità della vita e convoglino il sogno, che mostrino quel piccolo aldilà che è ancora possibile mostrare» (Biamonti, 2008, 31).

Se da una parte, come scrive Biamonti nelle pagine di autocommento a *Le parole la notte*, «c'è un mondo che muore, un intenso passaggio di popoli, un paesaggio sempre più devastato» (2008, 31), dall'altra è evidente che a tutto ciò è possibile e doveroso reagire, nella consapevolezza della necessità di esser uomini e, quindi, nella consapevolezza di dover resistere al male che ci assedia e circonda da ogni parte. Solo in questo modo potranno sopravvivere i «colpi di sole su terre appese», il sogno di un mondo *altro* che, forse, non è solo quello che sembra riposare in una inattingibile lontananza. Così, per concludere, nelle parole dello stesso Biamonti:

> Il libro è una trascendenza fallita, sempre, è l'aspirazione a ciò che non è ma si sogna possa essere. In questo senso ogni libro è una folata di vento che passa sulla condizione umana. Questo volevo dirlo in termini metafisici: la traiettoria del personaggio, del perché noi tutti siamo passeurs; perché il mondo più bello è sempre l'altro. [...] Questa è l'aspirazione trascendente della condizione umana. Stupirsi che gli altri paesi siano belli e nello stesso tempo pensare che i paesi più belli siano quelli che non si vedono.
>
> (Biamonti, 2008, 78-9)

OPERE CITATE

Benussi, Cristina. *Scrittori di terra, di mare, di città*. Milano, Pratiche, 1998.

Bertone, Giorgio. *Letteratura e paesaggio. Liguri e no. Montale, Caproni, Calvino, Ortese, Biamonti, Primo Levi, Yehoshua*. Lecce, Manni, 2001.

Bertone, Giorgio. *Il confine del paesaggio. Lettura di Francesco Biamonti*. Novara, Interlinea, 2006.

Biamonti, Francesco. *L'angelo di Avrigue*. Torino, Einaudi, 1983.

Biamonti, Francesco. *Attesa sul mare*. Torino, Einaudi, 1994.

Biamonti, Francesco. *Scritti e parlati*. A cura di Gian Luca Picconi e Federica Cappelletti, prefazione di Sergio Givone, Torino, Einaudi, 2008.

Biamonti, Francesco. *Le parole la notte* [1998]. Prefazione di Giorgio Ficara, Torino, Einaudi, 2014.

Camus, Albert. *Noces* suivi de *L'été*. Paris, Gallimard, 1959.

Cases, Cesare. *La critica sociologica*, in Corti, Maria e Cesare Segre (a cura di), *I metodi attuali della critica in Italia*. Torino, ERI, 1980. 19-34.

Cassano, Franco. *Il pensiero meridiano*. Roma-Bari, Laterza, 1996.

Gioanola, Elio. "Il tempo-spazio di Francesco Biamonti, o l'indiscrezione sull'inesprimibile". In Aveto, Andrea e Federica Merlanti (a cura di), *Francesco Biamonti: le parole, il silenzio*, Atti del Convegno di Studi, San Biagio della Cima, Bordighera, 16-18 ottobre 2003. Genova, il melangolo, 2005. 73-85.

Lodoli, Marco. *Diario di un millennio che fugge*. Roma, Theoria, 1986.

Lukács, György. *Teoria del romanzo* [1920]. A cura di Giuseppe Raciti, Milano, SE, 2004.

Magris, Claudio. "È pensabile il romanzo senza il mondo moderno?", in Moretti, Franco (a cura di), *Il romanzo. I. La cultura del romanzo*. Torino, Einaudi, 2001. 869-880.

Mallone, Paola. "Intervista", in Ead., *"Il paesaggio è una compensazione". Itinerario a Biamonti. Con appendice di scritti dispersi*. Genova, De Ferrari, 2001. 47-59.

Mellarini, Bruno. *Tra spazio e paesaggio. Studi su Calvino, Biamonti, Del Giudice e Celati*. Venezia-Mestre, Amos, 2021.

Panella, Claudio. "Le ispirazioni mediterranee di Francesco Biamonti", in «Studi Comparatistici», XII, 23, gennaio-giugno 2019, pp. 31-46.

Tabucchi, Antonio. "Dieci anni di Creta", in Id., *Viaggi e altri viaggi*. A cura di Paolo Di Paolo, Milano, Feltrinelli, 2010. 66-8.

Valéry, Paul. "Inspirazioni mediterranee", in Id., *La crisi del pensiero e altri «saggi quasi politici»*. Trad. it. di Nicole Agosti, Bologna, il Mulino, 1994. 133-148.

Zublena, Paolo. "Lo sguardo malinconico sullo spazio-evento. Biamonti, Morlotti e il paesaggio dipinto", in Ciccuto, Marcello (a cura di), *I segni incrociati II. Letteratura Italiana del '900 e Arte Figurativa*. Viareggio-Lucca, Baroni, 2002. 427-457.

ALTRE CASE, ALTRE STANZE
LETTURE DA GEORGE ORWELL, ANDREA BAJANI DAVIDE MORGANTI, ALAIN ROBBE-GRILLET

Anna Maria Milone

La casa, la solitudine, i libri, le immagini che scorrono dai monitor, gli Altri che sono riflessi di entità lontane: cosa ci rimanda la certezza che noi stessi siamo ancora vivi? A chi chiediamo aiuto in questa realtà fatta di assenze e di distanze? Il cubo di una stanza, il rettangolo luminescente del computer, il solido del libro sono queste le geometrie che contengono e danno forma alla nostra identità liquida.

Senza alcuna pretesa di esaustività, questa breve dissertazione risponde solo a quello che è stato il mio sentire davanti ad alcune esperienze letterarie, e dalla consapevolezza che questa attenzione ha addosso i segni del recente momento storico e sociale che ci lascia solo le macerie delle nostre certezze. È rimasto però evidente negli ultimi tempi come la letteratura abbia svolto un ruolo interessante, cioè ha dimostrato tutta la sua potenza, ha rivelato la sua vera vocazione, è stata all'altezza insomma.

La necessità di chiamare in causa la letteratura è stata largamente condivisa: un dato che non lascia dubbi, è che in mezzo a tutta la desolazione c'è stata la crescita del mercato del libro, un prodotto che ha saputo sfruttare il canale dell'e-commerce per raggiungere in modo capillare il pubblico. Questo inciso, il fatto di avere il libro come compagno di solitudine, ha dato avvio ad alcune riflessioni che hanno trovato eco nelle letture di Gorge Orwell, Andrea Bajani, Davide Morganti e Alain Robbe-Grillet. Benché eterogenei, appartenenti a momenti diversi, due contemporanei italiani e gli altri stranieri e di correnti letterarie e momenti storici differenti, sono gli autori che mi sono stati compagni sottopelle in questa riflessione, perché hanno in comune qualcosa che ha avuto un ruolo preponderante nella nostra recente esperienza di isolamento, ovvero la casa.

La casa si è trasformata, accogliendo la realtà aumentata e adattandosi, l'altro è diventato un riflesso virtuale e in un perimetro popolato da grandi solitudini, gli oggetti hanno restituito l'immediatezza del tangibile, offrendosi come l'unica realtà possibile: siamo stati inclusi in una visione oggettiva all'estremo, privati del contatto umano, ci siamo affidati alle uniche cose tangibili che ci hanno restituito la percezione di esistere: gli oggetti, la casa.

La letteratura che prendo in esame è stata scelta con motivazioni differenti, di certo la somiglianza alla singolarità delle nostre esperienze è stata tale che si è cercato un trascorso storico e anche letterario. In questo la distopia di Orwell *1984* è stata la prima casa che mi è stata familiare. George Orwell è uno degli autori che si ricorda più facilmente quando si tratta di ritrovare delle ragioni alle assurdità degli eventi, grazie alla distopia di *1984* che per molti aspetti si è avverata quasi a riconoscere un potere visionario agli intellettuali. "Rimanere umani oltre che vivi", questa è la sfida che si ingaggia nei lunghi giorni tutti uguali del lockdown, questa è la sfida che Orwell lancia a Winston Smith e ai suoi compagni di avventura nella realtà irreale che stanno vivendo. La casa di *1984* è pervasa dalla realtà aumentata esattamente come le nostre oggi, come noi in questo momento: esiste una parete che non difende la nostra intimità ma la vìola. Per Orwell era uno schermo preposto al controllo, per noi, è un'illusione di controllo sugli altri, in realtà è sempre la stessa questione del video che mette in comunicazione due realtà distanti, una finestra che buca l'isolamento. L'immagine è un simulacro dell'oggetto, della persona, che nega la sua stessa esistenza, in quanto riflesso dell'entità, eppure la conferma. Per questo diventa vitale servirsi di questo strumento nell'isolamento, vuol dire sopravvivere, rovesciando qualsiasi principio di evoluzione, di miglioramento, di futuro, avendo come caratteristiche l'immobilità, la solitudine, la distanza. Rimane in campo la comunicazione, unica carta di cui non possiamo fare a meno, ultimo gradino prima di abbandonare questa realtà.

La letteratura sulla casa è molto ampia e variegata ma viene intesa come personaggio o come contenitore che riflette uno stato d'animo dei personaggi: le case vengono descritte per dare un'immagine quasi teatrale e amplificata delle situazioni psicologiche e sentimentali dei loro abitanti, a volte anche facendosi portatrici di un presagio. Le case di Bajani, quella di Morganti, la casa di Robbe Grillet, quella di Orwell, sono parte di un'unica dimensione, quella che ci definisce come persone dentro una nuova era, quella dove la socialità è da rifuggire. Se lasciamo da parte Orwell che costituisce la prima suggestione, il nucleo riflessivo di questo lavoro è stato guidato da *Il libro delle case* di Andrea Bajani. Dopo l'accettazione di una nuova forma comunicativa, nel dialogo con l'assenza, nella fede dell'immagine, facciamo i conti con la casa. Le mura, il perimetro che abbiamo trasformato da spazio, da metrature commerciali, a luogo personale dove abitiamo con gli oggetti, che sono le nostre estensioni verso il mondo esterno, la casa è diventata il centro di una parte di storia, qualcosa che cambia mentre noi rimaniamo fermi. L'ossessione per la casa, che è stata anche la nostra, si è trasformata da qualcosa che subiamo a qualcosa che trasforma. La tartaruga è il personaggio eletto ne *Il libro delle case* ed è anche il segreto: questo animale è il passato, un pezzo di preistoria che, come una sentinella, ci dà una chiave per vivere il nostro presente. La tartaruga ci insegna che è possibile fare tanta strada senza mai abbandonare la propria casa, portandosela addosso, come risorsa. La tartaruga è un'unità inscindibile, e questa unità paradossale tra stasi e movimento, che è un privilegio animale, questa unità è il segreto che fa andare oltre il logorio dei giorni che passano, è il segreto che ci è svelato, il mistero che non comprendiamo. La casa-carapace è la trincea da cui combattere l'alterità, un'entità che si impone con la completezza del qui ed ora, con la difesa e l'accoglienza, la sua lentezza vuol dire forza riflessiva. I ritmi rallentati sono sembrati una costrizione, abbiamo potuto imparare dalla ritrovata forza della natura quello che è essenziale, il ritmo del creato, quello che forse faceva sembrare, un tempo, l'incedere della tartaruga, un passo normale, che scandiva i giorni e le stagioni. Bajani lascia vagare la tartaruga nel suo libro e la ripropone nei momenti più insoliti, come un richiamo alla centralità della questione, che è tutta ironica. Questo animale osserva la morte guardandola negli occhi senza aver paura perché la tartaruga ha il giusto tempo, padrona del prima e del dopo, custode indiscussa del senso dei confini, garante dell'eterna storia che — cito — "il mondo è un corpo che si sposta". La riflessione scaturita dall'espediente dalla tartaruga, porta a vedere la casa come uno spazio in cui vivere la pienezza e non come un luogo di confini in cui limitare la propria esistenza. Le case di Bajani, libere dalla cronologia, sono tutte tenute insieme dal personaggio IO che le abita che ne costruisce la loro peculiarità con una specifica essenza personale. Bajani ci fa vedere la storia da una prospettiva diversa: è la relazione con gli oggetti, con le mura, con l'atmosfera che in esse viene ricreata che riesce a determinare un'identità, una presenza. L'unione di tutte le diverse sfaccettature è unica, ovvero unitaria, è IO e la sua presenza significativa nel mondo. Gli oggetti sono dei riflessi di noi stessi, ricordandoci chi eravamo, prodotto di interazioni di cui non è rimasto che un ricordo, che un'immagine. Bajani offre due esempi, a mio avviso, clamorosi di oggetti che formano e determinano l'esistenza della persona: la scena di Casa dell'adulterio e la descrizione di Casa del persempre. In quest'ultimo capitolo, la Casa del persempre, Io si è trasformato completamente nella tartaruga, il suo carapace adamantino è la fede nuziale, oggetto che è necessario alla dimensione di totale completezza che finalmente IO ha raggiunto, unico abitante e unico arredo della casa che lo rende un uomo coraggioso e felice. L'oggetto è fondamentale per l'esistenza di qualità di questa persona, l'oggetto è ciò che fa dire ad Io di essere a casa, di sentirsi allo stesso tempo, al sicuro, felice, completo, appagato. Bajani, di questa casa, che ritengo sia l'apice delle case di cui scrive, sottolinea la perfezione inespugnabile: cito — "nessuno è capace di sostenere tanto abbaglio tutto insieme". Ovvero nessuno è capace di sostenere la bellezza, lo splendore abbagliante della bellezza. Si tratta quindi di uno stato di perfezione, di univocità, la simbiosi tra oggetto e persona, la coincidenza tra il luogo fisico e il posto dell'anima che viene sintetizzato in un guscio nel quale non c'è soluzione di continuità tra dentro e fuori. Bajani scrive delle case nel tentativo di riassumere in questa cornice tutte le persone che siamo stati, tutti quelli che riassumiamo dentro la parola IO; pertanto, la sua ossessione è di base identitaria. I personaggi sono presentati con i nomi che rimandano al ruolo sociale con cui giocano la partita della vita: IO, Madre, Padre, Sorella, Poeta, Donna con la fede. Lo scrittore gioca anch'egli con il lettore, seducendolo in un dedalo di costruzioni edili e di situazioni personali che sembrano parlare sempre di qualcos'altro. In effetti pochi capitoli sembrano completi come quello della Casa degli Appunti, dove si parla della scrittura: la comunicazione, l'espressione, la scrittura è il luogo dove siamo senza dubbio IO. La ricercatezza dello stile rimanda al processo di oggettivazione che lo scrittore suggerisce quando parla di case e invece parla di persone.

Il capitolo Casa dell'adulterio è quello che ha legato questa lettura con le altre. Gli oggetti comunicano con un linguaggio scevro di fraintendimenti, e la comunicazione efficace è, come abbiamo detto, l'ultima frontiera che ci rende umani: cito — "La lingua che parla la finestra quando si rivolge e lui è fatta di tessuti e geometria. È un alfabeto ortogonale, prevede movimenti in orizzontale e in verticale [...] il verticale per le comunicazioni pratiche, l'orizzontale è l'emozione. [...] Spalla destra premuta sul pilastro, mento sollevato verso la finestra, IO traduce quello che l'oracolo ha da dire".

La donna non è altro che un'immagine, per noi ormai familiare, racchiusa in un rettangolo, lontana. Il percorso parte dall'immagine, poi vi è la comunicazione tramite oggetti, e infine l'incontro in presenza. Gli oggetti sono il tramite, funzionale alla traduzione di immagini in corpi. Le descrizioni di Bajani, lo sguardo che plana dall'alto, o che entra dalla porta di casa fino ad allargarsi e a comprendere i soggetti all'interno, la massa dell'architettura che si definisce riga dopo riga e acquista senso, mi ha portato all'incipit de *La Jalousie* di Alain Robbe Grillet, dove tutto scaturisce dall'ombra del pilastro, dall'angolo della terrazza e tutto si anima come per magia quando la coincidenza di un angolo retto tra la terrazza e le due facciate verticali della casa, anche qui un senso ortogonale, da vita al personaggio A, un'immagine ad intermittenza tra le finestre aperte. Lo sguardo rimane fuori dalla casa, non è ammesso, ma esiste grazie alla vita che viene sprigionata dalla struttura: luogo in funzione di una persona. Anche l'incipit del romanzo di Davide Morganti *Il cadavere di Nino Sciarra non è ancora stato trovato* investe il lettore con una massa di oggetti accatastati, sulla pagina e nello spazio. Una lunga lista di nomi, cose vecchie, giocattoli, cose che vengono dal nostro passato, dalla soffitta della nostra memoria, cose che rimangono a prendere polvere, cose che però hanno fatto parte della nostra vita, che ci ricordano chi siamo stati quando li abbiamo usati. Morganti racchiude in una gigantesca casa in rovinoso disordine tutto l'universo che volutamente viene nascosto, dimenticato. Come in sogno, il protagonista apre le stanze dove viene assalito dall'ombra e dal cattivo odore, dove le voci dei libri dimenticati si levano in un grido di aiuto. In una sorta di casa parallela alla vita reale, tanto che cito: "non riesco più ad immaginare che possa esserci un altro mondo al di là di queste pareti". Il viaggio irreale e in solitudine per Morganti porta a ripensare alla letteratura rimasta esclusa dal canone, tutti i libri che non hanno avuto fortuna, che sono incappati in una parabola discendente, per colpa di nessuno o per colpa di tutti i produttori e dei fruitori di sapere. Morganti stanza dopo stanza avvia delle relazioni con i libri che sono relazioni fatte innanzitutto di tatto: sono i libri con le loro pagine marcescenti che definiscono l'esistenza del personaggio che procede solo in funzione di una necessità: c'è qualcosa che è stato estromesso e non deve scomparire ma deve essere rimesso in una collocazione tutta sua, è un grido di aiuto, è una salvezza quella che si cerca. Il libro diventa un oggetto che racchiude una sfumatura di noi stessi, un pezzo della nostra storia che, se viene dimenticata, volutamente, e riposta in una stanza che non apre mai nessuno, se non viene ritrovata, potrebbe marcire definitivamente. È in questo interstizio che perdiamo un pezzo di noi, che ci livelliamo secondo uno standard, che ci omologhiamo. Morganti, in questa relazione autentica con il libro, non solo traccia una storia della letteratura parallela, dove tutti non possiamo fare a meno di chiederci che persone saremmo state se avessimo studiato un po' meno Giovanni Verga e un po' di più Saverio Strati, se avessimo sentito lo scirocco appassire la nostra lingua come nelle pagine di Nino Di Maria, se avessimo girato per le strade di Roma con una pistola in tasca come Ugo Moretti.

 Tutta una lista di come se e di perché, cito: "ma perché le cose si dimenticano? Perché resta così poco di quello che facciamo? Perché il resto sparisce stritolato dalla morte?" Morganti ci restituisce una casa in cui ci siamo noi, quelli di cui ci siamo dimenticati. Nella solitudine della casa il viaggio interiore approda anche alla questione della fede, con il libro di Nedda Falzolgher: nella solitudine e nella disperazione della pandemia che arriva a intaccare l'ultima sensibilità di cui siamo capaci nell'isolamento, la fede è fortemente minata, discussa, rinnegata. Morganti sceglie di toccare anche questo argomento in modo per quanto possibile semplice, ovvero richiamando l'amore per l'altro, per Cristo in croce, per l'uomo che ha sofferto. Questa lettura, offerta come una rivelazione, ci rimette sulla strada del valore della vita, e della vita sociale, sul problema radicale del rapporto con l'alterità. La solitudine è ciò con cui dobbiamo fare i conti. In casa una persona è allo stesso tempo assalita dalla solitudine e al riparo dalla solitudine. Questa solitudine senza spettatori può essere qualcosa che si subisce ma anche la conquista di uno spazio tutto per sé. Questo passaggio mi riporta al punto di partenza, ovvero a Bajani, al suo personaggio IO, unico e solo ma non per mancanza di socialità ma per unicità di esperienza. Morganti e Bajani hanno la stessa ossessione sul finale: cercano il cadavere per poter elaborare il lutto. La scena finale de *Il libro delle case*, dove il mobilio di tutte le case è messo alla rinfusa in un hangar pronto per la vendita dell'usato, è uguale all'incipit di Morganti con la soffitta piena di vecchi oggetti accatastati. L'assenza cadaverica con cui dobbiamo misurarci è quella del paradosso della tartaruga, del cercare un perimetro adatto alla compiutezza della nostra solitudine, cito nel rendere eterno il proprio niente. È tutto finito laddove tutto è iniziato nell'ammasso di mobili vecchi, nei vecchi pezzi del nostro IO passato che stanno davanti a noi, con la loro complessità caotica. Mentre Morganti li snocciola in una lista di cui stentiamo a vedere la fine tanto da sentirci sovrastati e soffocati, Bajani riesce solo ad immaginarli, non sostiene la loro visione, o meglio non riesce ad avere una visione di insieme, rimane tutto immerso nel loro complesso disordine. Andrea Bajani è l'autore a cui affido l'ultima parola, quella che mi riporta alle geometrie iniziali dei rettangoli, dei quadrati, delle realtà tridimensionali, ho scelto per questo l'esergo di un altro suo libro "Un bene al mondo", due versi di Herbert: La casa è il cubo dell'infanzia, la casa è il dado della commozione.

LA TRILOGIA DI FRANCESCO ROSI
SALVATORE GIULIANO, *IL CASO MATTEI*, *LUCKY LUCIANO*

Massimo Nicaso

In questo saggio, cercherò di analizzare brevemente tre film di Francesco Rosi: *Salvatore Giuliano* (1962), *Il caso Mattei* (1972), e *Lucky Luciano* (1973). È una trilogia su cui aleggia l'ombra della mafia e dei suoi legami con l'America. I tre film partono da un fatto di cronaca: nei primi due la morte di Salvatore Giuliano ed Enrico Mattei e nel terzo l'estradizione di Lucky Luciano.

Nel film *Salvatore Giuliano*, il noto bandito siciliano viene paragonato ad un limone che si spreme e poi si getta (0:33:49-0:33:51). A spremerlo sono i servizi segreti americani e i mafiosi che inizialmente si servono dei separatisti dell'Evis, il movimento sicilianista che, nel secondo dopoguerra, auspica l'indipendenza della Sicilia o quanto meno la concessione di uno statuto speciale, in grado di garantire ai siciliani maggiore autonomia. Significativa ed eloquente è la bandiera utilizzata dagli uomini di Giuliano, una via di mezzo tra quella americana e quella della Trinacria, simbolo dell'Evis (0:25:49). Lo stesso Giuliano, prima di essere spremuto come un limone, aveva auspicato l'annessione della Sicilia agli Stati Uniti d'America.

Nello stesso film, è proprio un venditore di limoni a bacchettare uno dei giornalisti, quello che interpreta Tommaso Besozzi, inviati per raccontare l'omicidio di Giuliano, il cui corpo senza vita viene trovato nel cortile di una casa di Castelvetrano, nel trapanese. «Di dov'è lei», chiede al giornalista il venditore ambulante. «Di Roma», si sente rispondere. «Che ne può capire lei della Sicilia?» (0:17:22-0:17:25). È un rimprovero per il fatto di non vivere in Sicilia, di non conoscerla a fondo, come chi ci vive.

Sono tanti gli elementi che sembrano ricondurre agli Stati Uniti e non solo le ambizioni annessionistiche, ma pretenziose di Giuliano. Molto dopo, si scoprirà che le armi usate dagli uomini del bandito originario di Montelepre nella strage di Portella della Ginestra erano in dotazione ai servizi segreti americani, il famoso Office of Strategic Services (OSS) (Nicaso, *Mafia*, 38).

La stessa bandiera americana contrassegnata dal simbolo della Trinacria campeggia ammiccante in altri momenti del film. Rosi, per esempio, la rimette in mostra durante una delle tante sparatorie nei pressi dell'accampamento degli uomini di Giuliano, sui monti di Palermo (0:31:19).

Il tema dell'americanismo è riscontrabile anche nel film *Il Caso Mattei*. Eloquente è il racconto del gattino al cospetto dei grandi cani, utilizzato dallo stesso Mattei per descrivere la situazione in cui si trova l'Italia, costretta a fare i conti con i petrolieri americani e inglesi:

> È una zuppa che bastava per cinque cani non per due. Ad un tratto udii un miagolio, mi voltai a guardare e vidi arrivare un gattino. Grande così. Uno di quei gattini magri, affamati e deboli. Aveva una grande paura e una grande fame. Si avvicinò pian piano sempre miagolando, guardando i cani che, per fortuna in quel momento, avevano la testa immersa nel catino. E così arrivò fin sotto il catino. Fece un miagolio. E con uno zampino, si appoggiò sull'orlo del catino. Il bracco tedesco gli diede un colpo lanciando questo gattino a tre o quattro metri di distanza con la spina dorsale rotta. Il gattino visse qualche minuto e morì. Questo episodio mi fece una grande impressione. L'ho sempre ricordato specialmente in questi anni. Noi siamo stati il gattino per tutti questi anni. Avendo contro una massa di interessi paurosi. Contro di noi si è sollevata una polemica terribile. Abbiamo seguitato a lavorare, a rafforzarci e cercando di non farci colpire. Il tentativo era o di soffocarci o di lasciarci deboli. (7:40-8:58)

Quando finisce di visionare le immagini dell'intervista, in cui Mattei rievoca la storia del gattino, il giornalista che sta preparando il servizio sulla morte del dirigente petrolifero italiano, taglia corto: «Ecco questo direi di non passarlo», dice al montatore. «Questo vuol dire che vogliamo accettare solo la polemica anti-americana» (8:59-9:02).

È palpabile l'antiamericanismo di Mattei. Si dimostra comprensibile quando davanti si trova i paesi dell'OPEC, l'organizzazione dei paesi esportatori di petrolio, ma diventa duro quando sfida gli interessi delle cosiddette "Sette sorelle", le principali società petrolifere degli Stati Uniti e della Gran Bretagna. Mattei le accusa di ridurre la produzione del petrolio per aumentarne la richiesta (Engdahl, 98). È sempre più determinato a non far piegare l'Italia agli interessi delle "Sette Sorelle".

Eloquente è l'incontro tra Mattei e l'ingegnere Ferrari per convincerlo a fargli vedere quello che aveva scoperto nella Valle del Po prima di essere licenziato. È così che Mattei scopre l'esistenza di un pozzo che avrebbe potuto garantire l'estrazione di grossi quantitativi di metano. Ferrari racconta anche che durante la Seconda Guerra Mondiale, gli anglo-americani avanzando verso il Po, avevano mitragliato anche piccoli impianti come quello che aveva appena fatto vedere a Mattei (17:20–17:36).

Mattei è altrettanto insidioso quando cerca di combattere il colonialismo francese ed inglese, rafforzatosi dopo l'accordo Sykes-Picot, al tempo della Prima guerra mondiale. In quell'occasione, francesi e inglesi si erano divisi il Medio Oriente, con Libano e Siria finiti sotto il controllo dei francesi e Iraq, Egitto e Iran in mano agli inglesi (Engdahl, 42).

Mattei sembra fare di tutto per mettere in discussione quest'accordo. Non lo condivide, forse lo detesta. In un colloquio con un dirigente dell'Esso, il petroliere americano viene ripreso da dietro, quasi a dimostrare la sua potenza di fronte a Mattei. Mattei però non dimostra alcun complesso di inferiorità e incalza l'importante dirigente, mettendolo al corrente delle sue intenzioni. «La politica dei prezzi ora la decide lo Stato italiano», replica, annunciando la fine dell'epoca del gattino e ribadendo la sua contrarietà ad alzare il prezzo del petrolio, come suggerito dal petroliere americano. Poi Mattei lo sfida apertamente, proponendogli una partnership a tre per costruire una raffineria in Tunisia. È una proposta inaccettabile per l'americano che sprezzante replica: «non farò mai affari con venditori di petrolio», alludendo al ruolo di Mattei (39:14–39:18). Ancora più interessante è la risposta che Mattei dà alle Sette Sorelle, giustificando la sua strategia di escluderle dai negoziati con l'Italia. Sostiene infatti di volere concedere il 75% ai paesi produttori come Iran, Libia ed Egitto, mantenendo soltanto il restante 25% (Engdahl, 100). La sua è una manovra per eliminare l'intermediazione parassitaria delle "Sette Sorelle". È un calcolo spregiudicato, ma coraggioso. Offre una percentuale maggiore ai paesi produttori per evitare di garantire il 25% ai mediatori, come nel caso del cartello anglo-americano, che ai suoi occhi appare come un branco di sanguisughe.

Anche sulla politica coloniale, Mattei la pensa diversamente. Non si è trattato di una sventura, dice, ma di un bene la fine dell'esperienza italiana in Africa (40:35–42:06). Per Mattei, essere anticolonialista significa farsi trattare bene da paesi come Iran, Emirati Arabi Uniti, Marocco, Ghana e Tunisia. Ai suoi occhi, la Francia dovrebbe fare altrettanto, rinunciando al suo passato coloniale per scuotere gli interessi del cartello petrolifero internazionale. Lo dice chiaramente al diplomatico francese al ritorno da un funerale di stato in Russia. Ma non fa altro che procurarsi altri nemici. Mattei diventa così pericoloso anche per gli interessi francesi in Algeria e nel mondo arabo.

Il suo sovranismo, d'altronde, è internazionalistico. Da internazionalista, Mattei capisce che per far valere la sovranità italiana, bisogna rispettare quella degli altri. Il suo sovranismo lo mette in contrasto con i colonialisti francesi che hanno da tempo messo le mani sull'Algeria. Per Mattei, l'Algeria deve essere sovrana e deve poter controllare il proprio petrolio come l'Italia deve essere sovrana e poter controllare il metano che riesce ad estrarre dal proprio territorio. Quello di Mattei è un sovranismo basato sull'uguaglianza politica. Egli vuole la sovranità per l'Italia e per gli altri popoli stranieri, anche se potenzialmente nemici.

Interessante, infatti, è l'intervento che fa all'ottavo convegno internazionale sugli idrocarburi che si tiene a Piacenza. In quell'occasione, lancia pesanti accuse alle Sette Sorelle che descrive come un'entità affetta da una malattia incurabile. Mattei sostiene che la politica coloniale deve essere sostituita da un nuovo rapporto di collaborazione tra paesi produttori e paesi consumatori. Ma non tutti applaudono. Anche in questo caso a manifestare uno sprezzante giudizio nei confronti di Mattei è un giornalista americano: «Chi pensa di essere?», dice, accusandolo di mettere a rischio l'ordine mondiale. Nel film, viene citato anche il libro di Paul Franker, *Petrolio e Potere*, in cui l'autore si stupisce di come ancora Mattei sia ancora vivo. (48:50-48:59)

Mattei sa di doversi difendere e non nasconde il suo cinismo, soprattutto quando a un giornalista paragona i partiti alla tratta di un tassista. Mattei non usa mezze parole e sostiene che in certi momenti bisogna finanziare sia i comunisti che i fascisti, usandoli come si utilizza appunto un tassista (1:01:42-1:01:52). E lo dimostra anche nei trattati con l'Unione Sovietica, quando chiede loro petrolio a basso costo in cambio della realizzazione di raffinerie in quel Paese. Negli anni della guerra fredda, le manovre di Mattei facevano molto discutere.

Per tutto questo alla fine viene ucciso. E in quella vicenda, aleggia ancora una volta l'ombra minacciosa della mafia. Almeno così allude Rosi nella sua scelta di affidare al giornalista Mauro De Mauro il compito di ricostruire gli ultimi due giorni trascorsi da Mattei in Sicilia (1:17:18). Come è noto, De Mauro verrà ucciso poco dopo, in circostanze ancora non del tutto chiare, ma comunque riconducibili alla mafia. Nel viaggio di Mattei in Sicilia, si fa riferimento anche a Don Luigi Sturzo, un prete filoamericano, campione del liberalismo. Sono insomma in tanti a non vederlo di buon occhio (1:21:12-1:21:23).

Com'è noto, nel liberalismo, tutti sono specifiche identità senza nessuna particolarità. Quindi, le particolarità come le nazioni vengono meno sotto il liberalismo mondiale, quello che cancella le differenze nazionali a favore di un mercato mondiale monopolistico. È così che il liberalismo neutralizza le nazioni a favore della cosiddetta Macdonaldizzazione o meglio dell'americanizzazione dei mercati mondiali. Nonostante la sua misteriosa morte, la ricetta di Mattei resta di grande attualità. È opportuno valorizzare la sovranità politica senza abbassare la testa di fronte ai potenti.

Il terzo film della trilogia è *Lucky Luciano*. Rosi mette subito in chiaro le cose, sostenendo che nel 1946, la giustizia americana aveva fatto un regalo alla mafia rimandando in Italia, dov'era nato, Salvatore Lucania, alias Charles Lucky Luciano, il re della malavita di New York. Condannato a 50 anni di carcere nel 1936 in seguito alle accuse del procuratore Thomas E. Dewey, dopo nove anni di penitenziario era stato graziato per speciali servizi resi alle Forze Armate degli Stati Uniti dallo stesso Dewey, diventato nel frattempo Governatore dello Stato di New York (0:02:13-0:03:04). Luciano è uno dei tanti indesiderati che nel secondo dopoguerra vengono rispediti in Italia. Dopo aver tentato di rientrare, dopo una breve sosta a Cuba, Luciano deve rassegnarsi a tornare in Italia. Il film è pieno di riferimenti agli Stati Unti. Lucky Luciano dice ad un poliziotto che ha connessioni a Washington e può farlo promuovere (0:14:38). Nonostante i suoi precedenti penali, anche in Italia suscita ammirazione, non solo tra gli abitanti del suo paese natale, Lercara Friddi, ma anche tra un gruppo di marinai americani che dopo averlo notato in un ristorante, gli chiedono l'autografo (1:27:24). In un'altra circostanza, consapevole del suo potere, Luciano si vanta di aver fatto politica faccia a faccia col presidente Roosevelt (1:37:24).

Nel film, Rosi racconta anche la vicenda di Vito Genovese che sbarca in Italia al seguito degli alleati e viene assunto come interprete dal colonnello Charles Poletti (0:24:09-0:24:22). Grazie a quel ruolo, riesce a controllare il mercato nero, all'ombra degli americani. (0:34:40 - 0:35:00). Non è l'unica decisione discutibile. Dopo la fuga dei nazisti, boss mafiosi del calibro di Giuseppe Genco Russo e Calogero Vizzini vengono nominati sindaci nei rispettivi comuni dal governo militare alleato (0:23:58-0:24:05).

Eloquente è la scena in cui italiani e americani si accusano a vicenda durante una riunione del consiglio delle Nazioni Unite. Il rappresentante italiano accusa gli americani di aver riportato la mafia in Sicilia (0:23:44-0:23:49). E gli americani accusano gli italiani di non essere stati in grado di arrestare Luciano per il suo coinvolgimento nel traffico di droga. Anche in questo caso, Rosi mette a nudo gli interessi della mafia e le sue connessioni politiche. Anche in questo caso, il messaggio del film è chiaro. E va oltre quello che appare. Fino a quando non si riuscirà a spezzare questo pericoloso intreccio, a vincere saranno sempre più gli interessi di pochi a scapito di quelli di molti.

OPERE CITATE

Engdahl, William. *A Century of War Anglo-American Oil Politics and the New World Order*. Londra: Pluto Press, 1992. 42, 98 & 100

Nicaso, Antonio. "Chapter 1." *Mafia*, Milano: Bollati Boringhieri, 2016. 37-38

Rosi, Francesco, Dir. *Il Caso Mattei*. Paramount Pictures, 1972.

Rosi, Francesco, Dir. *Lucky Luciano*. Titanus Distribuzione & AVCO Embassy Pictures, 1973.

Rosi, Francesco, Dir. *Salvatore Giuliano*. Cinema International Corporation, 1962.

Le Sirene, falsi aedi
Variazioni sul tema

Domenico Palumbo

Le sirene in Omero

Socrate raccomanda a Critone di chiarire per prima cosa il significato delle parole. Nel nostro caso, dunque, cosa si intende con la parola 'Sirene'? Omero è così sicuro che i suoi ascoltatori sappiano bene cosa sono che non ha bisogno neanche di descriverle fisicamente.

Nel libro XII dell'*Odissea*[1], Circe mette in guardia Odisseo, gli dice che le Sirene 'stregano' (θέλγουσιν) tutti gli uomini che passano presso di loro; chi ignaro approda ascoltando il loro frinire[2] «φθόγγον» mai più fa ritorno a casa («οἴκαδε νοστήσαντι») perché quelle con «limpido canto» («λιγυρῇ ἀοιδῇ») lo irretiscono. Esse siedono su «un prato» («ἐν λειμῶνι») che però Circe rivela essere in realtà un cimitero, coperto tutto di macabri resti umani.

Ulteriori informazioni le ricaviamo dal discorso, opportunamente modificato, che Ulisse rivolge ai suoi uomini. Dice loro: «οἶον ἔμ' ἠνώγει ὄπ' ἀκουέμεν» («a me solo ordinava di udire quel canto») mentre Circe gli aveva detto in realtà «ἀτὰρ αὐτὸς ἀκουέμεν αἴ κ' ἐθέλῃσθα», che sta per «se vorrai udirlo», il che vuol dire che non era necessario che vi si recasse; usa il genitivo duale («νῆσον Σειρήνοιϊν»), facendo capire che sono due; in più, fa diventare il prato «λειμῶν' ἀνθεμόεντα», «fiorito», tacendo la presenza delle ossa.

Altri elementi li suggeriscono le Sirene stesse[3]. Chiamano Ulisse per nome, lo dicono «vanto degli Achei» (μέγα κῦδος Ἀχαιῶν), usando un epiteto che non si trova nell'*Iliade*; lo invitano all'ascolto («ἀκούσῃς»), si autopromuovono dicendo che il loro è un suono «di miele» (μελαίνῃ). Lo assicurano che chi riparte dopo averle ascol-

---

[1] Omero. *Odissea*, XII, 39-46.
[2] Platone. *Fedro*, 259a.
[3] Omero. *Odissea*, XII, 184-191.

tate se ne va «pieno di soddisfazione» (τερψάμενος) e «conoscendo più cose» (πλείονα εἰδώς) perché «sanno tutto» (ἴδμεν γάρ τοι πάνθ), hanno un sapere particolare («quanto è accaduto a Troia») e un sapere generale («quanto avviene sulla terra»).

Ricapitolando: se Ulisse si reca dalle Sirene è solo per curiosità, e per giunta lo fa mentendo ai compagni, come del resto farà anche l'Ulisse dantesco. Di cosa era curioso Ulisse?

SUONO, VOCE, CANTO

In Omero troviamo una contrapposizione di termini afferenti al campo semantico del suono: ὐδή/φωνή e i termini ὄψ e φθογγή. L'αὐδή è sempre usato in riferimento agli uomini o agli dèi, perché indica la 'voce significativa' che traduce un messaggio linguistico, mentre la φωνή è la voce, senza distinzione di specie animale o umana: ὄψ agisce sull'ascoltatore, provoca una sensazione, è alla base di ciò che Aristotele indicherà con διάλεκτος (la voce articolata); suo opposto è il ψόφος che, nelle pagine dello Stagirita, indica un suono/rumore generico privo di significato il quale mantiene dunque la corrispondenza con il termine φθογγή che in Omero indica ugualmente un suono privo di significato. Il poeta usa infatti il verbo φθέγγομαι per tradurre il 'gridare' e il sostantivo φθογγή per dire 'il suono non significativo di voci percepite', come nel passo dei Ciclopi quando Ulisse e i suoi compagni si dicono «attenti al fumo, alle loro voci e a quelle delle pecore e delle capre» (καπνόν τ'αὐτῶν τε φθογγὴν ὀΐων τε καὶ αἰγῶν)[4]; col medesimo significato che si ritrova pure nelle *Supplici* di Eschilo, dove φθογγή si oppone chiaramente alla parola articolata (ἔπη) e al discorso (λόγος) come "intonazione/tono della voce".

Nella narrazione omerica dell'incontro con le Sirene accade qualcosa prima: «il vento cessò e venne una bonaccia / inerte: le onde un dio le mise a dormire»[5]: questa calma piatta non è fine a sé stessa ma è funzionale a rendere più udibile il suono delle Sirene. Il quale, pur essendo solo una voce udibile, è mascherato da «λιγυρῇ ἀοιδῇ», da

---

[4] Omero. *Odissea*, IX, 166.
[5] Omero. *Odissea*, XII, 168.

un canto "acuto", aggettivo che per Aristotele qualifica una voce sottile ma chiara e comprensibile, e infatti lo si ritrova negli *Inni* in riferimento al canto delle Muse[6]. Da cui la conclusione: le Sirene fanno finta di essere le Muse.

Le Sirene si appropriano pure di un altro termine, il κῦδος (gloria): l'epiteto che usano nel chiamare Ulisse (μέγα κῦδος Ἀχαιῶν) non si trova altrove; e a ben donde, dal momento che il κῦδος è il dono che nell'*Iliade* gli dèi elargiscono agli eroi per farli primeggiare[7]; κῦδος che è condizione poi del κλέος, dell'«aver fama», il quale è l'oggetto che gli aedi celebrano quando cantano di un 'inclitus' eroe. Dal momento che il sapere di cui le due Sirene si dicono in possesso è tutto rivolto al presente e al passato (ἴδμεν γάρ τοι πάνθ', ὅσ' ἐνὶ Τροίῃ εὐρείῃ Ἀργεῖοι Τρῶές τε θεῶν ἰότητι μόγησαν) e assicurano che chi riparte dopo averle ascoltate se ne va «pieno di soddisfazione» (τερψάμενος) e «conoscendo più cose» (πλείονα εἰδώς), allora le Sirene si mascherano da aedi e offrono una pausa di celebrazione (κελαδεῖν). La quale, in realtà, è senza fine: una στονόεσσαν ἀοιδὴν, una «nenia lamentosa» che non è neanche un «canto funebre» (θρήνων) ma vero oblio, visto che chiunque si fermi presso di loro non fa ritorno e, senza neanche la certezza della morte, non può ricevere neppure commemorazione.

Dal momento che sono tre le tipologie di pericoli che Ulisse affronta (attacchi fisici[8], divieti[9] e tentazioni[10]); e che nella sequenza temporale della narrazione le Sirene si trovano tra Circe, «δεινὴ θεὸς αὐδήεσσα»[11], e Calipso «ὀπὶ καλῇ»[12], due dee legate da un epiteto afferente alla 'voce'; allora le Sirene sono legate alla voce e rappresentano una tentazione. La tentazione offerta da Circe è un'altra vita, in un'altra isola: infatti, se lo lascia partire, è solo perché «μηκέτι νῦν ἀέκοντες ἐμῷ ἐνὶ μίμνετε οἴκῳ»[13], non vuole che restino

---

[6] λυγκὸς ἔχει λιγυρῇσιν ἀγαλλόμενος φρένα μολπαῖς
[7] Omero. *Iliade*, XVI, 736.
[8] Di Polifemo, dei Lestrigoni, di Scilla e Cariddi.
[9] Non aprire l'otre dei venti di Eolo, non mangiare le vacche del Sole.
[10] Dei Lotofagi, di Circe, di Calipso.
[11] Omero. *Odissea*, X, 135.
[12] Omero. *Odissea*, V, 60.
[13] Omero. *Odissea*, X, 489.

«controvoglia nella mia casa». La tentazione offerta da Calipso con altrettanti «μαλακοῖσι καὶ αἱμυλίοισι λόγοισι θέλγε»[14], è l'immortalità su un'isola lontanissima e nascosta («καλύπτω»). La tentazione delle Sirene è invece 'mixtura': un canto senza fine mascherato da una breve pausa, la conoscenza che non passa dal dolore[15], l'ascoltare per sempre chi si è (κλέος) attraverso il canto (per quanto di falsi aedi) in un giardino-cimitero; perché se creature miste sono le Sirene, pure il luogo che abitano è tale, essendo gli scogli né isola, né terra, né del tutto mare.

Tra l'episodio di Circe, in cui a salvare Ulisse sono in realtà i compagni che gli ricordano della patria, e l'episodio di Calipso, in cui a salvare l'eroe greco è Atena in persona, ci sono le Sirene, nel cui episodio a salvare Ulisse è il suo essere πολύτροπον: ha mentito ai compagni per soddisfare la sua curiosità e nello stesso tempo ha seguito alla lettera il suggerimento offertogli da Circe pur di ascoltare cosa avrebbero cantato di lui le Sirene-aedi. Se Nausicaa si oppone a Calipso, e Penelope a Circe, le Sirene si oppongono a due aedi, Demodoco e Femio: ascoltando il primo Ulisse rivelerà chi è veramente[16], al secondo affida di mascherare con canti nuziali[17] la strage dei Proci.

LE SIRENE NEL MEDITERRANEO

Nel Mediterraneo compare anche un'altra tradizione, quella di derivazione esiodea. Esiodo, che si propone come scopo la trasmissione della verità ispiratagli dalle Muse, riflette molto sulle etimologie con un'attenzione che già Quintiliano aveva notato[18]; leggiamo che esse sono figlie di Acheloo e di Sterope e che sono votate alla «παρθενεία» (verginità); il loro nome è connesso al tema verbale «σεῖρ-», il che dice delle Sirene che sono creature "che avvincono, che legano". E che soprattutto, fanno parte del mondo reale, sono localizzate in qualche tappa delle rotte euboiche: per questo Esiodo

---

[14] Omero. *Odissea*, I, 56.
[15] πάθει μάθος, ossia 'saggezza attraverso la sofferenza'. Eschilo. *Agamennone*.
[16] Omero. *Odissea*, VIII, 536.
[17] Omero. *Odissea*, XXIII, 129.
[18] Quintiliano. *Institutio oratoria*. X, 1, 52.

è l'unico che tramanda il nome dell'isola delle Sirene, «ανθεμόεσσαν»[19], «Fiorita».

In effetti nel mare di Positano Σειρῆνες erano propriamente detti i tre isolotti che oggi si chiamano 'Li Galli'[20] e 'Seirenoussai' era detto il nome del promontorio sorrentino che Strabone dice avere da una parte un santuario dedicato alle Sirene particolarmente venerato dalle genti locali[21], dall'altra l'Athenaion, lì dove il promontorio si allunga di fronte Capri, tra Capo Massa e Capo Miseno.

Ad Alessandria, dove l'esegesi e l'edizione critica di Omero rappresentavano uno dei temi di maggiore interesse per gli studiosi che gravitavano attorno al Museo e alla Biblioteca, si commenta il testo omerico ed è così che in uno *Scolio* ad Apollonio Rodio[22] si leggono i tre nomi di derivazione esiodea: Thelxiopē, Molpē e Aglaophōnos. Le sue *Argonautiche* conservano pure la descrizione fisica e gli strumenti che suonavano: «Di queste l'una suonava la cetra, l'altra cantava e l'altra suonava l'aulos: e con questi mezzi persuadevano i naviganti a fermarsi. Dalle cosce in giù esse avevano aspetto di uccelli»[23].

Le *Argonautiche orfiche*, un poemetto del IV sec. d.C. mischia le carte in tavola: le Sirene tornano ad essere due, suonano «una l'aulo, un'altra la lira» e sono vinte dalla cetra di Orfeo[24].

Manipolazioni latine

La complessa ragnatela ordita dalle Sirene diventa altro in Cicerone, traduttore di Omero. Nel testo del *De Finibus* balzano agli occhi le rese in latino: l'«ἵνα νωϊτέρην ὄπ'ἀκούσῃς»[25] è tradotto con «ut nostros possis agnoscere cantus»; «ἡμέων [...] ἀπὸ στομάτων» è reso con «vocum»; «τερψάμενος» è reso con «avido satiatus pectore»; «πλείονα εἰδώς» è reso con «doctior». Dunque «'ὄψ'» diventa «can-

---

[19] Lo scolio ad Apollonio Rodio precisa che il nome dell'isola ripreso da Apollonio è creato per la prima volta da Esiodo.
[20] Strabone. *Geografia*. I 2,12; V 4,8; VI 1,6.
[21] Strabone. *Geografia*. V 4,8. Pseudo Aristotele. Περὶ θαυμασίων ἀκουσμάτων. 103.
[22] *Scholia antiqua in Homeri Odysseam*, 27.
[23] Apollodoro. *Biblioteca*, Epitome, 18-19. Milano, Adelphi, 1995, (160-161).
[24] *Argonautiche orfiche*, 1264-1290
[25] Omero. *Odissea*, XII, 184-191.

tus»; «στομάτων» diventa «vocum». L'enfasi della resa ciceroniana è tutta spostata altrove. Poco prima l'Arpinate aveva parlato dell'innato desiderio nell'uomo di conoscere[26], passo che arriverà a Dante e al suo Ulisse, quello del «fatti non foste per vivere come bruti / ma per seguir vertute e canoscenza»[27]. La resa lessicale ciceroniana abbandona lo spettro semantico della 'voce' delle Sirene per insistere su quella del 'sapere' («agnoscere», «doctior») e della 'seduzione' («dulcedine», «satiari»). Il misterioso canto delle Sirene si risolve così in «cantiunculae», ossia «canzoncine», che nulla possono contro la «cupido sapientiae» di Ulisse.

Parimenti, nell'Orazio dell' *Epistula II* leggiamo di Ulisse come modello di virtus («Sirenum voces et Circae pocula nosti»)[28]; e nel Seneca delle *Lettere* a Lucilio leggiamo delle Sirene come simbolo di distrazione («Hae voces non aliter fugiendae sunt quam illae quas Ulixes nisi alligatus praetervehi noluit»[29])le quali diventano vere e proprie tentazioni nel Servio del *Commentario all'Eneide*, che ne salda definitivamente l'immagine in questo modo: sono 3, vergini, una canta, una suona il flauto e un'altra la lira, abitavano Capri e non erano altro che meretrici»[30].

CONFUSIONI MEDIEVALI

La tradizione afferente a Ovidio, il quale le dice dottissime e baby-sitter di Proserpina, presenta delle difformità interessanti. Il Codex Lucensis 1417 riporta il testo: "doctae Sirenes" laddove gli altri codici "mixtae Sirenes"; "insistere remis" anziché "insistere pennis"; "flavescere pennis" anziché "nigriscere plumis". Così il *Liber monstrorum* (IX secolo) rappresenta le Sirene «fanciulle marine che seducono i marinai con le loro splendide forme e col miele del canto» e l'iconografia subisce una variazione, da 'donna con le piume d'uccello' a 'donna con le pinne'.

---

[26] Cicerone. *De finibus bonorum et malorum.* V, 17.
[27] Dante, *Commedia.* Inferno, XXVI, 119-120.
[28] Orazio. *Epistulae.* Liber primus. 2, 17-26
[29] Seneca. *Epistulae ad Lucilium,* 56:15.
[30] Servio. *Commentarii in Vergilii Aeneidos libros,* 864.

Che le Sirene siano recepite dalla civiltà cristiana è testimoniato dalla resa col vocabolo greco 'σειρῆνες' per tradurre in greco, dal testo di Isaia, la parola ebraica 'tannim'[31] (sciacallo). Nella *Vulgata*, la versione latina della *Bibbia* di San Girolamo, la resa si mantiene e il termine è usato -come l'altro, 'dracones' — per tradurre genericamente 'demoni', il che accomuna la Sirena a tutta una serie di altre figure dell'immaginario demoniaco, come sono i 'Telchini', esseri maschili che il *Lexicon Iconographicum Mythologiae Classicae* descrive anfibi, acquatici, dotati di pinne, capaci di attaccare a scopo di rovina.

Poiché nel testo ovidiano le Sirene sono affascinanti fanciulle[32], il riferimento alla lussuria vien facile. S. Ambrogio, nel *Commento a Luca*, ne spiega l'allegoria come simbolo del piacere mondano che può bloccare l'anima (Ulisse) in viaggio, per sua natura, verso il raggiungimento della felicità in una sede ultramondana[33], mentre Isidoro di Siviglia, nelle sue *Etymologiae*, ne fissa la simbologia: sono tre, una canta, una suona il flauto e l'altra la lira con l'obiettivo di far naufragare i marinai; hanno «alas et ungulas», perché l'amore vola e ferisce, in realtà la loro vera natura è quella di meretrici[34].

Il *Physiologus*, opera composta probabilmente tra II e primi decenni del III secolo ad Alessandria, per quanto fosse stato proibito dal *Decretum Gelasianum* del 494, fu usato da Gregorio Magno per le referenze alle interpretazioni allegoriche contenute[35] e in esso la Sirena torna ad essere un essere 'mostruoso': «Il Fisiologo ha detto delle sirene e degli ippocentauri: ci sono nel mare degli animali detti sirene, che simili a muse cantano armoniosamente con le loro voci, e i naviganti che passano di là quando odono il loro canto si gettano nel mare e periscono. Per metà del loro corpo, fino all'ombelico, hanno forma umana, per la restante metà, d'oca»[36]. Molto probabilmente è questa la fonte del *Libro della natura degli animali*, un bestiario toscano moralizzato della fine del XII secolo, nel quale

---

[31] Isaia. 34, 13.
[32] Ovidio. *Metamorfosi*, V, 552-563.
[33] Ambrogio. *Explanatio Psalmorum*, 43-75.
[34] Isidoro di Siviglia. *Etimologie o Origini*. Torino, Utet, 2004 (930-931).
[35] Muratova X. *L'arte longobarda e il "Physiologus"*, in Atti del 6° Congresso Internazionale di Studi sull'Alto Medioevo (Milano, 21-25 ottobre 1978).
[36] Zambon F. (a cura di). *Il Fisiologo*, Milano, Adelphi, 1975 (52-53).

compare, accanto ai due modelli tradizionali, addirittura una sirena-cavallo[37].

Certo è da ricordare che il *Bestiario* medievale nasce dall'unione del *Physiologus* e del libro XII delle *Etimologie* di Isidoro di Siviglia, con tutte le commistioni e gli errori che ne possono conseguire: infatti nel *Bestiario* più antico giunto sino a noi, scritto tra il 1121 e il 1135 in dialetto anglonormanno, la Sirena «ha forma di femmina fino alla cintura, e piedi di falcone e coda di pesce»; mentre in quello più antico scritto in francese (1120) le Sirene sono descritte «con grossi piedi da pollo e con un fondoschiena a coda di pesce»; e infine nelle opere di autori che gravitano intorno all'ambiente di corte di Enrico II d'Inghilterra (1133-1189) si stabilizza l'immagine della Melusina che con la Sirena condivide le analogie riguardo al sesso e alla natura 'mista'.

Il dato comune è il rimando alla lussuria, alla tentazione dei piaceri mondani: come il *Bestiario* più antico in francese (1120), dedicato alla moglie di Enrico I d'Inghilterra, Adeliza di Lovanio, era stato scritto per l'istruzione dei laici, così un *Salterio* prodotto in Inghilterra nel secondo quarto del XIV secolo raffigura la Sirena con uno specchio e un pettine; entrambe le opere con un esplicito ammonimento a stare in guardia dalla concupiscenza e dalla vanità.

Del resto, pure l'iconografia si fa sempre più esplicita e specialmente nell'arte romanica compare la Sirena bicaudata, e sola: al richiamo alla lussuria si associa pure quello della superbia, poiché la posa in cui è rappresentata ricalca l'allegoresi di Alessandro Magno che, rappresentato su un carro nel momento in cui volle sfidare il cielo, si fa alzare in volo da due grifoni aizzati con brandelli di carne. Così la Sirena al tempo di Dante è pure lei 'una' e infatti Dante la incontra nel XIX del Purgatorio: «Io son, cantavam io son dolce serena,/che 'marinari in mezzo al mar dismago:/tanto son di piacere a sentir piena!»[38].

---

[37] L. Morini (a cura di). *Bestiari medievali*. Torino, Einaudi, 1996 (444).
[38] Dante. *Commedia*. Purgatorio XIX, 19-21.

SIRENE E ANGELI

Alain de Lille, nel suo *Anticlaudianus,* riprende la lezione platonica secondo cui le Sirene sono otto e sono preposte alle sfere celesti[39], ma le confina nel solo cielo di Mercurio: «con pari voce e simile modo e canto presso Mercurio la Sirena canta»[40]. Se in Isaia ed Ezechiele leggiamo dei canti degli angeli nella corte celeste, in era cristiana la visione di Dio si trasforma da evento terrificante in esperienza di ineffabile dolcezza all'udito, ambientata in un regno di luce[41]. Così è nella *Navigazione di San Brandano* (sec. X-XI), nelle pagine di Ildegarda di Bingen (1151)[42] e nella *Divina Commedia.* Se l'angelo è per un cristiano una figura mista e positiva, l'unica creatura che parimenti è mista e positiva è Partenope, la Sirena che dà il nome alla *terra neapolitana.*

Così, quando Boccaccio usa le Sirene per dire che il posto dove esse cantavano è lontano da «fede, amore e onestà»[43] rispetta il topos classico, ma quando parla invece di Parthenope la usa, come Virgilio[44], in senso metonimico per dire l'amenità di tutta Napoli. Partenope, infatti, è per i napoletani una figura del tutto positiva, a loro benigna: ne hanno seppellito il corpo lì dove oggi sorge Castel dell'Ovo, in suo onore hanno organizzato le Lampadedromie e hanno innalzato una statua a lei dedicata[45]. Quando nella prima metà del XVI secolo viene ritrovata in città una statua greca raffigurante una Sirena che spande latte dal seno (il cui modello, probabilmente, è riprodotto in un vaso ritrovato a Sorrento) i napoletani fondono due tradizioni insieme: come la Sirena spande acqua sulle fiamme del Vesuvio per proteggere la città, così la Vergine Maria asperge col suo latte le anime del Purgatorio per

---

[39] Platone. *Repubblica,* 617.
[40] Alanus de Insulis. *Anticlaudianus,* IV, VI, 364.
[41] Hammerstein R. *Die Musik der Engel. Untersuchungen zur Musikanschauung des Mittelaters.* Bern - München, Francke, 1962.
[42] Ildegarda di Bingen. *Scivias sive visionum ac revelationum libri tres.* III, 13. «[...] questo suono, quindi, canta la lode degli abitanti del cielo come la voce di una grande moltitudine in armoniosa unità, poiché quest'armonia loda ripetutamente la gloria e l'onore dei cittadini celesti, come un'anima e un cuore solo»
[43] Boccaccio. *Rime,* 43.
[44] Virgilio. *Georgiche,* IV, 564.
[45] Suida. *Lexicon, graece et latine,* II, 603.

dare loro refrigerio: "Frisc' all'anema d' 'o Priatorio!"[46] è l'esclamazione in dialetto napoletano che tuttora viene utilizzata per esprimere contentezza, dopo un momento d'ansia o di preoccupazione.

ARPIE E JANARE

All'opposto, nell'area interna della Campania sopravvive la tradizione dell'Arpia: Omero le cita come creature che rapiscono in concorso con le Erinni[47]; Esiodo ne conosce due[48], Virgilio tre[49], comunque si vogliono creature negative associate agli inferi[50], come sono associate al regno dei morti le 'janare', le quali perdono le sembianze animalesche per diventare, nella cultura popolare, semplicemente 'streghe'. Probabile fonte è Apuleio che, nelle sue *Metamorfosi*, parla di «vecchie fattucchiere [...] capaci di cambiar forma e, una volta mutato il loro aspetto in quello di un animale qualunque, di infilarsi dentro di nascosto, al punto che riuscirebbero a ingannare persino l'occhio del Sole e della Giustizia!»[51]. Per quanto l'etimo della parola 'janara' sembra essere in relazione alle 'dianara', ossia alla vergine che si votava a servire la dea Diana, l'allegoria rimane ed è confermata nel *Vocabolario* del Galiani che definisce la janara come «donna o vecchia cui si voglia contar ingiurie». Eppure, lo stesso testo porta un curioso esempio, ricordando la metamorfosi del giovinetto Sebeto in fiume per aver pianto per una non meglio precisata Janara: «pe ccchesta Janara/tanto chiagnie che ddeventarie sciommara»[52]. L'apparente contraddizione scompare nel *Tasso napoletano*, opera del Fasano: se la janara è definita «maliarda, ammaliatrice, fascinosa, strega, solito dirsi da noi per ischerzo alle donne»[53] l'antiporta del testo, opera di Gia-

---

[46] Letteralmente "fresco alle anime del Purgatorio!"
[47] Omero. *Odissea*, XX, 99-100.
[48] Esiodo. *Teogonia*, 267.
[49] Virgilio. *Eneide*, III, 210.
[50] Dante. *Commedia*. Inferno XIII, 10-15.
[51] Apuleio. *Metamorfosi*. II, 20.
[52] Galiani. *Vocabolario de lo dialetto napolitano*, 181.
[53] Fasano. *Lo Tasso napolitano*. III, 24.

como dal Po, illustra le fattezze di questa 'janara' per cui piange Sebeto: una Sirena. La quale non può essere altri che Partenope.

Ancora una volta, la musica

In *Le Imagini de i Dei de gli antichi*, opera di Vincenzo Cartari, stampata a Venezia nel 1571, compare una curiosissima illustrazione: sulla stessa pagina sono rappresentate tre Sirene antiche in forma d'uccello e tre Sirene moderne con strumenti musicali, una delle quali suona il violino, strumento (a 4 corde) da poco inventato che già si suonava a Venezia ma che a Napoli si diffonderà solo a partire dal 1634[54]. Eppure, la vicinanza tra Napoli e Venezia era già tutta nella musica: i virtuosi venivano infatti appellati "figli della Sirena Partenope" e, seppur nella Corte vicereale si suonasse la ribeca, a Venezia si rappresentava la *Partenope* musicata da Leonardo Vinci.

Per quanto l'immagine della Sirena continui ad essere stravolta; per quanto la domanda dell'imperatore Tiberio ai grammatici di corte continui a restare un mistero"[55]; l'intima relazione tra musica e sirena resta: ecco perché quando per strada si ascolta una sirena, ci si ferma.

---

[54] Fiore, A. *Non senza scandalo delli convicini': pratiche musicali nelle istituzioni religiose femminili a Napoli 1650-1750*. Berna, Peter Lang, 2017, p.96.
[55] Svetonio. *De vita Caesarum*. III, 70: «nam et gramaticos […] eius modi fere quaestionibus experiebatur: 'quae mater Hecubae, quod Achilles nomen inter virgines fuisset, quid Sirenes cantare sint solitae».

SEX, LIES, AND HOMILIES
SORRENTINO'S CONTROVERSIAL REPRESENTATION OF THE ECCLESIASTIC WORLD IN *THE YOUNG POPE* AND *THE NEW POPE*: A LINGUISTIC AND TRANSLATIONAL ANALYSIS

Ilaria Parini

INTRODUCTION

This essay intends to provide a contribution to the research field on the translation of taboo language, in particular around audiovisual translation (AVT) in Italy. Several academic studies have focused on the issue of the translation of offensive language and swearwords in dubbed or subtitled products. Most of the studies that have dealt with Italian dubbed films and TV series (see, among the many, Azzaro 2005; Bianchi 2008; Bucaria 2007, 2009; Chiaro 2007; Formentelli and Ghia 2021; Formentelli and Monti 2014; Galassi 1999, 2000; Ledvinka 2010; Parini 2013, 2014; Pavesi and Malinverno 2000; Pavesi and Zamora 2022; Ranzato 2009) have revealed that taboo language generally tends to be toned down and mitigated if compared to their original versions.

This seems to be a phenomenon that is not circumscribed only to the Italian panorama, but, on the contrary, it "cuts across various language pairs" (Pavesi and Zamora 2022, 385). Indeed, the same tendency has been observed in dubbed dialogues from English into Spanish (Fuentes-Luque, 2015; Martí Ferriol, 2005; Santaemilia, 2008; Soler Pardo, 2013), from English into German (Briechle & Duran Eppler, 2019), from English into Persian (Pakar and Khoshsaligheh 2022), and also from Italian into Spanish (Zamora, 2015, 2018).

Gianni G. Galassi, who is a well-known Italian dialogue writer as well as dubbing director, has claimed that dubbing professionals are required to opt on their own initiative a heavy form of preventive censorship in order to avoid the necessity to make changes in a second moment, when the producers or the distributors of the Italian version will check the product (1999, 76).

It is a fact that taboo words are hardly ever necessary for the development of the plot, because they often carry out a connotative, rather than a denotative, function. Consequently, they can be easily omitted without any substantial consequence on the story. However, their use can be a means of characterization and a way to convey the feelings of the characters. Therefore, their omission has no doubt an impact on the emotional power of language.

It has to be noted that many of the studies mentioned above are quite dated, and the more recent ones have focused on the translation of products that were released and dubbed in the 1980s, 1990s and 2000s. In order to establish whether this tendency can still be observed in more recent products (products that have been released after the 2010s), new studies are necessary. For instance, a study conducted by Beseghi in 2016 revealed that the Italian dubbed version of the pilot episode of the TV series *Orange is the New Black* (2013-2019) "is characterized by an extensive use of swearwords and strong language that follow the original dialogue closely" (2016, 229). The scholar's conclusion, therefore, might reveal a potential change in attitude.

Moving on to subtitling, the scholars that have dealt with this object of study seem to confirm the tendency to mitigate the use of taboo language also in this field, as offensive or inappropriate terms are often reduced in subtitling even more than in dubbing (Chiaro 2009, 151). This trend has been confirmed by Fioretti (2020), who has investigated the translation of profanities in the English subtitles of Giuseppe Tornatore's *Nuovo Cinema Paradiso* (1988) and in Nanni Moretti's *Caro Diario* (1993).

However, it is interesting to note that studies about this topic in Spain have revealed a tendency similar to that observed by Beseghi in recent Italian dubbing. In fact, the subtitling of offensive and taboo language in Spanish apparently has become quantitatively closer to the original dialogue with the passage of time (Ávila-Cabrera 2015, 53-54). This may reveal a potential change in attitude that might reflect the fact that people's mindsets are changing, and, along them, also the practices related to the AVT industry.

Starting from these presuppositions, this study intends to analyze the use of taboo language in two recent TV series, namely *The Young Pope* (2016) and *The New Pope* (2020), and its translation in their Italian dubbed versions. The aim is to ascertain whether the tendency to purge the target text observed in the case of older productions can be confirmed, or, on the contrary, it is possible to corroborate the results related to the change in attitude observed by Beseghi (2016) in Italian dubbing.

Finally, the paper will also present the results of a study on the perception of the use of taboo language used in the series, both on a sample of English-speaking viewers who watched them in the original version, and on a sample of Italian viewers who watched them in their Italian dubbed version.

THE YOUNG POPE

The Young Pope is a 2016 religious drama TV series created and directed by Italian Academy award winner Paolo Sorrentino for Sky Atlantic, HBO, and Canal+. It revolves around the events that take place during the first 10 months of papacy of the first (fictional) American pope, Lenny Belardo (who adopts the papal name of Pius XIII), starting from the very first day after his election by the Conclave. The series has been severely criticized by magazine *Famiglia Cristiana* as well as other Catholic media; however, it has also been referred to as "an important cultural event" by *L'Osservatore Romano*, the daily newspaper of Vatican City State. Whether acclaimed or condemned, it is a fact that Sorrentino's ecclesiastic world does not seem to conform to the canons usually lectured by the Catholic Church.

Interpreted by Jude Law, Lenny Belardo (pope Pius XIII) is a ruthless person, extremely self-confident, awfully arrogant and domineering, who takes pleasure in humiliating others and in imposing his authority. Moreover, he is extremely vain. In fact, he spends hours in front of the mirror trying out his outfits and on more than one occasion he explicitly refers to his beauty (when he is speaking to the Icelandic prime minister, he tells her: "I know, I'm incredibly handsome," and when Cardinal Voiello points out that he may be as good looking as Jesus, but he is not actually Jesus, he replies "I'm more handsome than Jesus."). Furthermore, he is probably the first pope — albeit fictional — to be shown completely naked on a screen (both in *The Young Pope* and in *The New Pope*). Even more astonishing, maybe, is the fact that he claims not to believe in God, but only in himself.

Apart from Pius XIII, there are various characters who show features which are definitely in contrast with the values preached by the Church. Among them, various cardinals: Cardinal Voiello, the Secretary of State, who does not hesitate to resort to blackmail in order to obtain what he wants; Cardinal Dussolier, who indulges in sexual threesomes; Cardinal Gutierrez is an alcoholic; Cardinal Kurtwell is a pedophile. Also, the characters of the nuns do not seem to reflect the ideal representation of the religious women devoted to prayer, commitment, and social justice. In fact, Sister Antonia exploits the African people who live in the village she supervises, whereas Sister Mary has no qualms in lying, even to her beloved pope (and when she is not wearing her habit, she wears a T-shirt with the sentence "I'm a virgin, but this is an old T-shirt" written on it).

THE NEW POPE

The New Pope, released in 2020, also directed by Sorrentino and produced by Sky Atlantic, HBO, and Canal+, is *The Young Pope*'s sequel. Pius XIII has been in a coma for nine months and, after several failed heart transplants, the Conclave elect a new pope, Sir John Brannox (interpreted by John Malkovich), who adopts the papal name of John Paul III. He is a charming English aristocrat and seems to be the antithesis of Lenny: in fact, he is religiously moderate, very sophisticated and especially he is particularly sensitive. However, also the new pope presents contradicting features, the most astonishing of which is probably the fact that he is addicted to heroin. As in *The Young Pope*, also in *The New Pope* the cardinals as well as other priests do not seem to present the characteristic features that we would expect from men of the church. Cardinal Spalletta, for example, blackmails the pope; moreover, he consumes cocaine and takes part in group sex parties with underage girls. Cardinal Assente claims to detest children and orphans and has a sexual relationship with Don Cavallo. Finally, as in *The Young Pope*, the female characters also show controversial features. In this new series, attention is focused on a group of cloistered nuns, who are the opposite of what we might expect from them: they dance lasciviously in their nighties and high hills around a fluorescent crucifix accompanied by flashing strobe lights and club music. One of them, Sister Caterina, gets pregnant with a young refugee. Others verbally and physically abuse one of their comrades. Furthermore, one of the purest characters of the previous series — Esther Aubry — ends up prostituting herself to disabled men.

Although many of the characters of the two products also present positive features, and it would be unfair to define the series as a fierce critique to the Catholic world, it is a fact that its general representation turns out to be rather unconventional, and definitely controversial. Apart from the narrative features, and the personalities of the religious characters, such unorthodox portrayal also relates to the linguistic area. Indeed, it is a fact that most characters' speech is characterized by a rather high register, typified by the use of refined and recherché lexis, as well as complex syntactic constructions, and they generally display very sophisticated dialectic skills. In spite of this, they also make use of prophane language. This is the reason why the presence of taboo language is particularly interesting to analyze: first of all, we would not generally expect religious characters to swear; secondly, the use of offensive language seems to be in contrast with the very high register which characterises the characters' speech. Consequently, its effect turns out to be even stronger than it would be in other contexts, as in the case of films portraying criminals, or drug dealers and addicts, or the like.

TABOO LANGUAGE

First of all, it is necessary to specify what is actually meant in this paper when referring to taboo language. Taboo language, in general, is related to terms that are not considered appropriate or acceptable with regard to the context, culture, language and/or medium where they are uttered. In fact, its use is traditionally considered as "inappropriate." In his book, *Four-letter Films. Taboo Language in Movies*,

Azzaro (2005, 1) uses the expression "taboo language" to refer to both swearwords and insults, which are exactly the categories to which the words and expressions occurring in the TV series analyzed in this study belong.

As far as swearing is concerned, Azzaro (2005, 2) claims that it "is characterized by the generating emotion of anger or frustration resulting from a particular situation, void of specific addressee." Swearwords, indeed, are non-reciprocal. Their function, in fact, is expletive, basically emotive, reactive, and exclamatory.

Insults, on the other hand, are words that are targeted and reciprocal. They have a specific addressee, and their use presupposes an emotional reaction both on the part of the speaker and of the hearer. Their function is abusive (3-5).

Moreover, it is important to point out that quite often some words are used as mere fillers: indeed, they have become more or less desemanticized, they have lost their original meaning, and are nothing more than a tool to make the language more expressive and informal (Azzaro 2005, 4-6, 9; Pavesi and Malinverno 2000, 75; Spadafora 2007, 89).

Taboo words in audiovisual products may play several roles, just as they do in authentic dialogues. Their function, thus, can be either expletive or abusive, and they can also be used as fillers.

According to Tartamella (2006, 9), taboo terms and expressions act more as actions than words, they are like magical words which produce all sorts of effect, and they reveal a great many things about the person who uses them. Therefore, rather than for the actual semantic meaning conveyed by the single words, their use in AV products is important as it characterizes the speaker's personality and idiosyncrasies (Ávila-Cabrera 2015, 42). In other words, taboo language in AV products often fulfils a connotative rather than a denotative function.

TABOO LANGUAGE IN *THE YOUNG POPE*
AND ITS ITALIAN DUBBED VERSION

Contrary to the results of the studies previously mentioned about the translation of taboo language in Italian dubbing (Azzaro 2005;

Bianchi 2008; Bucaria 2007, 2009; Chiaro 2007; Formentelli and Ghia 2021; Formentelli and Monti 2014; Galassi 1999, 2000; Ledvinka 2010; Parini 2013, 2014; Pavesi and Malinverno 2000; Pavesi and Zamora 2022; Ranzato 2009), it is interesting to note that in the case of the Italian dubbed version of *The Young Pope* every single occurrence of taboo words and expressions in the original version has been transposed with corresponding Italian taboo words which convey an equivalent level of strength and inappropriateness/offensiveness.

Pius XIII

Original version	Italian dubbed version
I had to glue my ass to the chair so as not to make a mess	Ho dovuto incollare il culo alla sedia per non fare un macello
Lenny! You have illumined yourself! Fuck!	Lenny, tu ti sei illuminato da solo! Cazzo!
Or the bullshit of Saint Alphonsus?	O le stronzate di Sant'Alfonso?
Stop talking bullshit!	Smettetela di dire stronzate!

The lines reported in the table above are all uttered by pope Pius XIII. In the first line we can note the use of the word *ass*, which is defined by the Cambridge Online Dictionary as "a rude word for the part of the body that you sit on" and is labelled as "offensive"[1]. The word has been translated as *culo*, which is an Italian word that has the same referential meaning and is labelled by Hoepli Italian Online Dictionary as "vulgar"[2]. In the second line, the pope is talking to himself and uses the word *fuck* as an exclamation, with an expletive function. In this use, the word is defined by the Cambridge Online Dictionary as "used when expressing extreme anger, or to add force to what is being said" and is labelled as "offensive"[3]. The Italian translation has rendered the word with *cazzo*, which literally means *dick*, but can be used as an exclamation with exactly the same function as *fuck* in this context. The Hoepli Italian Online Dictionary labels it as "vulgar"[4]. In the third and fourth lines, the

---

[1] https://dictionary.cambridge.org/dictionary/english/ass.
[2] https://www.grandidizionari.it/Dizionario_Italiano/parola/C/culo.aspx?query=culo.
[3] https://dictionary.cambridge.org/dictionary/english/fuck.
[4] https://www.grandidizionari.it/Dizionario_Italiano/parola/C/cazzo.aspx?query=cazzo.

pope is talking to a delegation of Franciscans and uses the taboo word *bullshit*, which is defined by the Cambridge Online Dictionary as "complete nonsense or something that is not true" and is labelled as "offensive"[5]. The word has been translated as *stronzate*, which is an Italian word that has the same referential meaning and is labelled by Hoepli Italian Online Dictionary as "vulgar"[6].

Cardinal Spencer

Original version	Italian dubbed version
Don't fuck with me, Angelo!	Non mi prendere per il culo, Angelo!
You really are a shit!	Sei veramente uno stronzo!
You don't know shit!	Tu non sai un cazzo!
It isn't bullshit, Lenny!	Non sono stronzate, Lenny!

The lines reported in the table above are uttered by Cardinal Spencer. In the first line we can note again the use of the word *fuck*, although in this case it is used with a different function. In fact, it is used as a prepositional verb, followed by the preposition with, and it has an idiomatic meaning. In this case it fulfils an abusive function as it is addressed to Cardinal Voiello and it means "to tease or attempt to deceive someone," as indicated by The Farlex Dictionary of Idioms[7], which labels it as "rude." The Italian translation renders the phrase as "prendere per il culo," which has an equivalent meaning and is also loaded with similar connotations as it contains the vulgar word *culo*, which was analysed earlier. The second line contains the word *shit*, which is an offensive word that literally refers to "the solid waste that is released from the bowels of a person or animal," as defined by the Cambridge Online Dictionary[8]. However, when addressed to another person, it fulfils an abusive function and acquires the meaning of "an unpleasant person who behaves badly"[9]. The Italian dubbed version has rendered the word

---

[5] https://dictionary.cambridge.org/dictionary/english/bullshit.
[6] https://www.grandidizionari.it/Dizionario_Italiano/parola/S/stronzata.aspx?query=stronzata.
[7] https://idioms.thefreedictionary.com/fuck+with+someone.
[8] https://dictionary.cambridge.org/dictionary/english/shit.
[9] See previous note.

as *stronzo*, which is an Italian offensive word that carries the same referential meaning and can be used in similar contexts, conveying the same connotations[10]. The third line contains again the word *shit*, but with a different meaning. In fact, the word can also be "used in negatives to mean 'anything'," as indicated in the Cambridge Online Dictionary[11], (the sentence, therefore, means "You don't know anything," but the general effect turns out to be more inappropriate). The Italian dubbed version translated the word as *cazzo*, which, in this specific context, is used in an equivalent way and carries the same meaning, maintaining the level of offensiveness. In the fourth line, we can note the presence of the offensive word *bullshit*, which, as already noted, means "nonsense." As in the lines uttered by Pius XIII which have been previously analyzed, the word has been translated as *stronzate*, which is an Italian word that has the same referential meaning and also maintains the same level of inappropriateness.

Cardinal Voiello

Original version	Italian dubbed version
Fuck! You were supposed to share your sovereignty with my advice and Spencer's!	Cazzo! Lei avrebbe dovuto condividere la sovranità con il mio consiglio e con Spencer!
I don't give a shit that you are depressed, Michael!	Non me ne frega un cazzo che tu sei depresso, Michael!

The lines in the table above are played by Cardinal Voiello, the Secretary of State. In the first line we can observe another case of use of the word *fuck* as an exclamation, which, as in the cases analyzed earlier, has been transposed with its equivalent *cazzo*, maintaining both the level of offensiveness of the original version, and its expletive function. In the second line, the offensive word *shit*, which has been analyzed earlier, is used with another function, namely in the idiomatic phrase "to not give a shit." The phrase means "to not be interested in or worried about something or

---

[10] https://www.grandidizionari.it/Dizionario_Italiano/parola/S/stronzo.aspx?query=stronzo.
[11] https://dictionary.cambridge.org/dictionary/english/shit.

someone," as indicated in the Cambridge Online Dictionary[12] and has been translated with its equivalent Italian phrase *non fregarsene un cazzo*, which contains the offensive word *cazzo* and maintains both the level of offensiveness of the original version and its idiomatic meaning.

Sister Mary

Original version	Italian dubbed version
You're just a man who's pissed off because you didn't get what you wanted most.	Tu sei soltanto un uomo molto incazzato perché non hai ottenuto quello che volevi di più.
You're just spouting bullshit and you know it.	Stai dicendo solo un mucchio di stronzate e lo sai bene.

The table above reports two lines uttered by Sister Mary. The first one contains the offensive adjective *pissed off*, which means "annoyed," as indicated by the Cambridge Online Dictionary[13], and has been translated in Italian as *incazzato*, an offensive adjective which derives from the noun *cazzo*, and has the same meaning as the English adjective[14]. In the second one we can note once more the presence of the word *bullshit*, which, also in this case, has been rendered as *stronzate*, therefore maintaining the meaning and the connotations of the original line.

TABOO LANGUAGE IN *THE NEW POPE*
AND ITS ITALIAN DUBBED VERSION

First of all, it is necessary to point out that *The New Pope* presents much fewer occurrences of taboo words and expressions than *The Young Pope*. Nevertheless, it is interesting to investigate the translational choices made by the translator. Consistently with what observed in the translation of taboo language in *The Young Pope*, and contrary to the results of the studies about the translation of taboo language in Italian dubbing mentioned earlier (Azzaro 2005; Bianchi 2008; Bucaria 2007, 2009; Chiaro 2007; Formentelli and Ghia

---

[12] https://dictionary.cambridge.org/dictionary/english/not-give-a-shit.
[13] https://dictionary.cambridge.org/dictionary/english/pissed-off.
[14] https://www.treccani.it/vocabolario/ricerca/incazzato/.

2021; Formentelli and Monti 2014; Galassi 1999, 2000; Ledvinka 2010; Parini 2013, 2014; Pavesi and Malinverno 2000; Pavesi and Zamora 2022; Ranzato 2009), also in the case of the Italian dubbed version of *The New Pope* the occurrences of taboo words and expressions in the original version have been transposed with corresponding Italian taboo words which convey an equivalent level of strength and inappropriateness/offensiveness.

Cardinal Voiello and abbess

Original version	Italian dubbed version
CV: Matter resolved.	CV: La questione è risolta.
A: May I swear?	A: Posso una parolaccia?
CV: Just once.	CV: Solo una.
A: Like fuck it is!	A: Col cazzo che è risolta!

In the dialogue reported above between Cardinal Voiello and the abbess, the word *fuck* is used by the abbess within the idiomatic phrase *like fuck*, which is a more offensive alternative version of *like hell*, meaning "certainly not"[15]. The expression has been transposed with the equivalent Italian idiomatic phrase *col cazzo*, which contains the word *cazzo*, and conveys the same meaning, and at the same time maintains the same level of inappropriateness.

Ewa Nowak

Original version	Italian dubbed version
God can fuck off!	Vada a farsi fottere Dio!

The line in the table above is particularly strong. It is uttered by Ewa Nowak, Doctor Lindegard's wife, while she is talking to pope Pius XIII. This time the word *fuck* is used in the phrasal verb *fuck off*, defined by the Cambridge Online Dictionary as "to leave or go away, used especially as a rude way of telling someone to go away."[16] The sentence turns out to be particularly strong, as the verb is addressed to God. Surprisingly, the Italian dubbed version has translated the content of the line literally, through the phrase

---

[15] https://dictionary.cambridge.org/dictionary/english/like-hell.
[16] https://dictionary.cambridge.org/dictionary/english/fuck-off.

farsi fottere, which literally means "to get fucked" and is labelled as "vulgar."[17] This, in fact, turns out to be a rather uncommon practice in Italian dubbing, since, as observed in a previous study (Parini 2013, 154), "offensive expressions referring to the Holy Family are forbidden in Italian media." Italy, in fact, is a traditionally Catholic country, where "even the act of naming God in vain is considered as a sin" (ibid.).

In short, it is possible to claim that the analysis of the Italian dubbed versions of the two series has revealed a tendency which seems to be in contrast with what is usually considered as an established practice in Italian dubbing, which consists in omitting, toning down and mitigating taboo language in translation. The results of this study, on the contrary, appear to confirm the results of Beseghi's study about the dubbing of *Orange is the New Black* (2016). Indeed, a major role in deciding whether to maintain the level of offensiveness of the original audiovisual products in translation or not is presumably played by the recommendations given by the contractors. As stated by Briechle and Duran Eppler (2019, 395): "some contractors (e.g., Netflix) have recently instructed their translators to render swearwords as faithfully as possible." It is not a case that *Orange is the New Black* is a Netflix production. As far as *The Young Pope* and *The New Pope* are concerned, they were produced by HBO and Sky Atlantic, and no statements about official directions to their translators or translation guidelines have been found. However, when the translator/adapter of the dialogues of the two series (Valerio Piccolo) was contacted and asked whether he had been given any suggestions or indications concerning the translation of taboo language, he replied that he had not been told anything at all within this regard.[18]

TABOO LANGUAGE IN *THE NEW POPE* AND IN ENGLISH SUBTITLES

Both *The Young Pope* and *The New Pope* are multilingual products. In fact, since the stories are set in Vatican City, where Italian

---

[17] https://www.treccani.it/vocabolario/ricerca/fottere/.
[18] Personal communication with Valerio Piccolo, December 2022.

is the official language, in both series quite a lot of dialogues are played in Italian (Parini 2017, 2019). In the original versions, the Italian dialogues are subtitled in English. On few occasions, in *The New Pope*, some of the characters use taboo language while speaking Italian, and it is interesting to investigate the strategies used in English subtitling.

Cardinal Voiello

Original version	English subtitles
Cazzo stai dicendo?	What the fuck are you saying?
Non dire puttanate.	Cut the bullshit.

The table above reports two lines uttered by Cardinal Voiello. In the first line, the cardinal uses the word *cazzo* as an intensifier in the fixed syntactic frame *che cazzo*, omitting the interrogative adjective *che*, as is commonly done in informal spoken Italian. In the English subtitles we can note the use of the word *fuck* in the equivalent fixed syntactic frame *what the fuck*. The subtitles, therefore, maintain both the meaning and the level of offensiveness of the original lines. In the second line, we can note the presence of the word *puttanate*, which is a synonym of the word *stronzate* and is equally offensive. The word has been translated with *bullshit*, which, as seen for the translation of the dubbed lines, carries the same meaning and maintains the connotations of the original lines.

Don Cavallo

Original version	English subtitles
Prova a dire che non è così, puttanella.	Just try and deny it, you little whore.

The line above is played by Don Cavallo while speaking with Cardinal Assente. The priest calls the cardinal, with whom he has a sexual relationship, *puttanella*, which is the diminutive form of the word *puttana*, an offensive word used to refer to a prostitute. The English subtitles transpose the taboo word with its exact equivalent, namely the offensive word *whore*, preceded by the adjective *little*, which conveys the same meaning as the Italian diminutive suffix *-ella*. The subtitles, therefore, maintain both the meaning and the level of offensiveness of the original line.

Cardinal Spalletta

Original version	English subtitles
Che cazzo succede?	What the fuck's going on?

The line above is played by Cardinal Spalletta, talking to himself. Also in this case, as in the line played by Cardinal Voiello, we can note use of the word *cazzo* as an intensifier in the fixed syntactic frame *che cazzo*, which, once again, has been translated with the equivalent fixed syntactic frame *what the fuck*. The subtitles, therefore, maintain both the meaning and the level of offensiveness of the original lines.

In short, the analysis of the English subtitles of the Italian dialogues that include taboo language has revealed that the offensive words have been maintained in translation. This seems to be in contrast with the common AVT practice of toning down or omitting swearwords more in subtitled versions of audiovisual products than in dubbed ones (Briechle and Duran Eppler 2019; Díaz Cintas and Remael 2007; Gottlieb 1994; Ivarsson and Carrol 1998). On the other hand, it is consistent with what Ávila-Cabrera (2015; 2023) found out in his studies related to the Spanish subtitling of taboo language, which, apparently becomes quantitatively closer to the original dialogue with the passage of time. This might also be the case of Italian into English subtitling and further studies in this field may provide interesting results.

A PERCEPTION STUDY

In order to investigate the perception of taboo language in Anglophone and in Italian audiences, a perception study has been carried out. The study consisted in the administration of a questionnaire to 100 English native speakers who had watched the two series in its original version and to 100 Italian native speakers who had watched the two series in its Italian dubbed version. The people involved were followers of the Facebook page "The Young Pope and The New

Pope fans page"[19] and consequently were presumably familiar with the two series, with the characters and the context. A post on the page invited the followers to take part in the study. Anglophone speakers were asked to connect to a link that redirected to a form on Google forms. They were presented the transcription of four excerpts from the original dialogues which contained the word *fuck* and of two subtitled excerpts whose original version was in Italian as the lines were played by Italians, which, again, contained the word *fuck*. The choice of this specific taboo word was due to the fact that it is the most common, as well as the most productive and versatile swearword in English (McEnery 2006; McEnery and Xiao 2004). Each line was accompanied by a brief description as to who the speaker was, whom it was addressed to, and the episode of the series when it was uttered. The participants were then asked to rate the level of offensiveness of the use of such word on a scale from 1 to 4, where 1 corresponded to "very inappropriate/offensive," 2 to "inappropriate/offensive," 3 to "slightly inappropriate/offensive," and 4 to "not inappropriate/offensive at all."[20]

The same was done for Italian native speakers, who were asked to connect to a link that redirected to a form on Google forms where they were presented the transcription of the same dialogues in their Italian dubbed version or in the Italian original version (for the two lines that had been subtitled in English).[21] Also in this case, each line was accompanied by a brief description as to who the speaker was, whom it was addressed to, and the episode of the series when it was uttered. The participants were then asked to rate the level of offensiveness of the taboo words on a corresponding scale from 1 to 4.

The questionnaires were anonymous but both Anglophone and Italian spectators were asked to indicate their gender, age group and level of education, as they are all factors that undoubtedly have an impact on the perception of the level of offensiveness of taboo words (Briechle and Duran Eppler 2019; Love 2021; McEnery 2006;

---

[19] https://www.facebook.com/groups/213670859097913.
[20] For the complete questionnaire, see Appendix 1.
[21] For the complete questionnaire, see Appendix 2.

McEnery and Xiao 2004). Moreover, Anglophone speakers were also asked to indicate their country of origin.

As far as the survey for English native speakers is concerned, the data collected are as follows:

Country of origin

Country of origin	Number of respondents
United Kingdom	47
United States of America	34
Australia	10
Ireland	7
New Zealand	1
Canada	1

Gender

Gender	Number of respondents
Male	28
Female	64
Prefer not to say	8

Age

Age group	Number of respondents
Less than 18	4
18-39	19
40-59	36
60 and over	41

Education

Education	Number of respondents
Some high school, no diploma	2
High school graduate, diploma or the equivalent	15
Trade, technical, vocational training	10
Bachelor's degree	20
Master's degree	15
Professional degree	0
Doctorate degree	38

The answers to the questionnaires did not show significant differences related to the respondents' country of origin. If we consider the other factors, on the contrary, it is possible to draw some notable conclusions.

First of all, it is interesting to note that, in general, women seem to find the use of *fuck* in the lines from the two series rather offensive. When used as an exclamation, with an expletive function, as in questions 1 and 2, the respondents gave very similar answers: in the first case, 39% of the respondents rated it as very inappropriate/offensive, 50% as inappropriate/offensive, 8% as slightly inappropriate/offensive, and only 3% as not inappropriate/offensive at all; in the second case, 38% of the respondents rated it as very inappropriate/offensive, 51% as inappropriate/offensive, 8% as slightly inappropriate/offensive, and only 3% as not inappropriate/offensive at all.

When used with an idiomatic meaning, as in the phrase *like fuck*, in question 3, the level of offensiveness perceived by the respondents still seems to be rather strong: 34% rated it as very inappropriate/offensive, 55% rated it as inappropriate/offensive, 8% as slightly inappropriate/offensive and 3% as not inappropriate/offensive at all. This might also have to do with the fact that the speaker is a woman (the abbess), and various studies have demonstrated that male speakers use strong language more than female speakers (Lakoff, 1975, 5; Hughes, 1991, 211; Holmes, 1992: 171–6; McEnery and Xiao 2004, 240). Consequently, the use of *fuck* in this sentence might be perceived as stronger than it might do if the sentence were uttered by a man.

When used with an abusive function, as in question 4, it seems to be perceived as particularly strong, probably also due to the fact that in this specific line the addressee of the phrasal verb *fuck off* is God: 49% of the female respondents rated it as very inappropriate/offensive, 47% as inappropriate/offensive, 2% as slightly inappropriate/offensive and 2% as not inappropriate/offensive at all. Also, in this case the speaker is a woman (the sentence is uttered by Ewa, Doctor Lindegard's wife) and this, as in the previous case, might have an impact on the general effect. It should also be noted that Ewa is talking to Pius XIII, so this may be another element which might amplify its effect.

When used as an intensifier in the fixed syntactic frame *what the fuck* in questions 5 and 6, the perception of its level of offensiveness seems to be weaker. In fact, the percentages of respondents who rated the word as very inappropriate/offensive and inappropriate/offensive decrease considerably: for question 4, where the phrase is addressed to another person, 18% of the respondents deemed it very inappropriate/offensive, 31% as inappropriate/offensive, 39% as slightly inappropriate/offensive and 12% not inappropriate/offensive at all, whereas for question 6, where the character is talking to himself, 7% of the respondents deemed it very inappropriate/offensive, 18% as inappropriate/offensive, 51% as slightly inappropriate/offensive and 24 % not inappropriate/offensive at all. We should keep in mind that these two sentences are originally uttered in Italian by Cardinal Voiello and Cardinal Spalletta respectively, and these are the transcriptions of the English subtitles. Therefore, the analysis of the data seems to be in contrast with the common assumption that taboo words are perceived as stronger in writing than in spoken language (Castersen 2012, Chiaro 2009, Roffe 1995, quoted in Briechle and Duran Eppler 2019).

If we consider the answers provided by the male respondents, it is clear that, in general, they seem to have a much milder perception of the level of offensiveness of the same words in the same contexts. In fact, in question 1, 5% of the respondents rated the word *fuck* as very inappropriate/offensive, 10% as inappropriate/offensive, 63% as slightly inappropriate/offensive, and 22% as not inappropriate/offensive at all, whereas in question 2, 4% of the respondents rated it as very inappropriate/offensive, 9% as inappropriate/offensive, 66% as slightly inappropriate/offensive, and 21% as not inappropriate/offensive at all.

When used with an idiomatic meaning, as in question 3, 7% of the respondents rated it as very inappropriate/offensive, 15% rated it as inappropriate/offensive, 58% as slightly inappropriate/offensive and 20% as not inappropriate/offensive at all. In this case it is possible to note a slight increase in the perception of offensiveness, maybe due to the fact that the speaker is a woman, although, compared to the answers given by the female respondents, the difference is still remarkable.

When used with an abusive function, as in question 4, its perception seems to be slightly stronger, probably, again, because the speaker is a woman, and also because she is speaking to pope Pius XIII, and the addressee of the phrasal verb *fuck off* is God: 11% of the male respondents rated it as very inappropriate/offensive, 22% as inappropriate/offensive, 61% as slightly inappropriate/offensive and 6% as not inappropriate/offensive at all.

When used as an intensifier in the fixed syntactic frame *what the fuck*, as in questions 5 and 6, where it occurs in the English subtitles of the original lines uttered in Italian by Cardinal Voiello and Cardinal Spalletta respectively, the perception of its level of offensiveness seems to be weaker: for question 5, where the phrase is addressed to another person, 3% of the respondents deemed it very inappropriate/offensive, 9% as inappropriate/offensive, 66% as slightly inappropriate/offensive and 22% not inappropriate/offensive at all, whereas for question 6, where the character is talking to himself, 1% of the respondents deemed it very inappropriate/offensive, 6% as inappropriate/offensive, 72% as slightly inappropriate/offensive and 21 % not inappropriate/offensive at all.

As far as the perception of appropriateness in relation to the age of the respondents, the results seem to indicate that the word *fuck* is regarded as not particularly offensive by younger people, whereas more mature and older people deem it as more vulgar. In fact, for all the 6 questions, we can observe rather high percentages of choices related to low levels of offensiveness for the age groups up to 39 years old, whereas people over 40 years (who correspond to 77% of the respondents) were more prone to rate the use of such word as offensive or very offensive. More specifically, for groups of people younger than 18 or between 18 and 39 years old we find percentages higher than 55% for answers "not inappropriate/offensive at all," and around 20% for "slightly inappropriate/offensive." Conversely, for the age groups 40-59 and 60 and over the answers "very inappropriate/offensive" reach percentages close to 40% and around 35% for "inappropriate/offensive." These findings are consistent with studies about the age of users of the word *fuck*: indeed, McEnery and Xiao (2004: 241) claim that "young people and teenagers (age groups 15-24 and 25-34) appear to use *fuck* more frequently than people from other groups." Presumably, people who use the word *fuck* do not really perceive it as very offensive, and this is reflected in the results of this study.

Finally, also the analysis of the answers related to the perception of offensiveness of the word *fuck* in relation to the education level of the respondents shows similarity with the results conducted by McEnery and Xiao (246) in connection with the use of such word. Indeed, the two scholars state that "the general pattern of uses of *fuck* is that people who have received less education say *fuck* more frequently." Likewise, from the analysis of the data of this study it emerges that the respondents who have received less education do not really perceive its use as very inappropriate/offensive, whereas the respondents with a higher level of education have a stronger perception of its level of offensiveness. In fact, the majority of the people who have a university degree or higher qualification (over 60% of them) rated the level of offensiveness in all questions as inappropriate/offensive, and about 20% of them as very inappropriate/offensive. Conversely, people with a lower level of education generally consider the word as slightly inappropriate/offensive (around 60% of them) or not inappropriate/offensive at all (around 30% of them).

In short, it is possible to state that the results of this first part of the study seem to reflect the results of the studies that have investigated the use of the word *fuck*: 1) women use the word less than men, and they appear to have a stronger perception of its level of inappropriateness/offensiveness; 2) younger people use the word more frequently than older people and they also perceive its level of inappropriateness/offensiveness as weaker if compared to older people; 3) people with a lower level of education use the word *fuck* more frequently than people with a higher level of education, and they have a weaker perception of its level of inappropriateness/offensiveness.

As far as the survey for Italian speakers is concerned, the data collected are as follows:

Gender

Gender	Number of respondents
Male	28

Female	64
Prefer not to say	8

Age:

Age group	Number of respondents
Less than 18	5
18-39	28
40-59	33
60 and over	34

Education

Education	Number of respondents
Scuola secondaria di secondo grado (superiori): studi interrotti prima di conseguire il diploma [some high school, no diploma]	10
Scuola secondaria di secondo grado (superiori): diploma [High school graduate, diploma or the equivalent]	25
Percorso post-diploma di formazione terziaria professionalizzante [Trade, technical, vocational training]	7
Laurea universitaria (primo ciclo) [Bachelor's degree]	25
Laurea universitaria magistrale (secondo ciclo) o Master [Master's degree]	25
Scuola di specializzazione [professional degree]	2
Dottorato di ricercar [doctorate degree]	6

First of all, it is noteworthy that, also in the case of Italian respondents, women generally appear to find the use of the taboo words in the Italian dubbed versions of the two series rather offensive. The word *fuck* has been rendered in Italian dubbing with the word *cazzo* in all the dialogues, except the case of question 4, where the phrasal verb *fuck off* has been translated with the phrase *farsi fottere* (which literally means *to get fucked*). When *cazzo* is used with an expletive function, as in questions 1 and 2, the respondents gave very similar answers: in the first case, 29% of the respondents rated it as very inappropriate/offensive, 45% as inappropriate/offensive, 15% as slightly inappropriate/offensive, and 11% as not inappropriate/offensive at all; in the second case, 28% of the respondents rated it as very inappropriate/offensive, 47% as inappropriate/offensive, 15% as slightly inappropriate/offensive, and only 10% as not inappropriate/offensive at all.

When used with an idiomatic meaning, as in question 3 (*col cazzo*), the level of offensiveness perceived by the respondents appears to be equally strong: 33% rated it as very inappropriate/offensive, 56% rated it as inappropriate/offensive, 9% as slightly inappropriate/offensive and 2% as not inappropriate/offensive at all. Also in this case, as in the case of its original version, the level of inappropriateness perceived by the respondents might be related to the fact that the speaker is a woman (the abbess). In fact, as mentioned earlier, it has been proved that men tend to use taboo language more than women and, as a consequence, the use of *cazzo* in this sentence might be perceived as stronger than it might do if the sentence were uttered by a man.

In question 4, the phrase *farsi fottere* (literally, *to get fucked*) appears to be perceived as extremely strong, probably also due to the fact that the addressee of the phrase is God: 51% of the female respondents rated it as very inappropriate/offensive, 46% as inappropriate/offensive, 2% as slightly inappropriate/offensive and 1% as not inappropriate/offensive at all. As already stressed, the speaker is a woman (Ewa, Doctor Lindegard's wife) and this factor might play a role in making the phrase particularly offensive. Moreover, Ewa is talking to the pope. As in its original version, its effect might be amplified by the context.

In questions 5 and 6, the taboo word *cazzo* is used as an intensifier in the fixed syntactic frame *che cazzo* (which is more or less used as an equivalent to the English *what the fuck*). In both cases, as observed for their subtitled English version, the perception of its level of offensiveness seems to be weaker. In fact, the percentages of respondents who rated the word as very inappropriate/offensive and inappropriate/offensive decrease considerably: for question 4, where the phrase is addressed to another person, 10% of the respondents deemed it very inappropriate/offensive, 26% as inappropriate/offensive, 48% as slightly inappropriate/offensive and 16% not inappropriate/offensive at all, whereas for question 6, where the character is talking to himself, 6% of the respondents deemed it very inappropriate/offensive, 16% as inappropriate/offensive, 53% as slightly inappropriate/offensive and 25 % not inappropriate/offensive at all.

If we consider the answers provided by the Italian male respondents, we can observe very similar attitudes as those of Anglophone male respondents. In fact, they generally appear to have a much weaker perception than Italian women of the level of offensiveness of the same words in the same contexts. In fact, in question 1, 6% of the respondents rated the word *cazzo* as very inappropriate/offensive, 9% as inappropriate/offensive, 64% as slightly inappropriate/offensive, and 21% as not inappropriate/offensive at all, whereas in question 2, 5% of the respondents rated it as very inappropriate/offensive, 9% as inappropriate/offensive, 66% as slightly inappropriate/offensive, and 20% as not inappropriate/offensive at all.

In question 3, where the word *cazzo* is used with an idiomatic meaning in the phrase *col cazzo*, 6% rated it as very inappropriate/offensive, 14% rated it as inappropriate/offensive, 61% as slightly inappropriate/offensive and 19% as not inappropriate/offensive at all).

In question 4, where the phrase *farsi fottere* is used with an abusive function, its perception seems to be slightly stronger, probably because of the specific contextual factors already observed: the speaker is a woman, she is speaking to pope Pius XIII, and the addressee of the vulgar phrase is God: 9% of the male respondents rated it as very inappropriate/offensive, 36% as inappropriate/offensive, 52% as slightly inappropriate/offensive and 3% as not inappropriate/offensive at all.

When used as an intensifier in the fixed syntactic frame *che cazzo*, as in questions 5 and 6 the perception of its level of offensiveness seems to be rather weak: for question 5, where the phrase is addressed to another person, only 4% of the respondents deemed it very inappropriate/offensive, 10% as inappropriate/offensive, 67%

as slightly inappropriate/offensive and 19% not inappropriate/offensive at all, whereas for question 6, where the character is talking to himself, 0% of the respondents deemed it very inappropriate/ offensive, only 5% as inappropriate/offensive, 59% as slightly inappropriate/offensive and 36% not inappropriate/offensive at all.

As far as the perception of appropriateness in relation to the age of the respondents, the results seem to reflect those related to Anglophone speakers. In fact, it would appear that the word *cazzo* is regarded as not particularly offensive by younger people, whereas older people deem it more inappropriate. In fact, for all the 5 questions where the respondents were asked to rate its use in the dubbed or original dialogues, we can observe rather high percentages of choices related to low levels of offensiveness for respondents up to 39 years old, while people over 40 years (who correspond to 67% of the respondents) displayed a tendency to rate the use of such word as offensive or very offensive. The same attitude was observed also in relation to the phrase *farsi fottere* in question 4. More specifically, similarly to Anglophone speakers, for groups of people younger than 18 or between 18 and 39 years old we find percentages higher than 60% for answers "not inappropriate/offensive at all," and around 20% for "slightly inappropriate/offensive." Conversely, for the age groups 40-59 and 60 and over the answers "very inappropriate/offensive" reach percentages close to 40% and around 35% for "inappropriate/offensive."

Finally, also the analysis of the answers related to the perception of offensiveness of the taboo words in relation to the respondents' education level shows similarity with the results obtained for Anglophone speakers. In fact, also for Italian speakers the data suggest that the respondents who have received less education do not really perceive the use of taboo words as very inappropriate/offensive, whereas the respondents with a higher level of education have a stronger perception of their level of offensiveness. In fact, the majority of the people who have a university degree or higher qualification (over 60% of them) rated the level of offensiveness of taboo words in all questions as inappropriate/offensive, and about 20% of them as very inappropriate/offensive. Conversely, people with a lower level of education generally consider the word as slightly inappropriate/offensive (around 60% of them) or not inappropriate/offensive at all (around 30% of them).

In sum, the results of the study about Italian speakers reflect those about English native speakers, So, generally speaking: 1) women appear to have a stronger perception of the level of inappropriateness/offensiveness of taboo words; 2) younger people have a weaker perception of the level of inappropriateness/offensiveness of taboo words than older people; 3) people with a lower level of education have a weaker perception of the level of inappropriateness/offensiveness of taboo words than people with a higher level of education.

In short, it appears that English native speakers and Italian native speakers do not show any significant difference in the perception of taboo language in the two series.

CONCLUSIONS

The aim of this essay was to provide a contribution to the research field on the translation of taboo language, in particular in the area of AVT in Italy. The research investigated the use of offensive words in the TV series *The Young Pope* (2016) and in its sequel *The New Pope* (2020), created and directed by Paolo Sorrentino, and in their dubbed Italian versions. The two series were chosen as the object of study of this paper because the main characters all belong to the ecclesiastic world (popes, cardinals, priests, and nuns), whose way of speaking is characterized by a rather high register, by the use of refined and recherché lexis, as well as complex syntactic constructions, and who usually display very sophisticated dialectic skills. In spite of this, they also make use of strong language. This is the reason why the presence of offensive words is particularly interesting to analyze: firstly, because people would not generally expect religious characters to swear, and secondly, because the use of offensive language seems to be in contrast with their very high register.

The study has first of all focused on the analysis of the Italian dubbed versions of the lines from the two TV series which contain offensive words. The results of the analysis revealed that all the occurrences of taboo words have been translated with corresponding Italian offensive words which maintain both the meaning and the level of offensiveness of the original dialogues. Therefore, the results are in contrast with those of previous studies, according to which in Italy there is a tendency to purge the language in dubbing and to omit, tone down and mitigate offensive words.

Secondly, the paper also analyzed the English subtitles of those lines which were originally in Italian as they were played by Italian characters and contained offensive words. Also, in this case the results appear to be in contrast with the common AVT practice of toning down or omitting swearwords more in subtitled versions of audiovisual products than in dubbed ones.

Thus, the results related to the translation of offensive language in the two series, regardless of the mode involved, indicate that the taboo words have been maintained in the target language for every single occurrence. This change in attitude seems to be perfectly reasonable, as the episodes of both *The Young Pope* and *The New Pope* were introduced by a notice that recommended the show be watched by an adult audience, who are presumably able to tolerate the presence of strong language without getting disturbed or upset.

The last part of the paper presented the results of a perception study, which involved 100 English native speakers who had seen the two TV series in their original version and 100 Italian native speakers who had watched the two series in their Italian dubbed version. The respondents were required to rate the level of offensiveness of some taboo words in a selection of lines from the dialogues. The results of the analysis indicate that English native speakers and Italian native speakers do not show significant differences in their perception of offensiveness.

The fact that the analysis of the Italian dubbed version and of the English subtitles has provided results that do not conform to common assumptions could be interpreted as an indication that practices are changing in the AVT panorama with the passage of time. Further studies are necessary to corroborate this theory.

WORKS CITED

Ávila-Cabrera, J. J. 2015. "An account of the subtitling of offensive and taboo language in Tarantino's screenplays." *Sendebar*, 6, pp. 37–56.

Ávila-Cabrera, J. J. 2023. *The Challenge of Subtitling Offensive and Taboo Language into Spanish: A Theoretical and Practical Guide*. Multilingual Matters.

Azzaro, G. 2005. *Four-letter films. Taboo language in movies*. Aracne.

Baines, R. 2015. "Subtitling taboo language: Using the cues of register and genre to affect audience experience." *Meta*, 60: 3, pp. 431–453.

Beseghi, M. 2016. "WTF! Taboo language in TV series: an analysis of professional and amateur translation." In Díaz Cintas, J., Parini, I., Ranzato, I., eds. *Ideological Manipulation in Audiovisual Translation*, Special Issue of *Altre Modernità*, pp. 215-31.

Bianchi, D. 2008. "Taming teen-language. The adaptation of Buffyspeak into Italian," in *Between text and image. Updating research in screen translation*, D. Chiaro, C. Heiss, and C. Bucaria, eds. John Benjamins, pp. 183-195.

Briechle, L. and Duran Eppler, E. 2019. "Swearword strength in subtitled and dubbed films: A reception study. Intercultural Pragmatics," 16 (4), pp. 389–420. https://doi.org/10.1515/ip-2019-0021

Bucaria, C. 2007. "Humour and Other Catastrophes: Dealing with the Translation of Mixed-Genre TV Series," *Linguistica Antverpiensia*, 6, pp. 235-254. https://doi.org/10.52034/lanstts.v6i.190

Bucaria, C. 2009. "Acceptance of the norm or suspension of disbelief? The case of formulaic language in dubbese," in *Between text and image. Updating research in screen translation,* D. Chiaro, C. Heiss, and C. Bucaria, eds. John Benjamins, pp. 149-163.

Carstensen, K. 2012. "Wie werden Kraftausdrücke übersetzt? Ein Vergleich zwischen Untertitel und Synchronisation am Beispiel von Das Fest." Aarhus Universitet, seminar paper.

Chiaro, D. 2007. 'Not in front of the children? An analysis of sex on screen in Italy' *Linguistica Antverpiensa*. Josélia Neves & Aline Remael, eds., Special Issue: *Audiovisual Translation: A Tool for Social Integration*, pp. 255- 276

Chiaro, D. 2009. "Issues in audiovisual translation," in Jeremy Munday, ed. *The Routledge companion to translation studies*, London: Routledge, pp. 141–165.

Díaz Cintas, J. and A. Remael 2007. *Audiovisual translation: Subtitling*. Manchester & Kinderhook, NY: St Jerome Pub.

Dore, M. and A. Petrucci 2022. "Professional and amateur AVT. The Italian dubbing, subtitling and fansubbing of *The Handmaid's Tale*," *Perspectives*, 30:5, pp. 876-897.

Fioretti, D. 2019. "Translating With Subtitles Lies, Dissimulation, and Censorship in The Works Of Moretti, Tornatore, and Pasolini," in P. Balma, G. Spani, eds. *Translating for (and from) the Italian Screen. Dubbing and Subtitles*, Bordighera Press, pp. 149-171.

Formentelli, M. and Ghia, E. 2021. "'What the hell's going on?' A diachronic perspective on intensifying expletives in original and dubbed film dialogue," *Textus* 34: 1, pp. 47–73.

Formentelli, M. and Monti, S. 2014. "Translating slanguage in British and American films: A corpus-based analysis." In *The languages of dubbing*, by M. Pavesi, M. Formentelli, and E. Ghia, eds. Peter Lang, pp. 168–195.

Fuentes-Luque, A. 2015. "El lenguaje tabú en la traducción audiovisual: Límites lingüísticos, culturales y sociales," *Aesla* 1, Centro Virtual Cervantes.

Galassi, G.G. 1999. "Panni da Risciacquare: Candeggio, Lavaggio, Ammorbidente," in Patou-Patucchi, S., ed. *L'Italiano del Doppiaggio. Primo Convegno per la Ricerca "L'influenza del Linguaggio Cinematografico sulla Lingua Italiana Parlata"* Rome: Associazione Culturale Beato Angelico per il Doppiaggio, pp.72-77.

Galassi, G. G. 2000. "Fottiti Amico," in Taylor, ed. *Tradurre il Cinema*. Trieste: Università degli Studi di Trieste, pp. 3-8.

Gottlieb, H. 1994. "Subtitling: Diagonal translation," *Perspectives: Studies in Translatology*, 2(1), pp. 101–121.

Holmes, J. 1992. *An Introduction to Sociolinguistics*. London: Longman.

Hughes, G. 1991. *Swearing: A Social History of Foul Language, Oaths and Profanity in English*. London: Blackwell

Ivarsson, J. and M. Carroll. 1998. *Subtitling*. Simrishamn: TransEdit.

Lakoff, R. 1975. *Language and Woman's Place*. New York: Harper & Row

Love, R. 2021. "Swearing in informal spoken English: 1990s-2010s," *Text & Talk - An Interdisciplinary Journal of Language Discourse Communication Studies*, 41(5-6). doi 10.1515/text-2020-0051

Martí Ferriol, J. L. 2005. "Estudio descriptivo y comparativo de las normas de traducción en las versiones doblada y subtitulada al español del filme *Monster's Ball*," *Puentes*, 6, pp. 45–52

McEnery, A. 2006. *Swearing in English: Bad language, purity and power from 1586 to the present*. London: Routledge.

McEnery, A. and Xiao, Z. 2004. "Swearing in modern British English: The case of *fuck* in the BNC. *Language and Literature*, 13: 3, pp. 235–268.

Pakar, Elnaz and Masood Khoshsaligheh. 2022. "American *House of Cards* in Persian: culture and ideology in dubbing in Iran," *Perspectives*, 30: 3, pp. 487-502.

Parini, I. 2013. "Translation and taboo in audiovisual works," in S. Bayo, Ní Chuilleanáin, E., O Cuillenanain, C., eds.*Translation. Right or Wrong*, Dublin: Four Courts Press, pp. 149-161.

Parini, I. 2014. "'I'm going to f****** kill you!' Translation and censorship in Mafia movies," in Iannaccaro and Iamartino, eds. *Enforcing and eluding censorship. British and Anglo-Italian perspectives*, Newcastle Upon Tyne: Cambridge Scholars Publishing, pp. 144-166.

Parini, I. 2017. "Inizia oggi il papato di Pio XIII: Multilingualism in *The Young Pope* and its Italian Dubbed Version," Rivista Luci e Ombre, Anno 4, N. 4.

Parini, I. 2019. "Inizia oggi il papato di Pio XIII. Multilinguismo nella serie TV *The Young Pope* e nella versione italiana," *Altre Modernità* , Issue 21, pp. 189-201.

Pavesi, M. and Zamora, P. 2022. "The reception of swearing in film dubbing: a cross-cultural case study," *Perspectives*, 30:3, pp. 382-398.

Pavesi, M., Malinverno, A.L. 2000. "Usi del Turpiloquio nella Traduzione Filmica', in Taylor, ed. *Tradurre il cinema*. Trieste: University of Trieste, pp. 75-90.

Ranzato, I. 2009. "Censorship or creative translation?: the Italian experience from Tennessee Williams to Woody Allen to Six Feet Under," in F. Federici, ed. *Translating Regionalised Voices in Audiovisuals*. Roma: Aracne, pp. 43-70.

Roffe, I. 1995. "Teaching, learning and assessment strategies for interlingual subtitling." *Journal of Multilingual and Multicultural Development*, 16: 3, pp. 215–225.

Santaemilia, J. 2008. "The danger(s) of self-censorship(s): The translation of "fuck" into Spanish and Catalan," in T. Seruya, & M. Lin Moniz, eds. *Translation and censorship in different times and landscapes*. Cambridge Scholars Publishing, pp. 163–173.

Soler Pardo, B. 2013. Translating and dubbing verbal violence in reservoir dogs. Censorship in the linguistic transference of Quentin Tarantino's (swear) words. The Journal of Specialised Translation, 20, 122–133.

Spadafora, A. 2007. *Inter media. La mediazione linguisstica negli audiovisivi*. Sette città.

Tartamella, V. 2006. *Parolacce. Perché le diciamo, che cosa significano, quali effetti hanno*. Milano: BUR.

Valdeón, R. A. 2022. "Latest trends in audiovisual translation," *Perspectives*, 30:3, pp. 369-381.

APPENDIX 1: QUESTIONNAIRE FOR ENGLISH NATIVE SPEAKERS

Country of origin:
- UK
- USA
- Canada
- Australia
- New Zealand
- Ireland
- South Africa
- Malta
- Other (specify)

Gender:
- Male
- Female
- Prefer to self-describe as non-binary, gender-fluid, agender
- Prefer not to say

Age:
- Less than 18
- 18-24
- 25-34
- 35-44
- 45-54
- 55-64
- 65-74
- 75 or over

Education:
- Some high school, no diploma
- High school graduate, diploma or the equivalent
- Trade/technical/vocational training
- Bachelor's degree
- Associate degree
- Master's degree
- Professional degree
- Doctorate degree

1) How do you consider the use of the word "fuck" in the following line, played by Pope Pius XIII (talking to himself) in episode 3 of *The Young Pope*: "I believe only in myself, I am the lord omnipotent: Lenny, you have illumined yourself! Fuck!"?

- o not inappropriate/offensive at all
- o slightly inappropriate/offensive
- o inappropriate/offensive
- o very inappropriate/offensive

2) How do you consider the use of the word "fuck" in the following line, played by Cardinal Voiello (talking to Pope Pius XIII) in episode 3 of *The Young Pope*: "Fuck! You were supposed to share your sovereignty with my advice and Spencer's!"?
    - o not inappropriate/offensive at all
    - o slightly inappropriate/offensive
    - o inappropriate/offensive
    - o very inappropriate/offensive

3) How do you consider the use of the word "fuck" in the following line, played by the abbess of the cloistered nuns (talking to Cardinal Voiello) in episode 4 of *The New Pope*: "Like fuck it is! The matter is not resolved at all!"?
    - o not inappropriate/offensive at all
    - o slightly inappropriate/offensive
    - o inappropriate/offensive
    - o very inappropriate/offensive

4) How do you consider the use of the phrasal verb "fuck off" in the following line, played by Ewa, Doctor Lindegard's wife (talking to Pope Pius XIII) in episode 7 of *The New Pope*: "God can fuck off"?
    - o not inappropriate/offensive at all
    - o slightly inappropriate/offensive
    - o inappropriate/offensive
    - o very inappropriate/offensive

5) How do you consider the use of the word "fuck" in the English subtitles of the following line, played by Cardinal Voiello (talking to Pope Francis II, in Italian) in episode 1 of *The New Pope*: "What the fuck are you saying?"?
    - o not inappropriate/offensive at all
    - o slightly inappropriate/offensive
    - o inappropriate/offensive
    - o very inappropriate/offensive

6) How do you consider the use of the word "fuck" in the English subtitles of the following line, played by Cardinal Spalletta (talking to himself, in Italian) in episode 8 of *The New Pope*: "What the fuck's going on"?
- o not inappropriate/offensive at all
- o slightly inappropriate/offensive
- o inappropriate/offensive
- o very inappropriate/offensive

APPENDIX 2: QUESTIONARIO PER SPETTATORI ITALIANI

Genere:
o   Uomo
o   Donna
o   Non-binario, gender-fluid, asessuato
o   Preferisco non definirmi

Età:
o   Meno di 18 anni
o   18-24
o   25-34
o   35-44
o   45-54
o   55-64
o   65-74
o   75 o più

Livello di istruzione:
o   Scuola secondaria di secondo grado (superiori): studi interrotti prima di conseguire il diploma
o   Scuola secondaria di secondo grado (superiori): diploma
o   Percorso post-diploma di formazione terziaria professionalizzante
o   Laurea universitaria (primo ciclo)
o   Laurea universitaria magistrale (secondo ciclo)
o   Master universitario
o   Scuola di specializzazione
o   Dottorato di ricerca

1) Come consideri l'uso della parola "cazzo" pronunciata da Papa Pio XIII (rivolto a se stesso, parlando con Don Tommaso) nell'episodio 3 di *The Young Pope* nella battuta "Io credo solo a me stesso. Sono il signore Dio onnipotente! Lenny, tu ti sei illuminato da solo! Cazzo!"?
    o   per niente inappropriato/offensivo
    o   leggermente inappropriato/offensivo
    o   inappropriato/offensivo
    o   molto inappropriato/offensivo

2) Come consideri l'uso della parola "cazzo" pronunciata dal Cardinale Voiello (parlando con il Papa Pio XIII) nell'episodio 3 di *The Young Pope* nella battuta "Cazzo! Lei avrebbe dovuto condividere la sovranità con il mio consiglio e con Spencer!"?

- o   per niente inappropriato/offensivo
- o   leggermente inappropriato/offensivo
- o   inappropriato/offensivo
- o   molto inappropriato/offensivo

3) Come consideri l'uso della parola "cazzo" pronunciata dalla Badessa delle suore di clausura (parlando con il Cardinale Voiello) nell'episodio 4 di *The New Pope* nella battuta "Col cazzo che è risolta!"?
    - o   per niente inappropriato/offensivo
    - o   leggermente inappropriato/offensivo
    - o   inappropriato/offensivo
    - o   molto inappropriato/offensivo

4) Come consideri l'uso dell'espressione "farsi fottere" pronunciata da Ewa, la moglie del Dott. Lindegard (parlando con Papa Pio XIII) nell'episodio 7 di *The New Pope* nella battuta "Vada a farsi fottere Dio!"?
    - o   per niente inappropriato/offensivo
    - o   leggermente inappropriato/offensivo
    - o   inappropriato/offensivo
    - o   molto inappropriato/offensivo

5) Come consideri l'uso della parola "cazzo" pronunciata dal Cardinale Voiello (parlando con il Papa Francesco II) nell'episodio 1 di *The New Pope* nella battuta "Che cazzo stai dicendo?"?
    - o   per niente inappropriato/offensivo
    - o   leggermente inappropriato/offensivo
    - o   inappropriato/offensivo
    - o   molto inappropriato/offensivo

6) Come consideri l'uso della parola "cazzo" pronunciata dal Cardinale Spalletta (parlando con se stesso) nell'episodio 8 di *The New Pope* nella battuta "Che cazzo succede?"?
    - o   per niente inappropriato/offensivo
    - o   leggermente inappropriato/offensivo
    - o   inappropriato/offensivo
    - o   molto inappropriato/offensivo

LA LETTERATURA ITALIANA OLTRE I CONFINI DELLO STATO NAZIONE
IL MEDITERRANEO E I NUOVI ITALIANI

Daniela Privitera

Nella situazione storica attuale dell'Italia, con la recente vittoria del governo di destra capeggiato dalla premier Giorgia Meloni, stiamo assistendo ad un percorso di lettura della rinascita dell'idea di patria, non scevra da pericolose derive di carattere nazionalistico, come dimostra la retorica della nazione di cui sono spesso infarciti i discorsi del capo del Governo[1]. Alla luce di queste considerazioni è lecito chiedersi se esista una differenza tra l'idea di patria e quella di nazione e quale sia il rapporto tra letteratura e patriottismo. A tal proposito, si potrebbe partire da molto lontano per riscoprire i legami tra l'idea di un'identità nazionale e quella di una letteratura che celebri i tratti peculiari, gli usi e i costumi, di quell'Italia che partita una "d'arme, di lingua e d'altare, di memorie, di sangue e di cor"[2] (Manzoni 1821) sarebbe poi diventata la Musa ispiratrice dei tanti poeti guerrieri e cantori chiamati a riflettere sulla necessità di agire, guardando a quell'orizzonte ideale del Risorgimento fino alle grandi pulsioni della Resistenza.

E tuttavia, nel lungo corso della Storia, sarebbe lecito chiedersi dove finisce l'idea di patria come mitologia letteraria e interiore e inizi quella generica di "patriottismo" che dagli Novanta in poi, fra le alterne vicende dei governi italiani a trazione destrorsa, passando per l'insidioso germe dei media e delle marce nostalgiche, hanno sostenuto "la tematica dell'equivalenza etica fra fascismo e antifascismo, fra la scelta dei "ragazzi di Salò" e quella dei partigiani, che equivale a porre sullo stesso piano la negazione della li-

---

[1] Il campo onomasiologico del termine "nazione" è risultato fra quelli a più alta frequenza nel discorso d'insediamento (25 ottobre 2022) del capo del Governo, Giorgia Meloni, che ha usato 14 volte volte il termine "nazione" e 11 l'aggettivo "nazionale". Cfr., Sky Tg 24.it in https://tg24.sky.it/politica/2022/10/25/discorso-meloni-parole-piu-usate#10. Su questo argomento vedi anche Arcangeli (2022) e Montanari (2022).
[2] Il pensiero va alla celebre ode di Alessandro Manzoni, *Marzo 1821*.

bertà e la sua difesa."(Milanesi 2014). In altri termini, ciò equivarrebbe paradossalmente a sostenere che i fascisti e i partigiani siano stati entrambi patrioti perché caduti valorosamente sul campo di battaglia italiano.

L'errata percezione che si vorrebbe istillare nell'immaginario collettivo sarebbe, dunque, quella di accomunare sotto l'egida del patriottismo partigiani e "picchiatori neri" anche in barba alle regole della lingua italiana, se è vero, che secondo la Treccani (2022), "patriota" è quella "persona che ama la patria e mostra il suo amore lottando o combattendo per essa" come ad esempio "i partigiani del Risorgimento" e, con buona pace della premier italiana, quelli che "durante la seconda guerra mondiale, furono così chiamati partigiani, specialmente nel primo periodo della lotta per la Resistenza." (*Ibidem*). Ognuno tragga le proprie conclusioni sulla storia del passato ma si noti che oggi in tempi di mistificazione linguistica parole come "patriottismo e sovranismo" appaiono come "operazioni di cosmesi lessicale che hanno rifatto il lifting al Nazionalismo, termine compromesso semanticamente dalla storia del XX Secolo e pertanto non pronunciabile. (Botta 2022). Peraltro, pur nella chiara distinzione semantica dei termini "patria" e "nazione"[3] che indicano rispettivamente la prima "un vincolo di natura culturale, politica e affettiva, emblema dell'identità, fonte dei valori […]trasmessi intergenerazionalmente"; la seconda, un valore squisitamente politico di Stato-Nazione collegato spesso al nazionalismo, inteso come "ideologia della politica di potenza da parte di uno Stato" (Treccani 2022); oggi, l'incompetenza lessicale dominante o l'assertività della politica mira, invece, all'interscambio, tant'è che si utilizza il termine "patria" come i governi coloniali usavano la parola "nazione" alla fine del 19° secolo mentre si fa

---

[3] Secondo Domenico Cacopardo, la differenza tra i due termini se non dirimente è tuttavia sottile: «patria» è espressione all'interno della quale c'è un territorio storico riconosciuto e un popolo, senza differenza di ceto, di razza, di sesso. La nazione, che per comodità viene usata come sinonimo, è certamente un concetto meno ampio e più identitario nel senso che è riferibile a una parte di coloro che condividono un'unità statuale. I partigiani si autodefinivano patrioti. I repubblichini si consideravano nazionalisti. In https://www.italiaoggi.it/news/la-patria-e-una-cosa-la-nazione-un-altra-2311918. Su questo argomento vedi anche Arcangeli, 2022; Cortelazzo, in Treccani.it 27/12/2022.

presto a chiamare "patriottismo" il proprio "nazionalismo" e nazionalismo il patriottismo altrui.

Se si considera poi, come risulta da un recente sondaggio sulla frequenza linguistica dei discorsi della premier italiana, che fra le 5 parole da lei più usate (Belpoliti 2022) ci sono "patriota e nazione", ognuno può fare le sue personali riflessioni.

Tornando al concetto di patria e ai suoi collegamenti con la letteratura, vorrei rilevare che, a parte una parentesi degli Anni '90 in cui gli scrittori italiani, in antitesi al revival nazionale delle destre sembrano opporsi o risultare insensibili all'idea di patria come espressione di individualismo esasperato, tanto che, arrivati al livello della Nazione, per loro la patria era regolarmente abbinata a connotazioni negative o quanto meno riduttive, come risulta dalle espressioni coniate da giovani scrittori: «patria senza» (Mario Fortunato), «patria piccola» (Severino Cesari), «patria come malattia» (Sandro Onofri), «patria impresentabile» (Giampiero Comolli), «patria che non c'è» (sempre Severino Cesari), ecc. (Milanesi, 2014); oggi, senza negare quella vocazione civile che è presente nella nostra letteratura, il concetto di patria veicola, invece, un più ampio significato che non può coincidere con istanze di carattere territoriale o con l'idea dei confini dello Stato-Nazione.

Alla luce di queste considerazioni, ritengo che l'idea di pluralismo e di complessità non possa essere svincolata neanche dai tradizionali cronotopi spazio-tempo in cui ogni espressione letteraria vive e si sviluppa.

In questo senso, se la nostra è una società globale e multietnica, tendenzialmente votata alla liquidità, aspaziale e con una lingua in continuo transito ed evoluzione, non si capisce perché vogliamo imporre necessariamente i confini ad una parola letteraria dal momento che già Dante — come precisa Magris — immaginava l'idea di patria come un "legame tra il proprio particolarismo (l'Arno) e la dimensione dell'universale l'(Oceano)" (Milanesi 2014).

Se la patria — sostiene ancora Magris — "è figlia della rivoluzione [...] il nazionalismo l'ha pervertita, perché la corretta idea di nazione ha un respiro universale e non si può amare la propria patria senza amare anche le altre e l'umanità intera" (Milanesi, cit.).

L'attaccamento alla patria è, dunque, culturale e non etnico-biologico. Si spiega perciò come essa da sempre abbia solcato le pagine della letteratura.

E tuttavia, se è vero, che in molti casi nel passato, la letteratura è stata pensata e utilizzata "in appoggio alla costruzioni dell'identità delle varie comunità nazionali" (Cesarani 2013, 1) oggi non è più pensabile un'idea di letteratura che non si proietti verso una dimensione sovranazionale che accolga, inglobi e si protenda verso l'altro e l'altrove.

Colonizzare ciò che è altro da noi è sempre stato l'effetto spaventoso di un "nazionalismo occidentale" (Bartholini 2016, 6) che ci ha impedito di guardare a Sud, oltre la frontiera del Mediterraneo pensando che i Sud del mondo fossero da sempre destinati ad una subalternità perenne. Oggi che le migrazioni ci hanno fatto riscoprire la natura di un Mediterraneo come spazio comune, dobbiamo prendere atto che esso è altro, nella complessità dei suoi intrecci e pertanto è altro rispetto all'Atlantico e alla "cultura atlantica del dono-veleno" (Bartholini 2016) come perenne assoggettamento. Eppure, l'imbarazzante attualità dice tutto il contrario mentre la lingua del potere conia neologismi disumani nei confronti dei migranti che arrivano e che abitano nella nostra terra: definiti "nomadi" essi sono costretti a "nomadare"[4] mentre espressioni come "selezione e carico residuale" ci ricordano i momenti neri del Novecento quando i migranti eravamo noi. (Rsch 2022)

Le barriere si infrangono, il mondo assomiglia sempre più ad un caos-mondo in cui "le identità sono multiple diasporiche meticce". (La Porta 2020).

L'idea di patria si trasforma: essa è un luogo in cui trovare accoglienza, una lingua in cui esprimersi, una casa dove abitare.

---

[4] È stata Giorgia Meloni a coniare nel 2018 questo neologismo commentando la proposta di Matteo Salvini del censimento dei rom in Italia: "Se sei nomade devi nomadare, non puoi essere stanziale", scrive la leader di Fratelli d'Italia, "Per i nomadi la nostra proposta è che si allestiscano delle piazzole di sosta temporanee dove si pagano le utenze e si sosta massimo sei mesi, dopodiché ci si deve spostare, punto". In https://www.huffingtonpost.it/2018/06/19/se-sei-nomade-devi-nomadare-meloni-dice-si-al-censimento-dei-rom-e-lancia-una-proposta_a_23462443/.

Se la lingua, dunque, è destinata a diventare una patria dell'anima forse è alla letteratura che dovremmo chiedere chi sono i nuovi patrioti.

Parlano e scrivono in italiano, vivono in Italia perché ci sono nati o perché vi sono arrivati da tanto tempo: si chiamano nuovi italiani, *migrant writers* o scrittori migranti. La loro presenza è diventata numericamente significativa contribuendo a cambiare il quadro evolutivo della letteratura italiana a partire dagli Anni Novanta. In un contesto sociale dove il multiculturalismo è il principio ispiratore del nuovo millennio e la parola scritta diventa veicolo di comunicazione interculturale, i "nuovi italiani" sono le scrittrici e gli scrittori migranti di prima e seconda generazione, già inseriti nella società italiana. Vengono dall'Africa, dai Paesi del Medio Oriente, dall'Europa dell'Est e dall'Asia e scrivono in italiano. Rappresentano il futuro della nostra letteratura con un linguaggio che cambia e sceglie la via della contaminazione, ricordando agli italiani il loro passato di emigrati. Da Carmine Abate a Igiaba Scego, da Cristiana de Caldas Brito ad Amara Lakhous, **Cristina Ali Farah** fino alla giovanissima Espérance Hakuzwimana ed altri ancora, la mappa della letteratura migrante in Italia rappresenta la voce di una minoranza che parla nella lingua della maggioranza. Il "nazionalismo metodologico" (Bartholini cit.,) però continua a pregiudicare la loro integrazione nel canone della letteratura nazionale. Non è senza significato che nelle librerie italiane i romanzi di Igiaba Scego non sono collocati nello scaffale della letteratura italiana sebbene Igiaba sia nata in Italia, abbia studiato in Italia e scriva in italiano.

"Sì, convegni, riviste, banche-dati, ma l'attenzione è confinata a un ristretto ambito accademico e a sporadiche uscite mediatiche infarcite di stereotipi" (La Porta 2019, 5). Eppure, il loro progressivo incremento non consente di ignorarne la presenza, se è vero, come rilevava il compianto Armando Gnisci (al quale si deve la creazione della banca dati BASILI[5]), che dagli anni '90 fino al 2010 il numero

---

[5] BASILI-LIMM è la Banca dati degli Scrittori Immigrati in Lingua Italiana e della Letteratura Italiana della Migrazione Mondiale fondata da Armando Gnisci (1946-2019) nel 1997 e

si è più che raddoppiato passando da 438 a 1013 con una percentuale crescente di scrittrici.

La scrittura femminile delle "nuove italiane" predilige la narrazione come forma di riscatto e la parola letteraria come potenziale risarcimento per gli abusi subiti e i dolori sofferti.

È il caso di Igiaba Scego la cui presentazione non lascia spazio ad alcun dubbio sulla sua identità:

> Io, nera romana nata all'ospedale Regina Margherita» «omala d'origine e italiana per vocazione «afro-italiana, «africana d'Occidente dall'«identità composita» di «seconda generazione» «vecchia italiana» «cittadina italiana nera».

Autrice di numerosi testi, attiva sulla rivista "Internazionale" e collaboratrice de *Il Manifesto*, Igiaba ha al suo attivo numerosi romanzi, l'ultimo dei quali è uscito in piena pandemia.

La linea del colore (2020) è un romanzo insieme storico e biografico narrato sul binario doppio del passato e del presente. Come sempre, la storia coloniale fa da sfondo nei romanzi della Scego perché rimane come ferita aperta di un razzismo mai cancellato, di un colonialismo che non passa. Ne *La linea del colore* c'è una storia al femminile che ci racconta la trama delle esistenze parallele di due donne: Lafanu e Leila. La prima è una pittrice afroamericana che da anni vive a Roma, che viene aggredita dalla folla per il suo colore di pelle, venendo messa in salvo da uno sconosciuto a cui decide di raccontare la sua vita. La seconda è Leila, la ragazza contemporanea, che, studiando il motivo dello schiavo nero incatenato presente in tante opere d'arte, intreccia i fili tra il passato e il destino suo e quello della cugina rimasta in Africa.

Nel romanzo si passa dalla macrostoria coloniale italiana di Dogali del 1887 al presente degli sbarchi e delle tristi storie di scafisti senza scrupoli; il passato si catapulta nel presente rivelando la

---

comprende scrittrici e scrittori migranti translingui e di nuova generazione. Dopo la morte di Armando Gnisci, nel giugno del 2019, la Banca Dati, accessibile sul sito di "El Ghibli", la storica rivista della letteratura italiana della migrazione, ha continuato ad essere aggiornata dalla redazione. In https://accademiadellacrusca.it/it/contenuti/basili--limm/23592.

presenza di un razzismo mai morto nei confronti di chi ha la pelle nera.

Il romanzo, nella sua complessità, affronta la questione femminile, il tema del corpo martoriato e vilipeso e quello del viaggio della speranza di ieri e di oggi che passa anche attraverso l'ipocrisia della *white saviour*.

Lo stile è quello di una scrittura materiale con punte di mimesi del parlato a tinte fosche come queste:

> Ma nella vita non si può sempre fuggire da se stessi e dai compiti ingrati estratti a sorte dal destino. Anche se a malincuore, il rosso rimase al capezzale di quella ragazza oltraggiata. E cominciò a scorrere lungo le sue cosce come un fiume in piena. (Scego 2020, 68)

Al *topos* del viaggio e alla contaminazione si rivolge invece la narrativa di Carmine Abate, calabrese di Carfizzi. Nato in seno alla comunità arbëreshë, Carmine, dopo la laurea in lettere, si trasferisce in Germania per lavoro per poi tornare in Italia dove oggi vive in Trentino.

Esponente della letteratura della diaspora, intesa come una felice condizione esistenziale in cui si annulla l'identità nazionale e ci sente cittadini del mondo, Carmine Abate dirà di sé ne *Il ballo tondo*

> Noi viviamo da cinque secoli in Calabria, siamo arbëreshe ma siamo anche calabresi [...] E noi discendenti [...] siamo tutti frutto della contaminazione, che è linguistica, culturale, e d'amore. La contaminazione è la caratteristica dei miei libri... Ma una contaminazione vissuta come una ricchezza, e non come perdita dell'identità originaria. (Abate 1991)

"Vivere per addizione"[6] è la somma dell'identità plurale che, nella narrativa di Carmine Abate, ci viene raccontata attraverso una lingua sapientemente ibridata su un *code mixing* tra italiano e tedesco che egli chiama "germanese" È lo stesso autore ad affermare che

---

[6] La definizione è usata dallo scrittore per indicare la ricchezza della condizione del migrante che somma alle proprie radici quelle nate e acquisite negli altri luoghi.

il plurilinguismo e l'ibridazione fanno parte dei mondi che narro, quello dell'emigrazione della minoranza arbëreshe del Sud. Sono la voce stessa, e dunque l'anima, dei miei personaggi, ciò che nelle mie intenzioni li dovrebbe rendere vivi, persone in carne e ossa. Quando mi imbatto in parole o frasi arbëreshe, calabresi o ibride, mi accorgo spesso che sono loro che mi risvegliano delle storie. A questa lingua "contaminata" sono arrivato attraverso l'esperienza concreta che ho vissuto sulla mia pelle: di madrelingua arbëreshe, vissuto a lungo in Germania, dove ho esordito nel 1984, e ora in Trentino, scrittore in italiano. (Pegoraro 2005)

La scrittura per Carmine è, dunque, la patria dell'anima così come la dimensione esistenziale è perennemente in *between* come si rileva dal romanzo, *Tra i due mari* (2002), che si sviluppa attorno al tema del viaggio come *nostos* e formazione intergenerazionale e interculturale.

Dal Mediterraneo, luogo di crocevia, di scambi e di emigrazioni proviene anche l'Algerino Amara Lakhous, autore del celebre *Scontro di civiltà per un ascensore in piazza Vittorio* (2010) romanzo apripista della narrativa della migrazione, destinato a riscuotere un notevole e successo. A metà strada tra la commedia e il poliziesco, ambientato a Roma in uno dei quartieri più multietnici, il plot del romanzo svela, capitolo dopo capitolo, la radiografia dell'Italia contemporanea e del complesso atteggiamento nei confronti dell'alterità da parte degli Italiani ancorati a visioni razziste non solo verso i migranti ma perfino nei confronti degli stessi italiani.

Costruito come un giallo, in realtà il romanzo spazia fra tre ambiti narratologici: la commedia all'italiana (Comand 2010); la letteratura della migrazione; la letteratura gialla, rivelando una qualità stilistico-espressiva di assoluto rilievo sia nella sintassi che nelle citazioni letterarie che spaziano da Freud a Sciascia, fino al gioco del titolo mutuato dal noto *Lo scontro delle civiltà e il nuovo ordine mondiale* di S. Huntington 1999.

Innamorato della nostra lingua Lakhous ha motivato così le sue ragioni di scelta dell'italiano:

> Ero cittadino della lingua italiana. La lingua è come la madre. Ti ama perchè sei figlio. Per imparare la lingua non sono necessari visti, passaporti, Schengen, permessi di soggiorno. (Calabretta-Sajder 2016)

Scego, Lakhous, Abate sono solo tre esempi di "quell'orizzonte migratorio planetario (a partire dalla Grande Migrazione degli anni '80), che ridefinisce lingue, culture, codici, identità." (La Porta, cit).

La vita, in fondo, è nella mobilità e la grande lezione che ci viene dalla storia è che le migrazioni sono sempre state alla base della civiltà. (La Porta 2022, 9). Accadde anche per un grande impero come quello romano: lo racconta Seneca che, mandato in esilio da Claudio, per consolare la madre scriveva nella *Consolatio ad Helviam matrem*:

> Cambiare residenza è un naturale bisogno dell'anima: l'uomo infatti ha un indole inquieta: va di qua va di là. Sapete perché? Perché siamo composti di materia celeste non solo terrena e la natura dei corpi celesti sta nel continuo movimento. Tutti noi siamo come le stelle che illuminano il mondo. Nessuna di esse è ferma. Che significano le città greche sorte in mezzo ai paesi barbari? E la lingua macedone tra i Persi e gli Indi? L'Asia è piena di Ateniesi i Greci si sono introdotti in Gallia e i Galli In Grecia. Nessuno è rimasto nel luogo dove è nato: incessante è il peregrinare dell'uomo. Percorriamo tutta la terra: nessun luogo è straniero all'uomo. (Seneca VI 1,3)

Cosa mai vorrà dire, dunque, oggi la parola "patria"?

Mi chiedo se essa sia il posto dove viviamo e ci troviamo in qualunque parte del mondo o "l'impero del sangue, della stirpe e della Nazione" (Montanari 2022).

"Parlare, governare, decidere in nome degli italiani in quanto nazione oggi significa negare le differenze sociali, culturali, religiose, politiche in nome di una unità metafisica e fatale (Montanari, cit.) di fronte alla quale l'unica patria che possiamo immaginare è quella che dovrà venire perché come diceva Ernst Bloch, "la vera patria non esiste ancora, perché essa è il mondo liberato dall'ingiustizia e dall'oppressione" (Milanesi, cit.)

BIBLIOGRAFIA

Abate, Carmine. *Il ballo tondo*, Milano: Mondadori, 1991.
_____. *Tra due mari*. Milano: Mondadori, 2002.
_____. *Vivere per addizione*. Milano: Mondadori, 2010.
Belpoliti, Marco. "Giorgia Meloni e il potere delle parole", La Repubblica, 4 novembre 2022" in https://www.repubblica.it/commenti/2022/11/04/news/linguaggio_meloni_il_potere_delle_parole-372953453/ (consultato il 13/11/2022).
Bartholini Ignazia." La violenza mediterranea e il Mediterraneo nella testa". In *Violenza di genere e percorsi mediterranei*, Guerini e associati 2015 in https://iris.unipa.it/handle/10447/125332 (consultato il 10/09/2022).
Botti, Alfonso. "Meloni, Vox e le metamorfosi del nazionalismo", 19 ottobre 2022 in https://volerelaluna.it/controcanto/2022/10/27/giorgia-meloni-il-destino-della-nazione-e-il-marchio-del-fascismo/ https://www.rivistailmulino.it/a/meloni-vox-e-le-metamorfosi-del-nazionalismo (consultato il 10/11/2022).
Calabretta-Sajder Ryan. "Amara Lakhous: da scrittore a rivoluzionario del giallo" in *Italica*,vol.93,no.4,winter2016,pp816+.*GaleLiteratureResource Center*, link.gale.com/apps/doc/A495721170/LitRC?u=anon~2d90d401&sid=googleScholar&xid=9a4386ea. (Consultato il 13/01/2023).
Comand, Maria Pia. *Commedia all'italiana*. Milano: Il Castoro, 2010.
Lakhous Amara. *Scontro di civiltà per un ascensore a Piazza Vitto*rio. Edizioni e/o, 2006.
Milanesi, Claudio. "Patria senza, patrie smarrite, nuove idee di patria : neopatriottismo e libertà nella cultura italiana alla fine della Prima repubblica", in "Italies" [Online], 6 | 2002, online dal 09 juillet 2009, URL: http://journals.openedition.org/italies/1858; DOI: 10.4000/italies.1858 (consultato il 27 novembre 2022).
Montanari, Tommaso. Giorgia Meloni, "Il destino della Nazione e il marchio del Fascismo" 27/10/2022 in
http://www.caritasudine.it/2022/11/09/il-poeta-afghano-fawad-meloni-sbagli-a-chiudere-litalia/ (consultato il 29/10/2022).
Cesarani, Remo. "Storie letterarie e identità nazionale. Italia, Ungheria, Polonia" in *Nuove storie letterarie sovranazionali sulla scena mondiale* 1 https://ojs.unica.it› (consultato il 20/10/2022) Poi anche in versione ridotta cfr., *Fictions* [12(2013): 13-28].
"Linea meloni sui migranti. Murgia: parole agghiaccianti" in https://www.rsi.ch/news/mondo/Linea-Meloni-sui-migranti-Murgia-Parole-agghiaccianti-15774964.html 10 novembre 2022. (consultato il 17/11/2022).

La Porta, Filippo. "Non si è mai scrittori in patria" "La Repubblica" 18 novembre 2019 in https://ricerca.repubblica.it/repubblica/archivio/repubblica/2019/12/18/non-si-e-mai-scrittori-in-patria31.html (consultato il 15/11/2021).

―――. "Nessun luogo è straniero all'uomo: signori patrioti ripassate Seneca." *Il Riformista* 15 novembre 2022.

Scego, Igiaba. *La linea del colore*. Giunti/Bompiani, 2020 (ebook).

Pegoraro, Paolo. "Carmine Abate: se la scrittura diventa patria", 2005. http://www.carmineabate.net/festaletture2.htm (consultato il 31/10/2022).

Dee, Brigantesse, Bagnarote e Scrittrici
Il Mediterraneo delle donne tra mito, storia e letteratura

Daniela Privitera

Parlare oggi di una letteratura di genere che svolge un peso rilevante nel quadro geopolitico del Mediterraneo significa interrogarsi sul ruolo che le donne hanno svolto nella costruzione di una identità mediterranea, fondata sullo scambio di idee in cui le diverse culture finiscono per arricchirsi reciprocamente.

La storia del Mediterraneo, antico e moderno, abbonda di donne non più relegate nell'ambito domestico, Penelopi viaggianti che decidono di spostare l'asse di un immaginario collettivo non più e non solo focalizzato sull'Universo maschile.

Tuttavia, da sempre la Storia, (scritta dall'Uomo) le ha silenziate.

Lungo la linea che oscilla tra letteratura e storia tante sono le testimonianze lasciate da donne, le cui vicende, se non hanno la pretesa della soluzione alle piaghe di questo mare, vanno però ricordate e interpretate.

Quello delle donne mediterranee può essere letto allora come il controcanto della differenza nella mappa geopolitica di un Mediterraneo dominato dall'arroganza fallocentrica dell'universo maschile.

Educate da sempre a silenziare sé stesse, subordinate ed eliminate dalla Storia che le ha sempre relegate all'assenza, le donne, oggi, viste dalla prospettiva maschile, appaiono ribelli da punire e da identificare con l'Altro. Ma se nell'Altro, per dirla con Cacciari e Cassano "l'alterità è limitrofa alla soggettività" perché "è proprio affermando la mia differenza con l'Altro, la mia singolarità che io sono con lui e l'altro diviene l'inseparabile cum" (Cacciari 2003, 25) diventa necessario il confronto e il diritto di parola contro "quel muro del suono che per troppo tempo ha intimidito chi è donna rendendola afona anche nel compito di testimoniare" (Bellucci 2020, 1).

La storia del Mediterraneo sembra essere lo scenario ideale per un confronto che non conosce confini, muri o barriere da innalzare violando la sua natura di limen come di una frontiera porosa (Cassano, 1986: 53) in cui la divisione è anche un tratto comune, l'identità si specchia nell'alterità e il femminile non si oppone al maschile ma lo genera e lo completa.

L'anima del Mediterraneo, se ci volgiamo alla storia e al mito, è donna come donna è la stessa Europa il cui nome mitico si riferisce alla bella principessa fenicia di cui s'invaghì Zeus che, trasformatasi in toro, dopo averla rapita e fecondata, la portò sull'isola di Creta al centro del Mediterraneo, delineando il primo territorio appartenente all'odierno continente europeo.

Il mito rappresenta la migrazione tra Oriente ed Occidente e il nome di Europa, che venne poi dato ai territori occidentali, riflette, in generale, questo spostamento. Alle donne tutte mediterranee rimandano i miti di Scilla, Persefone, Partenope a cui, se aggiungiamo le storie di Medea e Antigone e molte altre scopriamo l'intima connessione che le lega tra di loro: la ribellione al tradimento e l'opposizione al potere.

Dee, donne mortali, adolescenti coraggiose, mogli tradite, sono tutte accomunate dalla consapevolezza che la differenza può portare alla destabilizzazione dell'autorità e alla riconquista della voce che si fa parola.

In questo senso, Omero affida alle donne-simbolo, seduttrici per eccellenza, come le sirene, la malia del canto che attrae gli uomini non tanto per il loro corpo quanto per la somma conoscenza di ogni cosa che si traduce nel possesso della verità. Come si ricorderà, infatti, nell'*Odissea*, le Sirene promettono all'uomo dal multiforme ingegno la somma conoscenza di ogni cosa come si legge nel XII libro:

> Noi conosciam / ma non avvien su tutta la […] terra / nulla che ignoto oscuro a noi rimanga
>
> *Odissea*, vv. 251-253

Compagne di Persefone ma punite da Demetra per non essersi opposte al rapimento della figlia, le Sirene furono trasformate in uccelli. Da allora, si narra — nell'incerto e complesso mito che le avvolge — che avrebbero preso il volo verso la Sicilia per andare alla ricerca della vergine rapita e relegata nell'Ade per volere di Plutone.

Simbolo di solidarietà e indipendenza femminili, le sirene come *topos* interculturale resistono "perché hanno voce per cantare e ali per volare" (Zecchi, 2017:1) fino a quando non segnano il passaggio dal Mito alla Storia e i primi incerti passi di un inconscio sociale: quello della civiltà occidentale attraverso i secoli.

Ammansite ma mai domate, le Sirene riemergono nell'immaginario collettivo dell'epoca cristiana ove però né loro né il loro magico canto godono di ottima fama. Per vari convergenti motivi e con una punta di misoginia, Giustino Martire, Clemente Alessandrino, Ippolito di Roma e altri le demonizzano o le trattano da meretrici. Costrette a parlare un linguaggio indistinto sottoposto alla lingua del potere maschile, il loro canto non ammalia ma seduce, perché le sirene come le donne vere non parlano ma si muovono solamente: sono reificate, mercificate, ridotte a corpo, a oggetto o al massimo a stereotipo di donne madri, mogli, amanti, angelo o vamp.

Le sirene diventano mute e il loro canto regredisce al silenzio perché così le vuole la società maschilista. Eppure, in quello spazio geo-simbolico del *mare nostrum*, in quel luogo chiuso, delimitato tra le terre ove l'equilibrio dei poteri ha da sempre determinato un contrasto tra dominanti e dominati, il femminile ha attraversato una rete complessa di opposizioni. Riconosciuta e identificata come l'essenza perenne dell'alterità e il simbolo della differenza rispetto alla cultura egemonica dell'uomo, "la donna mediterranea da un lato ha sofferto la condizione di doppia emarginazione (per essere donna e per essere mediterranea)" (Zecchi, 15) dall'altro, ha rivendicato la consapevolezza della propria differenza accorciando le distanze dal potere maschile o semplicemente ribellandosi allo stereotipo di sesso debole.

La natura femminile del Mediterraneo emerge allora attraverso una presa d'atto della propria alterità che, tuttavia, non va letta solo in direzione opposta a quella maschile, ma piuttosto come una terza via segnata da quello che Kristeva definiva "il tempo delle donne."[1]

A ben vedere e lungo l'evoluzione del pensiero, l'opposizione duale maschio / femmina si è sempre svolta lungo gli assi temporali del tempo storico e di quello ciclico rispettivamente legati alla supremazia maschile del potere che è lineare, progettuale, che parte da un inizio e volge verso una fine, cioè alla morte; al contrario di quello femminile legato alla biologia, al ripetersi della natura, all'idea di ritorno e quindi alla vita. Nel processo di affrancamento dal suprematismo maschile le donne, tuttavia, hanno erroneamente imparato la lingua del patriarcato rinunciando alla loro singolare libertà e negando valore alla loro specifica natura. Nella sua opposizione al patriarcato, la donna o ha inseguito e imitato l'uomo, cercando di sostituirlo o ha rivendicato la propria differenza individuabile nella ciclicità vitale. Entrambi gli atteggiamenti hanno determinato una visione conflittuale della società che, tutt'al più, ha prodotto un rovesciamento sessista (D'Aprile 2012).

La direzione percorribile indicata dalla Kristeva individua, invece, una terza via realizzabile dalle donne. In altri termini, dall'incontro tra il tempo lineare e teleologico maschile con quello ciclico femminile nascerebbe una rete di intersezioni tra sfere di valori culturali differenti "in una esperienza collettiva di intersoggettività" (Zecchi, 15) che proprio nel mare nostrum sembra ritrovare il suo naturale dispiegarsi.

Nel Mediterraneo, infatti, luogo simbolo di scontro e di opposizione, "i contrasti si inaspriscono e si placano, intorno alle donne" (*Ibidem*).

Parallelamente, l'area mediterranea è quella dove le opposizioni si consumano tra burqa e minigonne, divorzio e harem, sottomissione e indipendenza.

---

[1] La Kristeva con questa definizione che dà il titolo a un suo famoso saggio, *Le temps des femmes* (1979), introduce una concezione singolare del femminismo basato sul superamento dell'idea oppositiva tra tempo ciclico e tempo lineare in funzione di una nuova dimensione non coercitiva ma intersoggettiva. Per questo argomento oltre al saggio originale della Kristeva, vedi anche Cori, (2012); Marino e Spani (2017); D'Aprile (2012, Tesi di laurea).

Il Mediterraneo nasce e si sviluppa su una storia di lotta e di libertà che scrive e parla da sempre con la voce femminile: da Sherazade, a Miriam Makeba, dalle donne operaie del Meridione alle ragazze di Tunisi o di Gaza, e oggi di Teheran, alle giornaliste, scrittrici e registe unite da una resistenza trasversale e comune a tutto il Mediterraneo che lo scrittore tunisino Tahar Jean Belloun ama definire

> […] una madre abusiva, che noi amiamo malgrado tutto […]. E che ha un seno abbondante dove ci piace rifugiarci soprattutto quando il sangue fratricida sgorga a fiotti. (Giulierini 2021)

Una storia di sangue e di lotta è anche quella che i libri omettono, emarginando doppiamente la memoria e l'operato di donne che, accanto agli uomini, hanno combattuto i soprusi e pagato con la vita per essere state figure anomale di rottura: mi riferisco alle donne brigantesse diffuse nel sud Italia ai tempi della questione meridionale.

Dal Lazio alla Sicilia, in un contesto storico che è quello successivo all'Unità d'Italia, la protesta del sud contro la piemontesizzazione non ci viene raccontata solo dalle pagine memorabili della letteratura verista, ma anche da storie tragiche ed esemplari, come quelle delle brigantesse,[2] dimenticate dagli storici di professione.

Risolute e determinate, efferate a volte più dei loro compagni queste donne furono definite, dai Piemontesi, 'drude' ossia femmine di malaffare. In realtà, quello delle brigantesse, era il più delle volte il dramma di donne disperate che scelsero di seguire i loro uomini sulla montagna, svolgendo un ruolo attivo nella dilagante rivolta contadina accomunata dalla protesta contro leggi inique come la tassa sul macinato e sul sale. Fra i nomi più noti c'è quello di Michelina de Cesare, abile e indefessa casertana compagna di Francesco Guerra, catturata dopo la morte del compagno, seviziata e uccisa dai Piemontesi, che ne esposero il corpo nudo e martoriato

---

[2] Per questo argomento si veda Pagliaro (Brigantesse, carnefici e vittime del nuovo regno - 9Colonne https://www.9colonne.it › brigantesse-carnefici-e-vittim.
Catozzella, Giuseppe. *Storie di brigantesse*. "L'osservatore Romano" in osservatoreromano.va.

al pubblico perché servisse da minaccioso monito a chi infrangeva le regole dello Stato.

Va rilevato che il fascino delle brigantesse invase anche la letteratura se si pensa che Carlo Levi in *Cristo si è fermato ad Eboli* parla di Maria Lucia Di Nella, lucana d'origine, amante del brigante Ninco-nanco che, dopo l'uccisione del compagno, ebbe miglior sorte in quanto fu processata e condannata a dieci anni di carcere Mittoro: 2019). Scrive Levi:

> Questa Maria a' pastora, di Pisticci, era una donna bellissima, una contadina e viveva con il suo amante, in giro per i boschi e le montagne depredando e combattendo, vestita da uomo sempre a cavallo. Dopo l'uccisione di Ninco-Nanco, [...] era scomparsa col suo cavallo, nel bosco, e non s'era mai più saputo di nulla.

E storia di coraggio e determinazione tutta al femminile approdata al cinema è quella delle quattro brigantesse siciliane Errè, Maria, Lucia e Ciccilla, impegnate nel riscatto di un Sud derubato delle proprie ricchezze quando Garibaldi e i piemontesi sbarcarono sull'isola. Nel film *Il mio corpo vi seppellirà* (2021), il regista Giovanni La Parola, rileggendo in modo originale le pagine del brigantaggio siciliano, rivisita la storia degli ultimi attraverso la componente femminile raccontando, in un western siciliano dalle sfumature pulp, memorie storiche di donne dimenticate.

Un universo femminile volitivo e determinato è quello delle meridionali "donne del mare" passate alla storia come "le donne che portano pesi".

Si tratta di figure antiche, antenate (secondo alcuni) delle Cariatidi (donne di Caria — come testimonia Vitruvio — costrette dai Greci, dopo l'espugnazione della cittadina ad espiare le colpe dei loro concittadini portando sul capo pesi enormi) che hanno suscitato l'interesse del mito e della letteratura di tutti tempi. (Mittoro, 2019) Instancabili lavoratrici e commercianti, facevano la spola tra la Calabria e la Sicilia commerciando sale ed altre vivande, con enormi gerle sulla testa, attraversando luoghi impervi e resistendo ai soprusi dei militari. Donne astute e conoscitrici delle regole del mercato, contribuirono a migliorare l'economia della Calabria, sfidando pregiudizi e convenzioni. Mitiche, risolute lavoratrici e indipendenti, erano le donne di Bagnara Calabra, note come Bagnarote, che hanno popolato memorabili pagine della nostra letteratura: Corrado Alvaro scrive della Bagnarota come di una

> donna che pare una schiava da liberare. Non è neppure la schiava dell'uomo: è, con lui, la schiava della necessità. (...) Vi sono donne che hanno una fatica ben più dura: le donne del popolo in genere, del popolo meridionale in ispecie: sono le donne che portano pesi. (Mittoro 2019)

Cesare Pavese rimase affascinato da "Le donne che si pettinano in strada, ma viceversa tutte fanno il bagno [...] e le anfore le portano in bilico sulla testa."

Bartolo Cattafi dedica alle *Donne di Bagnara* una lirica omonima sottolineando il carattere deciso, intraprendente e "femminista"

> Matriarche con chiome corvine
> ...
> Pare che dicano al comandante
> tutte insieme con l'indice puntato:
> "su questo mare vira
> Da questa parte,
> falla corta e veloce
> non scocciare
>   (*L'aria secca del fuoco*)

Una variante siciliana della bagnarota calabra è quella che Stefano d'Arrigo designa come *femminota*, donna sensuale e determinata, a metà tra l'operaia e la sirena come si legge in *Horcynus Orca*:

> Il loro stile di vita, stile mascolo cioè di buscarsi la vita, consistette sempre in arraffamento di sale franco a Messina... le femminote sono deisse[...] femminote e fere [...] , perché discendevano tutte e due, per gradi, dalle sirene. (Mittoro 2019, ibidem)

Ha il profumo del gelsomino, invece, la vittoria delle gelsominaie nella piana di Milazzo, costrette, per sopravvivere, a raccogliere il delicato fiore con la schiena ricurva e i piedi nel fango per ore, di notte: storie di dolore e di sfruttamento pagate a 25 lire per oltre 10.00 fiori raccolti. (antudo.info: 2021)

Il coraggio delle gelsominaie conobbe, un riscatto destinato a rimanere nella storia, contagiando le analoghe condizioni di altre donne del mare come le raccoglitrici di olive della Puglia insieme ad altre colleghe del Sud (rainews.it 2021). Nell'agosto del 1946, infatti, la lavoratrice milazzese, Grazia Saporita a capo delle compagne organizzò uno sciopero che determinò la rivolta nella piana di Milazzo. La protesta produsse i suoi frutti e le condizioni di lavoro delle gelsominaie migliorarono mentre la Saporito fu eletta come rappresentante sindacale. Era il 1975.

Il punto di vista delle donne, nel corso del Novecento, ha conosciuto evidenti progressi e "in un contesto mediterraneo acquista particolare complessità il discorso relativo alla condizione delle donne, assimilabile ad altre categorie di colonizzati" (Fiume 2009, 3)

Con la consapevolezza della differenza e la presa d'atto delle mutate condizioni politiche nella sponda sud del mediterraneo, le donne hanno ancora una volta tentato di riscrivere la loro storia riappropriandosi della parola che, da voce e grido, diventa scrittura come narrazione e testimonianza.

Non è senza significato, pertanto, che dal mondo sommerso e sottomesso, si sia alzata la narrazione di una vera e propria letteratura mediterranea al femminile, come rivolta contro tutte le forme di integralismo dei fratelli e dei padri "islamici:" mi riferisco ad Assia Djebar, scrittrice e regista algerina che ha scelto di raccontare l'universo delle donne maghrebine sepolte in casa ed escluse dalla scrittura. All'Egitto e alle sue ribelli voci femminili, appartengono invece le *Carte private di una femminista*, diario autobiografico degli Anni Sessanta di Latifa al-Zayyāt, scrittrice *engagè*, più volte in carcere per la difesa dei diritti e impegnata in prima linea con il movimento studentesco egiziano.

Nella traiettoria femminile del Mediterraneo narrato, la Sicilia occupa un posto particolare fra gli eccessi di un matriarcato domestico e la volontà di riscatto di certe scritture femminili.

Quando Sciascia[3] affermava che in Sicilia molti mali sono imputabili al potere delle donne che esercitano il loro dominio in casa, lasciando all'uomo quello sociale ed esterno, probabilmente, non aveva torto nel riconoscere al matriarcato siciliano non tanto l'originario significato di una società matrilineare priva di gerarchia, ma piuttosto l'idea morbosa e malata del mammismo che altro non è che una forma di perpetuo maschilismo, dalla parte delle donne, fondato sull'emulazione del potere e non sulla sua sovversione.

E tuttavia, ciò non ci autorizza a pensare al grande scrittore siciliano come ad un misogino contrario al femminismo se è vero che fu proprio lui a riconoscere la graduale emancipazione della donna in seguito allo sbarco angloamericano in Sicilia. A credere nella forza delle parole femminili, peraltro, era stato proprio Sciascia a cui si deve la riscoperta di una delle scrittrici siciliane dimenticate come Maria Messina alla quale egli riconobbe la capacità di svelare il vuoto di "quella piccola ed infima borghesia siciliana"[4] e soprattutto il merito di aver eletto a materia privilegiata delle sue pagine la condizione della donna siciliana. Supportata da Verga e Borgese ma presto abbandonata dall'editoria e dal pubblico, la Messina fu scrittrice di racconti e romanzi dedicati alla condizione della donna siciliana della quale ella tratteggia i tentativi di riscatto, la denuncia degli abusi, le conseguenze della ribellione ai costumi.

Particolare rilievo assume nell'opera messiniana, l'eros femminile rappresentato come forma di emancipazione e riscatto della donna, che, tuttavia, per il contesto storico in cui visse e operò la scrittrice, non doveva avere un'accoglienza positiva (Muscariello 2009).

---

[3] Il pensiero va alla nota intervista rilasciata all' "Espresso" nel 1974 quando lo scrittore affermò: "Ritengo che molti mali della Sicilia siano imputabili al dominio femminile. La donna consiglia viltà, opportunismo, prudenza. E l'uomo obbedisce" Cfr. Repetti in huffingtonpost.it, 28/12/2020.
[4] La citazione è tratta dalla Nota alla terza edizione al romanzo di Maria Messina *Casa paterna* (Sellerio) pubblicata poi nel 1990 ove Sciascia aveva scritto " C'è anzi quantitativamente e in qualità, il preciso disvelarsi dello stesso orizzonte umano e sociale che inesauribilmente Pirandello veniva cogliendo e consegnava alle *Novelle per un anno* [...] : la piccola e infima borghesia siciliana e, dentro l'angustia e lo spento grigiore di una tal classe, la soffocante e angosciante condizione della donna" (60-61).

Romanzo simbolo, a tal proposito è *Un fiore che non fiorì* in cui si narra di Franca Gaudelli, una ragazza che vive a Firenze ed è animata da propositi emancipazionisti e intraprendenti. Franca, scollata fin troppo e con una "zazzera" arruffata al posto delle "borghesi acconciature," "sorella spirituale di tutte le signorine moderne" (come la definisce l'autrice) in merito ai rapporti con l'altro sesso, mostra una disinvoltura che collide con l'idea di convenzionalità vigente fino a poco tempo prima. Giunta in Sicilia, si innamora di Stefano. L'uomo però, integrato nel sistema sessista e patriarcale della Sicilia dell'epoca, pur amandola, la tiene lontana "condizionato da un modello di femminilità legato alla tradizione, del tutto subordinato all'autorità del maschio" (Ferlita 2017).

Tra le voci femminili del Novecento mediterraneo, a raccontare storie di donne, è anche la scrittrice Silvana La Spina. Animata da un'umoralità rabbiosa come quella dei luoghi siciliani, teatro dei suoi romanzi, la scrittrice vocata naturalmente verso una sorta di ibridazione e nomadismo, proietta tale dinamismo in uno stile poliedrico che passa dall'asciuttezza tipica della prosa sciasciana alle ridondanze stilistiche di una lingua barocca, carica di ricercatezze. Intransigente e determinata contro la corruzione e l'ingiustizia, La Spina è scrittrice prismatica interessata alle meditazioni sulla giustizia, al mancato illuminismo della ragione che rimprovera al popolo siciliano come si legge nel romanzo *La creata Antonia*, e si schiera contro la rassegnata acquiescenza al Potere. Narratrice di donne soprattutto siciliane "in una terra ammorbata dalla presenza di madri luttuose e terribili", la scrittrice si sofferma sui casi come quella della *Creata Antonia*, brutta storia di una monacazione forzata e di una rivoluzione mancata per passare a *Uno sbirro femmina*, ove la protagonista è una donna forte e coraggiosa che critica la società dei mariti violenti, della Chiesa e della mafia e di ogni sistema fondato sul maschilismo.

"La Spina restituisce donne che condensano il trauma della Storia. I loro corpi soffrono, combattono, manifestano gli effetti del Potere, uscendo da rappresentazioni stereotipe" (Todesco 2020) come quello di Penelope, la mitica moglie di Ulisse che, rinunciando al mito e alla sua sacralità, ci svela la sua vita nell'ombra, all'ombra di

Ulisse. È quella di La Spina, la Penelope usata, stuprata, offesa, impotente e sottomessa al destino degli altri, l'icona del mito e della Storia che l'ha creata e voluta così perché cosi è stato scritto dall'Uomo. Ella, tuttavia, è anche una Penelope capace di affrancarsi, di andare oltre il mito per riscriverne un altro liberando sé stessa per uscire finalmente dall'ombra ingombrante di Ulisse.

Quelle di Maria Messina e di Silvana La Spina sono solo due delle voci femminili che dal Mediterraneo si sono levate per rompere il muro del silenzio: ma le sconfitte e le vittorie delle donne passano attraverso una parola moltiplicata che è impossibile sintetizzare e che ha i volti e i nomi di Dacia Maraini, Franca Viola, Letizia Battaglia, Simonetta Agnello Hornby e di molte altre figlie di una terra di luce e di lutto che si specchia sulle onde di un mare eterno.

La storia delle donne è, in fondo, legata al miracolo della parola, quella stessa che salvò Sherazade dal suo sicario e che continua a testimoniare i percorsi di una traiettoria femminile tutta in divenire.

E tuttavia, "riflettere oggi su e del Mediterraneo, significa approdare anche ad una riflessione sulla violenza di genere a partire dal paradigma mediterraneo di «onore e vergogna» che performa quelle relazioni di genere e in cui «l'uso della violenza sulle donne può diventare (tragicamente) un orizzonte emozionale e politico della coesione interna» (Bimbi 2016, 9), come oggi sta accadendo alle donne ribelli e martoriate che combattono contro il regime iraniano.

Fino a quando non riusciremo a demolire l'idea che Sud significa sottomissione e subordinazione, la violenza di genere, che è anche mediterranea e patriarcale, pretenderà che le sirene dovranno rimanere per sempre mute e il destino di Sherazade sarà quello di morire per mano del suo sicario.

Bibliografia

Bellucci Franca. (2020) *Le donne e il Mediterraneo: "mare amaro." Divagazioni* in htLtp://www.istitutoeuroarabo.it/DM/le-donne-e-il-mediterraneo-mare-amaro-divagazioni/ (consultato il 23/09/2021).

Bimbi, Franca. "Onore-vergogna. Il ritorno di un paradigma mediterraneo nel dibattito europeo" in *Violenza di genere e percorsi mediterranei. Voci, saperi e uscite* in reserchgate.it (2016) a cura di Ignazia Bartolini.

Cacciari, Massimo. *Geofilosofia dell'Europa*, Milano: Adelphi, 2003.

Cassano, Franco. *Il pensiero meridiano*, Roma-Bari: Laterza, 2007.

Cattafi, Bartolo. *L'aria secca del fuoco*, Milano: Mondadori, 1972

D'Aprile, Annalisa *Corporeità e maternità in Julia Kristeva*, Università degli Studi Roma TRE (Tesi di laurea), 2012.

Di Cori, Paola. *Asincronie del femminismo (1986-2011)* Firenze: Edizioni Ets, 2012.

Fiume, Marinella. *Scritture di donne lungo il mediterraneo (da ieri a oggi)* in "Senecio" a c. di Emilo Piccolo Napoli: Saggi, enigmi, apophoreta, 2009 in http://www.senecio.it /sag/ (consultato il 15/10/2021).

Giulierini Paolo. *Stupor mundi*, Milano: Rizzoli, 2021.

Kristeva, Julia. *Le temps des femmes.* (1979) Poi in "Women's Time" Author(s): Julia Kristeva, Alice Jardine and Harry Blake Source: *Signs* Vol. 7, No. 1 (Autumn, 1981): 13-35. Published by: The University of Chicago Press Stable URL: http://www.jstor.org/stable/3173503 Accessed: 23-08-2017 13:14 UTC.

Marino Marco e Giovanni Spani (a cura di). *Donne del Mediterraneo. Saggi interdisciplinari.* Firenze: Società editrice Fiorentina, 2017.

Messina Maria. *Casa paterna*, Palermo: Sellerio, 1981.

_____. *Un fiore che non fiorì*, (1923 Prima edizione), Roma: Edizioni Croce, 2017.

Mittoro, Carmelita. (2019). *Donne del Mediterraneo: il mito e la storia* in apostrofiasud.wordpress.com

Repetti, Manuela (28/12/2020) *Quando Sciascia parlò del dominio femminile, causa dei mali di Sicilia* in Huffingtonpost.it (consultato il 16/09/2021)

Todesco Serena. Silvana La Spina in http://www.enciclopediadelledonne.it/biografie/silvana-la-spina/ (consultato il 13/09/2021).

SITOGRAFIA

La storia di Milazzo e delle gelsominaie 8 aprile 2021 in rainews.it.
Le gelsominaie di Milazzo. Il primo sciopero delle donne siciliane 28 marzo 2021, in antudo.info.

Dal passato al presente
Esperienze sulla valorizzazione della cultura architettonica mediterranea

Giuseppe Scravaglieri

Premessa

L'allestimento espositivo di un museo archeologico, il restauro della facciata di una chiesa settecentesca e la progettazione di una nuova piastra di copertura a tutela di antichi resti archeologici, rappresentano una occasione per riflettere sul tema della valorizzazione della cultura architettonica mediterranea e sulle strategie di conservazione del patrimonio artistico, attraverso tre possibili modalità di intervento sul territorio.

Due di queste esperienze sono state condotte nell'ambito della specifica attività professionale d'architettura, l'altra, invece, è stata elaborata nel corso di un'attività didattica con gli studenti di un Liceo Artistico.

Questi progetti, realizzati in Sicilia, esattamente nelle città di Centuripe (EN) e di Paternò (CT), sono stati eseguiti prima, durante e dopo la pandemia, e hanno assunto valore testimoniale verso l'evoluzione di tutti i mutamenti sociali e culturali che negli ultimi anni hanno inevitabilmente segnato le nostre abitudini.

Valutando comparativamente queste tre esperienze emergono alcune questioni che da sempre sono state centrali all'interno del dibattito sulla valorizzazione del patrimonio artistico-culturale, ovvero:

- come relazionarsi con il passato e recuperare il nostro patrimonio artistico (il progetto di restauro);
- come fruire nel presente del nostro patrimonio artistico (il progetto museografico);
- come consegnare alle generazioni future il nostro patrimonio artistico (il tema della tutela e della progettazione anche di elementi architettonici nuovi per proteggere i siti archeologici).

Naturalmente questi temi sono particolarmente complessi e spesso controversi. Attraverso questo lavoro si vogliono offrire alcuni spunti di riflessione attorno a questi argomenti.

Tutela, Restauro, Esposizione: **TRE** *esperienze sulla valorizzazione dei Beni Culturali*

1: L'allestimento espositivo al secondo piano del Museo Civico di Centuripe, realizzato prima dell'epidemia, riguarda il tema del progetto museografico per la fruizione dei preziosi reperti rinvenuti nel territorio circostante. L'esposizione è stata pensata in modo da valorizzare il rapporto tra reperto e paesaggio attraverso un insieme organico di teche integrate con le numerose bucature presenti nell'edificio: da queste ampie superfici finestrate emergono i caratteri tipici del paesaggio mediterraneo dentro straordinarie viste panoramiche dominate dalla dirompente presenza dell'Etna e dalla vastissima valle in cui scorre il fiume Simeto.

2: I lavori sulla chiesa del XVIII secolo, avvenuti durante la pandemia, sono stati finalizzati al restauro conservativo dei prospetti. Gli interventi eseguiti hanno riportato a vista la pietra calcarea, mentre lo strato di finitura dell'intonaco è stato rifatto sull'intera facciata, utilizzando sabbia locale e calce idraulica. Durante questa esperienza è stata condotta una ricerca sulle tradizioni locali, dalle tecniche costruttive ai materiali utilizzati, il cui esito è stato probabilmente favorito da una sorta di sospensione temporanea delle ordinarie consuetudini a seguito della pandemia. Questa surreale circostanza, in cui sono prevalsi i tempi della riflessione piuttosto che i ritmi frenetici delle fasi lavorative, ha eccezionalmente premiato quelle strategie che possono arrestare la deriva sempre più globale verso cui è avviata la tradizione locale.

3: Il progetto di una piastra di copertura è stato elaborato con gli studenti di un Liceo Artistico, subito dopo la pandemia, per tutelare le rovine archeologiche rinvenute sulla collina storica di Paternò. L'attuale sistema di protezione è stato fortemente danneggiato da atti vandalici. La nuova piastra di copertura, pensata in acciaio corten, è stata modellata da feritoie per intravedere i resti archeologici, e da modanature per evidenziare sulla superficie di rivestimento le giaciture dei frammenti murari. Le tracce delle rovine sono state sigillate per sempre tra le pieghe della struttura metallica e rappresentano le ferite che si sono accumulate nel tempo e che faticano a rimarginarsi per le mancate azioni di tutela e per l'inaspettato arrivo della pandemia. A metà strada tra scultura e architettura, la piastra è un elemento plastico che sensibilizza le nostre coscienze per consegnare al futuro i segni del passato.

"Per ottenere qualcosa bisogna inventare dei rapporti" (Scarpa 1964)

La ricerca architettonica di Carlo Scarpa, una delle figure più emblematiche del Novecento, rappresenta la migliore introduzione al tema che riguarda il dialogo tra passato e presente.

Le sue architetture costituiscono una fonte inesauribile che alimenta gli sforzi progettuali di coloro che vogliono risolvere il rapporto tra innovazione e preesistenza.

Tra le tante straordinarie realizzazioni del maestro veneziano, in questa particolare circostanza si fa riferimento all'allestimento della Galleria Regionale di Palazzo Abatellis, eseguito a Palermo tra il 1953 e il 1954. Esso è stato un riferimento costante per i lavori che saranno successivamente descritti.

Il ritocco architettonico di Scarpa al restauro che i soprintendenti Mario Guiotto e Armando Dillon dirigono nel dopoguerra, è circoscritto ad un numero limitato di interventi che si rivelano particolarmente significativi. Nell'opera di Scarpa l'attenzione ai particolari è meticolosa, "[...] non si può parlare di un dettaglio ma *del* dettaglio come di un luogo obbligato, unico, come principio e fine della composizione [...]" (Purini 1992).

È interessante riscoprire l'allestimento di Palazzo Abatellis attraverso il percorso narrativo condotto recentemente da un'artista contemporaneo: Stefano Graziani (2019), un fotografo che con i suoi scatti svela l'abilità dell'architetto nel comporre una esposizione sempre sorprendente, alternando pragmatismo, perizia, manualità tecnica e astrazione.

Stefano Graziani sembra aver perfettamente recepito la lezione di Scarpa e le sue fotografie ne rivelano l'essenza: la forza materica della scala interna, caratterizzata da gradini monolitici a sezione esagonale poggiati su una doppia trave metallica, l'accordo pieno tra la delicata plasticità che Francesco Laurana conferisce al ritratto di Eleonora d'Aragona e il cromatismo astratto dello sfondo, gli improvvisi tagli luminosi che irrompono lungo il percorso, l'ampio respiro dello spazio che accoglie *Il Trionfo della morte* per essere ammirato da due distinti punti di vista, la collocazione itinerante della bellissima *Annunziata* di Antonello da Messina che conquista il centro dell'ambiente espositivo.

"I dettagli hanno il compito di esprimere ciò che l'idea progettuale di fondo esige in quel determinato punto dell'oggetto: unione o disgiunzione, tensione o leggerezza, attrito, solidità, fragilità... I dettagli, quando riescono felicemente, non sono una decorazione. Non distraggono, non intrattengono, ma inducono alla comprensione del tutto, alla cui essenza necessariamente appartengono" (Zumthor, 1998).

Le relazioni tra interno ed esterno, figura e sfondo, luce e ombra, concretezza e astrazione, stabilità e transitorietà, rappresentano solo alcuni episodi dell'esposizione.

"Per ottenere qualcosa bisogna inventare dei rapporti, diceva Carlo Scarpa, alludendo all'irreprimibile necessità di comporre che un architetto avverte costantemente: "anche nella progettazione di un semplice spazio cubico intervengono dei piccoli ragionamenti, un alfabeto, forse una grammatica", affermava ancora Scarpa.

I percorsi progettuali di cui si parla nei successivi paragrafi, tentano di rivelare la natura e la genesi di quei rapporti che Scarpa reputa fondamentali per ottenere un significativo risultato architettonico.

L'allestimento espositivo al secondo piano del Museo Civico di Centuripe

La costruzione del Museo Civico di Centuripe è stata avviata a metà degli anni Cinquanta, i lavori di esecuzione si sono protratti per molti anni e solo nel 2000 la struttura è stata inaugurata. Invece, la realizzazione dell'allestimento espositivo al secondo piano dell'edificio museale è avvenuta nel 2005.

Il contesto territoriale in cui è inserito il Museo riguarda il centro abitato di Centuripe (EN) che è collocato a circa 750 mt d'altitudine; il tessuto urbano si sviluppa lungo i crinali di un rilievo collinare che appartiene ai monti Erei e la forma della città, particolarmente suggestiva, è riconducile ad un segno antropomorfo o ad una stella marina.

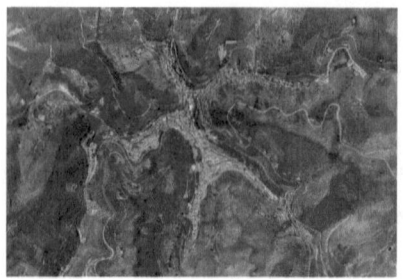
1 - *Centuripe (EN). Immagine tratta da google earth*

2 - *Museo Civico di Centuripe (EN)*

L'imponente volumetria dell'edificio museale è ubicata in corrispondenza dell'ingresso della città provenendo da Catania ed è costituita da sei livelli di piano, occupa una superficie di circa 500 mq, si eleva isolata, libera su tutti e quattro i fronti esterni e contrasta con le dimensioni dei fabbricati vicini. Appare come un fuori scala rispetto al contesto, ma dalla sua collocazione, sul versante orientale del rilievo collinare, è possibile ammirare una meravigliosa veduta panoramica con la presenza dominante dell'Etna.

La struttura museale raccoglie i reperti rinvenuti nel territorio circostante durante le campagne di scavi condotte a partire dai primi anni del XX secolo; di particolare interesse sono le terrecotte decorate con pittura policroma dell'età ellenistica e l'insieme di statue provenienti dal tempio degli Augustali, testimonianza della romanità.

3 - *Museo Civico di Centuripe, 2° piano. Stato di fatto*

4 - *Museo Civico di Centuripe, 2° piano. Stato di progetto*

Le mutate esigenze di allestimento al secondo piano del museo hanno suggerito la decisione di rimuovere le strutture espositive preesistenti (previste originariamente dall'architetto Franco Minissi per l'esposizione dei cosiddetti falsi Centuripini) a favore di nuovi contenitori espositivi caratterizzati da una maggiore flessibilità. Inoltre, è stata rimossa la pavimentazione originaria che presentava segni di degrado, mentre le pareti interne e il soffitto erano già intonacati e necessitavano semplicemente di una raschiatura e di una stuccatura per predisporre le superfici ad un nuovo trattamento di colore.

L'impianto di illuminazione è stato potenziato introducendo un sistema di fibre ottiche come corpi illuminanti.

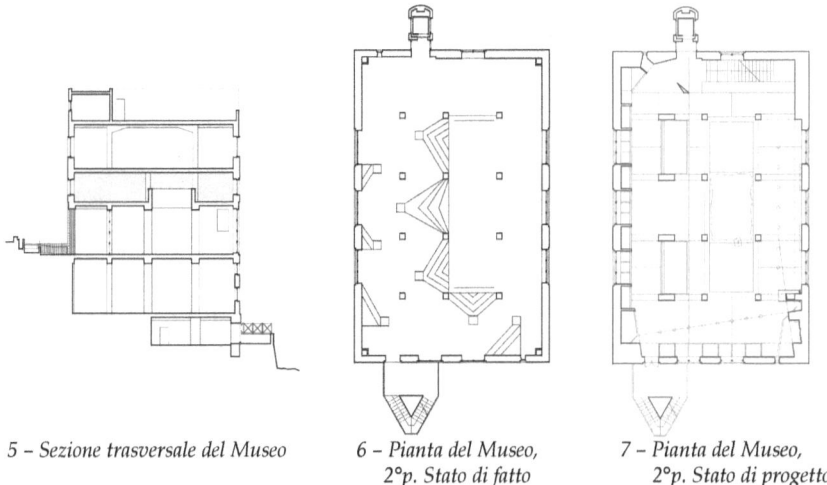

5 – Sezione trasversale del Museo   6 – Pianta del Museo, 2°p. Stato di fatto   7 – Pianta del Museo, 2°p. Stato di progetto

Le teche espositive sono state realizzate con pannelli di legno multistrato in rovere sbiancato, lastre di cartongesso, lastre di cristallo temperato, profili scatolari in acciaio e in alluminio anodizzato; per quanto riguarda la pavimentazione è stato utilizzato un autolivellante a base di cemento e resine epossidiche di colore bianco posto in opera su un nuovo massetto di sottofondo in calcestruzzo.

La suggestiva vista panoramica, che è possibile apprezzare attraverso le ampie finestre, ci ha spinto ad integrare la regolare sequenza delle bucature, distribuite lungo i quattro fronti del fabbricato, con le pareti espositive, così da alternare l'esposizione di frammenti archeologici all'esposizione di scorci paesaggistici. Il rapporto tra reperto e paesaggio rappresenta il motivo portante dell'allestimento museografico che trova, infatti, una perfetta sintesi nell'integrazione organica tra le pareti perimetrali dell'edificio e la struttura espositiva delle teche. L'incremento di spessore delle pareti perimetrali è dunque riconducibile ad un sistema architettonico che funge sia da tamponatura che da contenitore.

8 – *Parete espositiva meridionale e teche centrali*

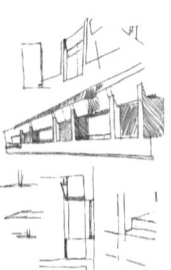

9 – *Disegni preliminari.*
Parete espositiva meridionale

La netta contrapposizione tra il carattere asettico dell'intervento e il valore materico dei reperti alimenta una singolare rievocazione del passato che risulta proiettato in uno spazio bianco e privo di consistenza, come se fosse l'interno di una nuvola. È soprattutto il bianco della pavimentazione che restituisce questa dimensione ovattata e surreale, la stessa che si percepisce quando, durante i mesi invernali, la nebbia offusca l'abitato. Come nei dipinti di Piero della Francesca, il tempo sembra essere sospeso e i reperti archeologici sembrano trovare una collocazione indefinita, priva di coordinate temporali. Così, all'interno dello spazio espositivo prende corpo una componente astratta che stride fortemente con la valenza materica dei reperti in terracotta, che grazie a questo contrasto, emergono rispetto al contesto e conquistano l'intera scena espositiva.

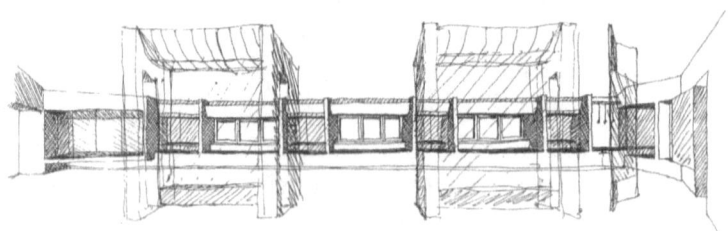

10 – *Disegni preliminari. Teche centrali e parete espositiva meridionale*

La pavimentazione, inoltre, rivela il disegno della trama sottile costituita dai giunti di dilatazione annegati nello spessore della resina; queste geometrie riportate sul piano di calpestio svelano l'organizzazione compositiva e distributiva delle teche e dei percorsi all'interno dell'ambiente.

La scelta tipologica delle teche è stata pensata in modo da evitare una meccanica ripetizione dei contenitori espositivi. Infatti, in corrispondenza degli angoli, le teche si differenziano variando con improvvise rotazioni e leggeri aggetti, sufficienti a trasformare la continuità della parete in episodi alternativi e in soluzioni dove prevale un moderato e sobrio gioco di volumi.

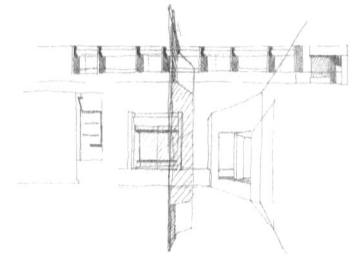

11 – Disegni preliminari. Pannelli didascalici d'ingresso

12 – Pannelli didascalici d'ingresso

Al piano espositivo si giunge attraverso una rampa di scale a vista o tramite un ascensore esterno; entrambi i sistemi d'accesso condividono la stessa area di sbarco che è stata disimpegnata da un sistema ligneo a tutt'altezza, in pianta di forma triangolare e con uno sviluppo verticale caratterizzato da una composizione di pannelli didascalici, funzionalmente riconducibile sia a un supporto informativo, sia ad una sorta di deviatore per orientare la fruizione dei percorsi espositivi.

13 – Teca centrale sospesa

14 – Teca centrale sul percorso distributivo intermedio

Nello spazio centrale sono state collocate due ampie vetrine per ospitare, con estrema flessibilità, i grandi corredi funerari. Questi grandi contenitori espositivi insistono sulla seconda campata longitudinale, esattamente contenuti tra una fila di pilastri e un percorso distributivo intermedio.

Il percorso permette di vedere il retro delle vetrine e l'intero spazio a tutta altezza coincidente con la terza campata longitudinale, dove è inserita, sospesa, una grande teca che contiene una vera e propria ricostruzione tombale. La ricostruzione è stata realizzata in modo fedele al rilievo metrico dello scavo, con la simulazione del suolo e delle pareti del sito in cui è stato rinvenuto l'intero corredo, evocando una sorta di sterro archeologico.

L'ala orientale del museo è stata pensata per allestimenti temporanei e per contenere tre teche mobili predisposte per esporre le lapidi e le urne funerarie del periodo imperiale, a conclusione di un *iter* caratterizzato da una sequenza cronologica cominciata con i rinvenimenti del periodo arcaico.

L'angolo immediatamente precedente le teche mobili, è occupato da un elemento espositivo particolarmente significativo, infatti ha una collocazione prospettica privilegiata per mettere in mostra, con particolare enfasi, una interessante scultura elevata a ruolo di cerniera nel passaggio dal periodo ellenistico a quello romano.

 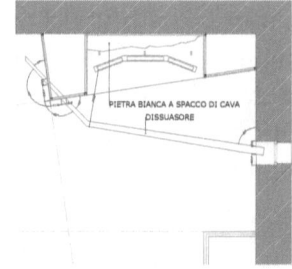

15 – Angolo espositivo nord-occidentale

16 – Disegno esecutivo.
Angolo espositivo nord-occidentale

Questa sorta di testata contiene al suo interno una lastra di pietra tagliata a spacco di cava, come se fosse una quinta per la messa in scena di uno dei principali protagonisti del museo.

L'esaltazione di questo gruppo scultoreo induce lo spettatore a riflettere sui caratteri fondanti delle discipline plastiche, sollecitato dal dialogo ravvicinato tra la scultura e il frammento di cava retrostante che evoca sia lo stato embrionale di una potenziale opera d'arte, sia la frizione che si genera tra idea e materia.

Il conflitto temporale tra antichi corpi vascolari e nuovi volumi espositivi, sempre ricorrente in un intervento museografico, si risolve attraverso un linguaggio moderno e contemporaneo, caratterizzato da frequenti contaminazioni e forme ibride, nella convinzione che un'opera d'architettura debba rappresentare il proprio tempo e che sia possibile e auspicabile coniugare passato e presente, tradizione e innovazione, particolare e generale.

"Il comporre moderno è in definitiva una critica radicale dell'organicità, una critica che si è articolata in collages, bricolages, assemblaggi, scritture automatiche, contaminazioni e incastri temporali, monologhi interiori capaci di trasportare nel loro flusso i più disparati reperti linguistici e le più contrastanti memorie" (Thermes, 2000).

Il restauro della Chiesa Madre dell'Immacolata Concezione a Centuripe

I lavori eseguiti sulla chiesa Madre dell'Immacolata Concezione riguardano il restauro e il risanamento conservativo dei prospetti, sia delle superfici intonacate che degli apparati decorativi.

Anche questa chiesa settecentesca si trova nella città di Centuripe, esattamente in una posizione baricentrica rispetto all'impianto urbano. La chiesa domina il centro abitato, sia per l'imponente volumetria, sia per la centralità della sua collocazione e gode di un fantastico affaccio panoramico che abbraccia l'intero paesaggio: il versante occidentale dell'Etna, la valle del fiume Simeto e la piana di Catania.

17 – *Centuripe (EN). Chiesa dell'Immacolata Concezione*

Il progetto della chiesa Madre risale intorno ai primi decenni del XVII secolo; nel 1728 è stata aperta al culto ma il prospetto principale è stato ultimato solo nel XIX secolo.

La pianta della chiesa è a croce commissa, è divisa in tre navate, ciascuna costituita da cinque campate e con tre absidi all'estremità delle navate; l'abside centrale ospita l'altare principale dove un tempo vi era un organo a canne. La volta a botte della navata centrale è scandita da lunette e il claristorio è costituito da dieci finestre rettangolari, mentre le campate delle navate laterali sono sormontate da volte a vela. Inoltre, all'interno della navata centrale, è presente un pulpito in legno, di forma semicilindrica e con intarsi e bassorilievi finemente lavorati.

Il prospetto principale riprende il tema della facciata a campanile, tipico della tradizione barocca siciliana, ed è costituito da tre ordini: il primo è riconducibile ad un rettangolo proporzionato in modo che la base sia il doppio dell'altezza, ovvero la somma di due quadrati; il secondo e il terzo ordine hanno un andamento rastremato e sono iscrivibili dentro un triangolo equilatero il cui lato è pari al lato del rettangolo del primo ordine, al netto delle paraste laterali. Il terzo e ultimo ordine contiene la nicchia del campanile ed un orologio sottostante.

Due elegantissime volute raccordano il primo e il secondo ordine, dove vi è una finestra sormontata da un timpano; invece, la divisione tra il secondo e il terzo ordine è demarcata da un pronunciato cornicione. Il campanile, collocato al vertice della facciata, presenta quattro nicchie che fungono da siti per le campane: uno, come già detto, sul fronte principale, uno sul retro e due laterali.

La porzione di facciata corrispondente alla navata centrale presenta un delicato andamento curvilineo e conferisce al prospetto un evidente effetto plastico; l'allineamento delle paraste, sovrapposte nei vari ordini, accentua i valori plastici del prospetto e conferisce a quest'ultimo un notevole slancio verticale.

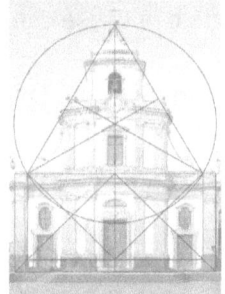  

18 – *Schema compositivo del prospetto*   19 – *Prospetto principale. Degradi*   20 – *Prospetto principale. Ponteggio*

Gli ingressi, con portoni in legno, sono tre: quello centrale, sormontato da un timpano curvilineo e i due laterali, riconoscibili per le finestre lobate soprastanti. Sul prospetto principale le superfici intonacate sono contenute all'interno dell'apparato decorativo, costituito da un insieme lapideo in pietra calcarea; in corrispondenza dell'attacco a terra è presente, invece, un basamento in pietra lavica. Il sagrato è sopraelevato di quattro gradini rispetto alla piazza antistante la chiesa.

Le superfici dei prospetti laterali e della zona absidale sono interamente intonacate, presentano la cappuccina lungo la linea di gronda e un basso rivestimento in pietra lavica lungo la linea di terra.

Il tetto è caratterizzato da falde inclinate con il manto di copertura in coppi e canali, sia in corrispondenza della navata centrale che in quelle laterali, e anche sulle absidi e sul tiburio.

La fase del rilievo architettonico ha rappresentato una tappa fondamentale per comprendere l'opera architettonica nella sua totalità; attraverso questa operazione preliminare è stato possibile approfondire tutti i valori e i livelli di conoscenza dell'organismo architettonico, da quelli dimensionali a quelli costruttivi, da quelli formali a quelli culturali.

L'osservazione del manufatto può considerarsi il primo passo del rilievo; segue la comprensione e, infine, la restituzione grafica della struttura architettonica. Attraverso numerosi sopralluoghi, un'attenta campagna fotografica e una scrupolosa operazione di misurazione, è stato possibile acquisire un sufficiente grado di comprensione della chiesa per definire le sue patologie e le cause che le hanno generate.

Durante l'intervento di restauro è stata tolta manualmente la vegetazione infestante e, successivamente, sono stati rimossi muschi e licheni; le operazioni di pulitura sono proseguite con la rimozione

21 – *Rimozione di materiali Incongruenti*   22 – *Rimozione di materiali incongruenti*   23 – *Stilatura con calce naturale*

dei depositi superficiali. Lo strato di finitura dell'intonaco è stato rifatto sull'intera facciata utilizzando materiali locali; nelle porzioni di superficie interessate da umidità di risalita è stato applicato un fondo deumidificante ad elevata porosità, igroscopicità e traspirabilità, a base di pura calce idraulica naturale e pozzolana extrafine.

Queste lavorazioni sono state eseguite durante un periodo in cui si sono manifestate tante difficoltà per l'emergenza pandemica in corso, ma alcuni aspetti dell'emergenza si sono rivelati vantaggiosi; infatti, la ripresa graduale dei ritmi lavorativi e le lunghe attese dovute all'approvvigionamento dei materiali da costruzione, hanno permesso di destinare più tempo ai momenti di riflessione, alla ricerca di soluzioni alternative, alla revisione delle campionature e alla verifica di alcune scelte progettuali.

Questa circostanza può ritenersi davvero straordinaria rispetto alle ordinarie consuetudini organizzative di un'impresa di costruzioni che solitamente si trova a rincorrere i tempi delle lavorazioni previste in cronoprogramma. Così, tra i drammi della pandemia e l'auspicio di ritrovare al più presto la normalità, è stato possibile condurre, assieme all'impresa di restauro, anche una ricerca sulle tecniche locali per la realizzazione di un intonaco tradizionale.

   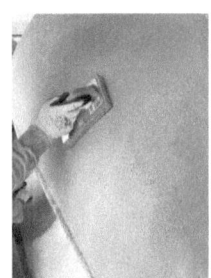

24 – *Sabbia locale*   25 – *Sabbia e calce idraulica*   26 – *Intonaco tradizionale*   27 – *Intonaco tradizionale*

L'esito di questa indagine ci ha indotto a rifare lo strato di finitura dell'intonaco utilizzando, sull'intera facciata, sabbia locale e calce idraulica, piuttosto che ricorrere all'impiego di intonaci preconfezionati, certamente performanti, ma incapaci di restituire la specificità del luogo. Alla perfetta uniformità dell'intonaco, espressione di un diffuso conformismo, sono stati preferiti gli effetti cangianti del colore, manifestazione di un'eccentricità dialettale; all'imposizione di una visione globale è prevalsa la reazione e il riscatto della tradizione locale.

Sui materiali lapidei, invece, sono state effettuate lavorazioni per la rimozione meccanica di stuccature eseguite durante interventi precedenti con materiali incongruenti, quali cemento e composti resinosi; inoltre, sono stati rimossi i depositi superficiali coerenti, concrezioni, incrostazioni e macchie solubili, così da intervenire con la sigillatura delle lacune e delle stilature utilizzando malta eco-compatibile e di pura calce naturale.

Gli interventi eseguiti hanno valorizzato e riportato a vista la pietra calcarea presente nell'imponente apparato decorativo che per anni è stato interamente ricoperto da una malta cementizia.

A restauro ultimato, la chiesa si è presentata con tutti i segni e le imperfezioni che il tempo ha inflitto sulle superfici e che inevitabilmente si manifestano col trascorrere degli anni; potremmo dire che in facciata si sono manifestate quelle rughe che gli interventi precedenti avevano cercato di correggere applicando uno strato di materiali incongruenti e rendendo irriconoscibile l'autentico volto della chiesa.

28 – *Prospetto principale antecedente l'intervento di restauro*   29 – *Prospetto principale a restauro ultimato*

Le modanature, gli elementi plastici e i giunti, finalmente alleggeriti da velature cosmetiche, non presentano più l'esattezza di un disegno artificioso e quella linearità che la malta cementizia aveva conferito a tutto l'apparato decorativo; la rimozione di questa patina correttiva ha restituito la naturale espressività della decorazione lapidea, a tratti logorata, un po' disallineata, leggermente intaccata, ma originale, vera e schietta.

L'intervento di restauro si è dunque orientato verso processi che hanno operato per sottrazione, in modo da liberare un'immagine architettonica che rifiuta la bellezza come espressione di un canone convenzionale e promuove, invece, la bellezza dell'incompiuto.

La progettazione di una nuova piastra di copertura a tutela di uno scavo archeologico a Paternò

P.L.A.T.E. (Progettare l'Ambiente, tutelarlo efficacemente), ovvero "piastra" in italiano, è il nome del progetto elaborato dagli studenti del Liceo Artistico Mario Rapisardi per proteggere i resti archeologici emersi sulla collina storica di Paternò (CT), visto che l'attuale sistema di protezione è stato fortemente danneggiato da atti vandalici.

Collocato a ridosso dell'Etna, sul versante sudoccidentale e in prossimità del fiume Simeto, il colle di Paternò è un vulcano preistorico; rappresenta la parte più alta della città, dove si è sviluppato il nucleo originario del centro abitato, ma tra il XIV e il XV secolo la collina si è spopolata e l'impianto urbano si è insediato nella pianura sottostante, conoscendo una grande espansione.

Sulla collina sono presenti i monumenti storici più rappresentativi della città etnea: il Castello normanno, la monumentale scala d'accesso settecentesca e diversi edifici religiosi, tra cui la chiesa di Santa Maria dell'Alto e il complesso di San Francesco.

30 – *Collina storica di Paternò (CT).*
Immagine tratta da google earth

31– *Collina storica.*
Sopralluogo dello scavo archeologico

In prossimità della chiesa di Cristo al Monte, nello spazio prospicente la chiesa di Santa Maria dell'Alto, sono state condotte delle esplorazioni archeologiche che hanno portato alla luce diverse tracce che risalgono sia al periodo ellenistico-romano, sia a quello medievale.

In collaborazione con l'associazione Archoclub d'Italia *Iblamajor* e sotto la supervisione della Soprintendenza di Catania, l'Istituto d'Istruzione Superiore Mario Rapisardi, con gli studenti del Liceo Artistico (indirizzo Architettura e Ambiente), ha avviato un percorso di alternanza scuola-lavoro, finalizzato alla progettazione architettonica di una piastra a copertura dello scavo archeologico.

Chi scrive ha coordinato gli studenti in questo progetto, partecipando alla IV Biennale dei Licei Artistici Italiani; il lavoro è stato selezionato anche per essere esposto alla mostra del concorso che si è tenuta a Roma presso lo spazio polifunzionale *WeGil*, all'interno del bellissimo edificio razionalista progettato dall'arch. Luigi Moretti nei primi anni Trenta.

Le prime fasi di lavoro hanno visto coinvolti gli studenti in approfondimenti sulla storia della collina di Paternò e sugli sviluppi successivi del centro abitato. In questa fase di avvio del progetto si sono organizzati diversi sopralluoghi e parecchi incontri con l'associazione *Iblamajor* che ha fornito un contributo prezioso, soprattutto per quanto concerne le informazioni di carattere storico-culturale.

Successivamente, con gli studenti e alla presenza del funzionario della Soprintendenza di Catania, è stato eseguito un rilievo metrico dettagliato dello stato dei luoghi.

Durante le ore di laboratorio, con la prof.ssa Mariagrazia Cammisa, docente di discipline progettuali-architettura e ambiente, è stata eseguita la restituzione grafica del rilievo ed è stato realizzato un plastico dell'area di studio per valutare le soluzioni preliminari della piastra di copertura.

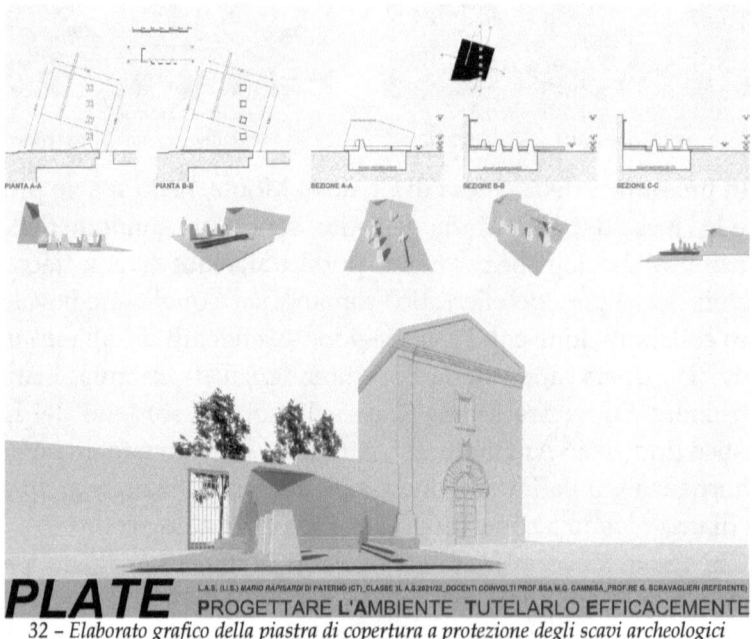

32 – *Elaborato grafico della piastra di copertura a protezione degli scavi archeologici*

Questa fase di lavoro è stata sottoposta a continue revisioni delle proposte progettuali; tutti gli studenti hanno messo a confronto le proprie idee e sono maturate importanti riflessioni sui problemi compositivi, sui caratteri tipologici, sui particolari costruttivi e sui valori plastici della copertura.

L'operazione di sintesi conclusiva da cui è scaturita la versione finale della nuova piastra di copertura, ha visto prevalere una soluzione architettonica pensata in acciaio corten: una struttura metallica modellata come un origami, in cui sono presenti feritoie e bucature per osservare lo scavo archeologico.

La piastra, riconducibile ad un rettangolo proporzionato secondo il rapporto di uno a tre, dissimula la propria forma iniziale attraverso rotazioni e piegature determinate dalla volontà di trovare una precisa corrispondenza tra le modanature visibili sulla superficie della copertura e le giaciture dei frammenti murari presenti all'interno dello scavo archeologico.

Si genera, così, un dialogo tra passato e presente, trascritto accuratamente sulla copertura come fosse una pagina metallica; una trascrizione che registra definitivamente le tracce del passato per consegnarle al futuro e che lega intimamente la piastra e il luogo dello scavo archeologico.

"Il progetto di architettura si radica in un luogo. Assume e conferisce senso a un luogo. Assume le condizioni del luogo in cui si colloca, che siano le regole della costruzione urbana o i caratteri del paesaggio naturale. Le trasforma nel momento in cui la nuova costruzione lega a sé tali regole, o caratteri, in una nuova unità" (Monestiroli, 2006).

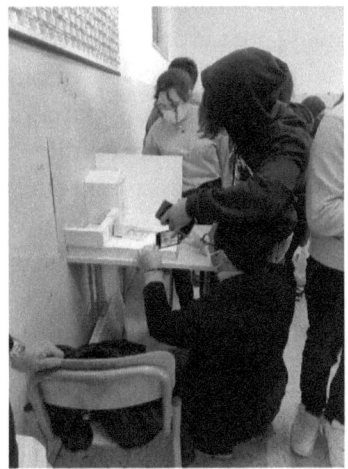
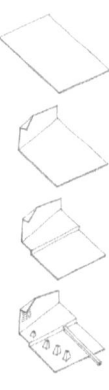

33 – *Fase di realizzazione del plastico*   34– *Schema compositivo del progetto*

35 – Plastico del progetto

Un altro tema compositivo che è stato affrontato è l'ineludibile conflitto che scaturisce dalla necessità di tutelare e dalla volontà di svelare: la piastra protegge buona parte dell'area di scavo, ma, contemporaneamente, le rotazioni e le piegature lasciano liberi alcuni varchi che permettono di intravedere i reperti archeologici.

Per rendere più esplicito questo argomento, si prenda in considerazione la celebre *Annunciazione* di Palazzo Abatellis, dove abbiamo precedentemente ripercorso l'esposizione esemplare di Carlo Scarpa. Antonello da Messina risolve sapientemente la contrapposizione tra protezione e rivelazione, infatti la Vergine viene rappresentata proprio nel momento in cui si presenta di fronte a lei l'Arcangelo Gabriele, il quale non viene rappresentato, ma la sua improvvisa apparizione è resa esplicita da un fascio di luce spirituale proiettato sul volto della Madonna, che reagisce istintivamente, serrando il suo velo con una mano coll'intento di proteggersi, e distendendo l'altra nel tentativo di distanziare un ospite sconosciuto. Allo stesso tempo, l'espressione del viso rivela esplicitamente la consapevolezza del suo destino e l'inevitabilità di dover interagire con l'interlocutore che l'ha colta di sorpresa. Questa duplice esigenza, una istintivamente finalizzata a proteggersi, l'altra consapevolmente orientata ad aprirsi, trova nel dipinto un naturale equilibrio.

La stessa tensione, provocata da volontà contrapposte, è altrettanto riconoscibile nella piastra di copertura, dove la superficie d'acciaio corten si comporta esattamente come il velo della Vergine e, non a caso, l'elaborazione di questo progetto con gli studenti è avvenuto parallelamente allo studio sul rinascimento, in particolare su Antonello da Messina.

La piastra si può considerare un'opera a metà strada tra scultura e architettura, e con un debito nei confronti della pittura: un dialogo tra passato e presente che ha investito anche gli aspetti compositivi e assottigliato quelle frontiere interdisciplinari che normalmente separano pittura, scultura e architettura.

36 – Plastico del progetto

37 – Antonello da Messina
Vergine Annunciata,1475
olio su tavola, 46×34 cm
Palermo
Galleria Regionale della Sicilia
di Palazzo Abatellis

Passato, presente e futuro

Sovrapponendo l'allestimento del Museo, il restauro della Chiesa e, infine, la progettazione architettonica della Piastra, si potrebbero individuare ulteriori ambiti di riflessione sulle potenzialità interdisciplinari della nostra cultura architettonica e sulle relazioni che legano passato e presente.

Un'autorevole personalità che ha indagato a fondo questi aspetti è Gio Ponti, straordinario architetto che ha animato moltissimo il dibattito architettonico nel corso del Novecento.

Le parole che Gio Ponti ha usato nel 1957 riassumono bene il percorso intrapreso in questo articolo ed esprimono sia un'opportuna conclusione, sia un'eventuale prosecuzione: "Non esiste il passato, tutto è simultaneo nella nostra cultura; esiste solo il presente, nella rappresentazione che ci facciamo del passato, e nell'intuizione del futuro" (1957).

Bibliografia

Monestiroli, Antonio. "Questioni di metodo" in *La metopa e il triglifo. Nove lezioni di architettura* edito da Antonio Monestiroli, p. 30. Bari: Editori Laterza, 2006.

Piccoli, Cloe, Stefano Graziani. *Palazzo Abatellis*. Milano: Humboldt Books, 2019.

Ponti, Gio. *Amate l'architettura. L'architettura è un cristallo*. Genova: Società editrice Vitali e Ghianda, 1957, qui nella ristampa pubblicata da Società editrice cooperativa CUSL, Milano, 2004, p. 93.

Purini, Franco. "Una questione Magrittiana: la rappresentazione impossibile di ciò che è indefinito, ovvero il massimo dell'intensità in un luogo che fabbrica il nulla" in *Dal Progetto, scritti teorici di Franco Purini 1966-1991* a cura di Francesco Moschini e Gianfranco Neri, p. 112. Roma: Edizioni Kappa, 1992.

Scarpa, Carlo. "Arredare" prolusione tenuta in occasione dell'inaugurazione dell'anno accademico 1964-65 all'Istituto universitario di architettura di Venezia, in *Carlo Scarpa. Opera completa* a cura di Francesco Dal Co e Giuseppe Mazzariol, p. 282. Milano: Electa, 2003.

Thermes, Laura. "Il linguaggio e la nozione di scala nel progetto architettonico moderno" in *Tempi e Spazi, Laura Thermes, scritti teorici. La città e il suo progetto nell'età posturbana* edito da Laura Thermes, p. 20. Roma: Diagonale s.r.l., 2000.

Zumthor, Peter. *Pensare architettura*. Baden (Svizzera): Peter Zumthor e Lars Muller Publishers, 1998, qui nella ristampa pubblicata da Mondadori Electa spa, Verona, 2011, p. 12.

Goldoni e la guerra

Giulia Tellini

Sulle «cose di guerra», Goldoni compone quattro opere: l'intermezzo per musica *Il quartiere fortunato* (1744) e le commedie *L'amante militare* (1751), *L'impostore* (1754), *La guerra* (1760).

Sebbene si tenga sempre lontano dai militari e dall'«arte» della guerra, Goldoni varie volte ha a che fare, indirettamente, col mondo militare.

Prima di tutto, il suo scapestrato fratello minore Giampaolo viene cresciuto dallo zio che è il capitano dei dragoni Girolamo Visinoni, che lo sistema nel suo stesso reggimento[1]. Quindi il fratellino di Goldoni è un militare.

Inoltre, Goldoni si trova varie volte fin troppo vicino a eventi bellici. Nel 1732, per esempio, appena laureato in legge, pieno di debiti e anche in fuga da un'incauta promessa matrimoniale fatta a una fanciulla veneziana, scappa dalla propria città alla volta di Milano, nel pieno della guerra per la successione al regno di Polonia, coi franco-piemontesi che occupano la Lombardia austriaca. Fra il 1732 e il 1733, mentre è a Crema, viene a sapere sia della resa del Castello Sforzesco sia dell'assalto mosso dai franco-piemontesi alla cittadella di Pizzighettone (Cremona). Nel 1734, si trova a Parma, proprio nel giorno in cui lì si svolge la sanguinosa battaglia di San Pietro, fra franco-piemontesi e austriaci, con più di 10.000 morti complessivi[2]. È a Rimini, infine, nel 1743, mentre ha luogo la guerra di successione austriaca.

Infine, fratello e guerra procurano a Carlo anche un grosso guaio dal punto di vista economico. Nel 1741, infatti, un sedicente comandante di reggimento promette al disoccupato Giampaolo un posto di capitano nel proprio reparto in cambio di seimila lire. A sborsare le

---

[1] Si veda, a proposito di questa informazione e dei successivi ragguagli biografici, Goldoni (1999a, 65-68).
[2] Nell'*Autore a chi legge* dell'*Amante militare*, Goldoni esagera la cifra dei defunti, dichiarando che nella Battaglia di San Pietro «perirono in un giorno venticinquemila uomini fra le due Armate» (1999a, 67).

seimila è ovviamente Carlo. E il sedicente capitano, finto reclutatore di mercenari, di lì a poco fugge col bottino lasciando Giampaolo disoccupato e Carlo pieno di debiti, nonché di creditori. Si tratta di una disavventura che nel 1754, quattordici anni dopo, ispira a Carlo la trama dell'*Impostore*, commedia da lui scritta in un periodo, oltretutto, nel quale sta affrontando le preoccupazioni seguite all'adozione dei due figli di suo fratello rimasto vedovo[3].

È utile ricordare qui che, all'epoca, la guerra è combattuta per lo più da eserciti professionisti, perché, al contrario di quello che avviene a partire dalla Rivoluzione Francese, non esiste coscrizione obbligatoria. Perciò negli eserciti settecenteschi è fortissima la componente mercenaria, che comporta la presenza, appunto, di reclutatori di mercenari e l'assenza in chi combatte di qualsiasi tipo di nobile ideale patriottico. Ciò contribuisce in grande misura a accentuare la dimensione insensata e illogica della guerra spesso sottolineata da Goldoni, in particolar modo nell'*Amante militare* e nella *Guerra*, le sue due opere principali sull'argomento, l'una del 1751 e l'altra del 1760, scritta quest'ultima nel pieno della Guerra dei sette anni.

Dunque, in sintesi: non c'è mai, in Goldoni, coinvolgimento diretto con le cose di guerra ma sempre preoccupazioni legate al fratello, soldi persi, brutte notizie e brutti incontri.

È stato scritto che Goldoni, in merito alla guerra, sospende il giudizio (Fido, 57). Ma in realtà ci sembra che il giudizio di Goldoni sulla guerra sia tutt'altro che sospeso; non a caso nei *Mémoires* lui dichiara più volte che «Je suis né pacifique» (Goldoni 1935, 605). Come sempre, soprattutto nell'*Autore a chi legge* dell'*Amante militare*, lui cerca di evitare di mettersi contro a un'intera casta, ma il suo antimilitarismo, malgrado tutti gli accorgimenti adottati, risuona davvero forte e chiaro. E risuona forte e chiaro sia nella *Guerra*, la sua quarta e ultima, e più complessa, opera sulle cose di guerra, sia appunto nell'*Amante militare* (1751), commedia alla quale s'ispira senza dubbio Voltaire nel suo *Candide* (1759). Si paragoni per esempio la figura dello sventurato Candide con quella del

---

[3] Cfr., in proposito, anche Geron (1990, 18-19).

soldato semplice Arlecchino dell'*Amante militare*, che viene ripetutamente bastonato a sangue dai suoi superiori. Nel secondo atto, è la servetta, nonché sua innamorata, Corallina a salvarlo dalle bastonate del prepotente, violento e amorale tenente spagnolo don Garzía: «Io non posso vedere far male a una mosca» (II, 6), commenta lei, fra sé e sé. Una battuta, quest'ultima, che basta da sola a dissacrare il mondo nel quale un uomo odioso e malfido come don Garzía si trova tanto a proprio agio. Dopo aver cercato di disertare vestito da donna e dopo essere stato scoperto e condannato a morte, il povero Arlecchino, nel terzo atto, finisce davanti a un plotone d'esecuzione e per un pelo, ossia per una grazia concessa provvidenzialmente dall'alto, non perde la vita. Non è dunque Goldoni a ispirarsi al *Candide* al momento di comporre *La guerra*, come si sente dire di solito, ma è bensì Voltaire ad avere bene in mente *L'amante militare*, in particolare le scene che riguardano Arlecchino, mentre descrive le disavventure del proprio Candide.

Si notino, *en passant*, anche i titoli delle due opere, il primo dei quali, ossia *L'amante militare*, come quello di molte altre *pièce* composte da Goldoni per il Sant'Angelo, è incentrato sulla figura del protagonista della commedia, ossia l'alfiere spagnolo don Alonso, mentre il secondo, *La guerra*, è specificamente mirato a tratteggiare icasticamente un quadro d'ambiente, con le sue incomprensibili regole e i suoi fanatici abitanti.

Vorrei soffermarmi soprattutto sulla rilevanza, mai abbastanza sottolineata, della protagonista femminile della *Guerra*, Donna Florida, alla quale è affidato anche l'*explicit* della commedia. Figlia del comandante d'una fortezza assediata, Florida, fino a poco prima dell'inizio dell'azione, è in un convento; appena uscita, viene fatta prigioniera degli assalitori, e di uno di loro, don Faustino, finisce con l'innamorarsi.

È stato scritto che Donna Florida non fa che temere e tremare, e che è assorbita solo dai suoi problemi amorosi (Squarzina, 62). Ma non sono d'accordo. Ritengo invece che Florida sia una figura centrale nella *Guerra*, e non solo perché è l'unico personaggio estraneo al mondo militare, ma soprattutto perché è lei che esprime nel modo più semplice e diretto ciò che l'autore pensa sulla guerra: è lei che è presente sia nella scena d'apertura sia nella scena di chiusura; lei che riesce a cambiare il *modus vivendi* del suo innamorato, l'alfiere don Faustino; lei che osserva da fuori con distacco critico ciò che le accade intorno e che non comprende.

Vediamo le prima due battute che pronuncia (in I, 1). Rivolta a don Faustino, che le chiede di poter giocare a carte, lei risponde: «Stupisco che possa venirvi in capo la volontà di giocare». Al che, lui le domanda perché mai si stupisca, e lei gli fa: «Perché ormai si approssima il giorno. Potete essere di momento in momento chiamato a dar la muta alle batterie. Potete essere destinato all'assalto della fortezza, e a sostener l'impeto di una sortita, e voi senza pensare al pericolo, senza prepararvi al cimento, avete animo di divertirvi?» (Goldoni 1999b, 101-102).

Circondata da uno stuolo di alfieri e tenenti che, negli intervalli fra un'azione militare e l'altra, ad altro non pensano se non a giocare o a corteggiare le donne o a fare duelli, lei esprime lo sconcerto di chi assiste alla messinscena di uno spettacolo completamente incomprensibile, dove si vive l'attimo senza pensare a quello che accadrà fra un'ora, dove quando non si è in guerra si vuole essere allegri, dove si rischia in continuazione la vita per nulla, dove non vale nessuna delle regole o delle virtù della vita civile. Non il senso della misura, non l'importanza della vita come progetto e come costruzione, non la diplomazia, non la saggezza, non la generosità. Perciò Florida si esprime tramite le domande, perché non comprende niente di ciò a cui si trova ad assistere. Ma, grazie al suo continuo domandare, grazie al suo perenne preoccuparsi, riesce a far perdere a don Faustino «quella indifferenza» e «quella ilarità»[4] che lui era sempre solito mostrare di fronte a qualsiasi destino lo aspettasse, e a portarlo sulla stessa lunghezza d'onda di chi è ancora dentro le cose e dentro la realtà.

Tutti i personaggi maschili che popolano *La guerra* non sono altro che macchiette grottesche, incluso il padre di Florida, don Egidio, uomo tutto valore e tutto coraggio che però, quando la figlia gli dice che ama e che vorrebbe sposare don Faustino, lui le sa dire

---

[4] Ivi, III, 2, 150.

solo di tacere[5]: brutto segno in un personaggio che occupa, nelle gerarchie militari, una carica così alta, e che nella vita reale si rivela così poco umano nei confronti dell'unica figlia che a lui è tanto affezionata. Per un uomo di lettere e di teatro come Goldoni, che ai discorsi e ai pensieri delle donne ha dedicato un'intera vita e un'intera carriera, un personaggio come questo di don Egidio non può che essere negativo.

Confrontiamo ora fra loro i congedi dell'*Amante militare* (1751) e della *Guerra* (1760).

Anzitutto, al termine di entrambe le *pièce*, arriva all'improvviso un dispaccio che annuncia la pace. Nell'*Amante militare* però assomiglia più a un *deus ex machina* che scende dall'alto a risolvere i problemi. Nella *Guerra*, invece, che è caratterizzata da un clima di fanatismo e di euforia collettiva, questo tipo di scioglimento sembra meno meccanico e più verosimile, visto che comunque le guerre di successione dell'epoca si concludevano repentinamente così come erano iniziate, con inaspettati cambi di scenari e con accordi di corte dei quali i militari erano gli ultimi a venire informati.

A pronunciare il discorso che chiude *L'amante militare* è il personaggio del titolo: don Alonso, alfiere spagnolo che, alla fine del terzo atto, si dimette dalla professione delle armi e sposa Rosaura, la figlia del ricco borghese Pantalone, nella casa del quale lui si trova acquartierato da tre mesi. Don Alonso, alla fine del terzo atto, supplica il suo Generale di concedergli la libertà, che si sa quanto sia importante per Goldoni e quanto sia assente in un mondo come quello militare. Il termine «libertà» ricorre ossessivamente per tutta la commedia, con insistenza illuminante: «caro Arlecchino, mettiti in libertà», dice Corallina in 1, 14; e poi «Non puoi più avere la tua libertà?» (in II, 4) e ancora «vorrei vederti in libertà» (sempre II, 4).

Ecco cosa dice don Alonso alla fine dell'*Amante militare* (III, scena ultima):

> adorata Rosaura, finalmente voi siete mia, io son vostro. V'amai teneramente, ma per l'amore non ho mai trascurato l'esecuzione

---

[5] Cfr. III, 3, 152-155.

dei miei doveri. Tale essere deve l'Amante Militare, il quale sopra ogni altra cosa di questa terra amar deve la gloria, la fama, la riputazione dell'armi, il decoro di se medesimo, quello della sua nazione; e far risplendere anche fra le passioni più tenere la robustezza dell'animo, il valore, la rassegnazione e l'onore.

Si tratta di un discorsino compito, ma poco credibile, visto che viene scandito da un uomo che fin dall'inizio della commedia non vede l'ora di dare le dimissioni e di abbracciare la posizione di tranquillo borghese, marito di Rosaura e genero di Pantalone. È un congedo quindi che suona falso, perché don Alonso non è un amante militare, visto che l'amante militare autentico è don Garzía, un volgare dongiovanni che usa e getta le donne perché sa che non ne sposerà nessuna. Don Alonso in realtà è molto più amante che militare, perché, per amore, abbandona l'esercito, veste abiti civili, conquista la libertà, e rimane un semplice amante, smascherando la natura ossimorica del titolo della *pièce*: un buon amante non può essere, al contempo, un buon soldato, e viceversa (Tellini, 57-58).

Si noti, fra parentesi, quanto sia facile, per un nobile alfiere come Alonso, ottenere la propria libertà e quanto sia invece difficile per un soldato semplice come Arlecchino, che, quando dichiara al caporale di voler lasciare le armi, viene disteso su una panca e bastonato finché non è tutto «rotto» (I, 14) e, quando è sorpreso a disertare in abiti femminili, viene condannato a morte (II, 10).

Ed ecco invece il congedo pronunciato da Florida, che si rivolge a don Faustino, alla fine della *Guerra* (III, scena ultima):

> Andiamo pure [a concludere le nozze] giacché, per grazia del cielo, trionfa la pace ed è terminata la guerra. Signori miei benignissimi, che con tanta bontà soffriste la rappresentazione della Guerra, deggio pria ringraziarvi umilmente di tutto cuore, indi vi ho da fare una scusa. L'autore di questa commedia si è scordato una picciola cosa. Si è scordato di dire di qual nazione fossero i combattenti, e il nome della piazza battuta. Noi commedianti non possiamo dirlo, senza suo ordine; ma dirò bensì, che poco più, poco meno, tutte le nazioni d'Europa guerreggiano ad una maniera, e sono tutte forti, valorose, intrepide e gloriose; ed augu-

riamo a tutti la pace, siccome a voi, umanissimi spettatori, preghiamo dal cielo la continuazione di quella tranquillità, che è frutto di sapere, di prudenza e di perfetta moderazione.

È una chiusura, questa della *Guerra*, molto più chiara e senza anfibologismi rispetto a quella dell'*Amante militare*. *La guerra*, prima di tutto, si chiude con le parole di una donna, Florida, che fin dall'inizio della commedia si dichiara sgomenta di fronte all'insensatezza della guerra, così come di coloro che la guerra la fanno e di guerra vivono. Alla fine dell'azione e a coronamento del lieto fine, Florida, pur dispensando elogi per le nazioni in guerra, denuncia molto duramente la guerra in sé e pronuncia parole volte a esaltare i valori della vita contrapposti ai valori della morte: l'ordine contro il disordine, la tranquillità contro il caos, la prudenza contro la temerarietà, la moderazione contro la sregolatezza, la pace contro la guerra, la sapienza contro l'ottusità.

BIBLIOGRAFIA ESSENZIALE

Fido, Franco. *La guerra e i militari sulla scena*, in *Le inquietudini di Goldoni. Saggi e letture*. Genova: Costa&Nolan, 1995, 45-69.

Goldoni, Carlo. *L'amante militare*, a cura di Piero Del Negro. Venezia, Marsilio, EN, 1999a.

Goldoni, Carlo. *L'amante militare, L'impostore, La guerra*, a cura di Gastone Geron. Milano: Mursia, 1990.

Goldoni, Carlo. *La guerra*, a cura di Bianca Danna, introduzione di Luigi Squarzina. Venezia: Marsilio, 1999b.

Goldoni, Carlo. *Mémoires*, in *Tutte le opere*, a cura di Giuseppe Ortolani. Milano: Mondadori, 1935-1956, 14 voll., I (1935), 1-605.

Squarzina, Luigi. "Introduzione." Carlo Goldoni, *La guerra*, a cura di Bianca Danna. Venezia: Marsilio, 1999.

Tellini, Giulia. *L'officina sperimentale di Goldoni. Da 'La donna volubile' a 'La donna vendicativa'*. Firenze: Società Editrice Fiorentina, 2020.

Voltaire. *Candido o l'ottimismo*, introduzione di Giuseppe Galasso, a cura di Stella Gargantini. Milano: Feltrinelli, 1991.

Pensieri ancorati e sogni proiettati
Mediterraneo la storia presente

Carmelina Vaccaro

Oggi si è di fronte alla situazione complessa e spesso contraddittoria che sta attraversando la morale, da una parte si registra un rinnovarsi dell'interesse della filosofia etica e delle questioni morali, dall'altra si riscontra un incremento dei comportamenti e degli atteggiamenti sterili dettati dal sistema che poco "pensa" ai valori e che invece si imprigiona negli opportunismi; in questo scenario si incastona come una "perla rara" il Mediterraneo, la cui origine etimologica ci riporta al significato latino di *"terre"* in *"medius"* terre in mezzo alle acque, entità proiettata filosoficamente a un'accezione creatrice, in cui i pensieri diventano riflessioni reali e le contingenze diventano aspirazioni future.

Tale idea si palesa già molto tempo fa, quando il mediterraneo, ossia tutta la zona contenuta all'interno di uno spazio marittimo venne considerata una realtà che, in sé e per sé, rappresentava un ambiente sociale, dinamico, vitale, sofferto, conquistato, evoluto e talvolta arretrato; espressione di attese individualistiche e di diritti universalistici, ove ciascun evento aveva un suo valido motivo di essere. Ancora oggi in un principio di continuità, esso rappresenta una dimensione sociale interculturale vivida, scelta e affrontata, da riconquistare.

Come sempre e come molti filosofi da diverse prospettive ci insegnano, è utile partire dalla storia per tornare alla storia, da essa si acquisiscono conoscenze relative allo spazio e al tempo che viviamo; allorché, si potranno pure definire le particolarità del preciso momento storico, ma di esso la validità universale continuerà ad essere la ragione del proprio esistere per un'umanità, che ha la possibilità di attingere al vecchio per proiettarsi al nuovo.[1] *"Che la vita necessità della storia deve essere compreso[...]. La storia compete al vivente sotto tre aspetti: lo riguarda - quale essere attivo che ha aspirazioni, quale essere che conserva e venera, quale essere sofferente e bisognoso di liberazione. A questa triplicità di rapporti corrisponde una triplicità di tipi*

---

[1] Il pensiero del filosofo in merito ai sensi della storia di Nietzsche tratto da Nietzsche (1993).

di storia: nel senso che è permesso distinguere una specie di storia monumentale, un'antiquaria e una critica." Della prima, così come ci insegna Nietzsche, potremmo dire che è una sterile ricerca nel passato di modelli, la seconda rappresenta un amore smisurato verso le proprie radici culturali, ma vuoto di contenuti valoriali, mentre la storia critica diventa utile perché pur guardando al passato, ad esso si accosta non per essere condizionata ma essere educata, alla creatività e alle qualità che ci trasferisce (Nietzsche 1993, 344).

Questa idea spinge la nostra speculazione, all'origine storica del pensiero filosofico che vedeva il Mediterraneo come un ambiente florido, non soltanto economicamente e paesaggisticamente ma soprattutto culturalmente e socialmente, utile è ricordare etnograficamente il Mediterraneo come un crogiolo di tradizioni e culture, che a spintoni si sono alternati e miscelati in una illustre realtà che ha lasciato una grande eredità di pensiero e una dimensione moderna, a cui ancora oggi possiamo attingere; essa, ci riporta alle cose e alla cultura come risultato di una continua influenza e persistenza di differenti variabili culturali, ma anche linguistiche e sociali, i quali hanno generato la realtà Mediterranea, con le caratteristiche che noi tutti suoi abitanti possiamo apprezzare. Ma perché è necessario interrogarsi sul valore del Mediterraneo? Perché certamente oggi viene attraversato da una serie di volontà, da un'inestimabile quantità di desideri, da un'incommensurabile necessità di continuare a sognare spesso taciuta, misconosciuta come se non potesse essere prerogativa di un'umanità che ancora una volta storicamente, si aggrappa al Mediterraneo per i suoi inestimabili valori.

Per comprendere ciò che oggi è, bisogna sempre storicamente interrogarsi su ciò che è stato, la storia, nello specifico, del pensiero filosofico ci dona un'idea di pensiero che nasce e si evolve in un periodo storico antico, ma ancora utile o per meglio dire indispensabile alla riflessione sociale moderna.

Continua Nietzsche che:

> Se dietro l'impulso storico non agisce alcun impulso costruttivo, se non si distrugge e non si spazza affinché un futuro già vivo nella speranza costruisca la sua casa sul terreno liberato, se la giustizia domina da sola allora l'istinto creativo viene indebolito ed demoralizzato. (Nietzsche 1993, 364)

Tale concezione ha l'obiettivo di liberare l'umanità dagli antichi pregiudizi e sgombrare il campo dagli idoli del passato, pur riconoscendo la necessità di conoscere il passato, si ha l'intento creativo di superarlo non in maniera idealistica ma umanamente; è questa la grande idea del filosofo che per tanti anni ha dimostrato che, la follia è soltanto un diverso modo di pensare e vivere la realtà.

Anche, il termine pensare ha una radice etimologica latina che riporta a *"pensum"* ossia *pesare un fardello di lana*, da qui il significato entrato nel linguaggio filosofico di pensare, come il soppesare un'idea, un ragionamento che si fa varco per migliorare se stesso e coloro i quali con esso avranno contatti.

Il "pensiero" è il fondamento di quella filosofia che nasce proprio nel Mediterraneo, dove libero da ogni pregiudizio, fonda sé stesso e prende spunto proprio per alcuni filosofi, esattamente per Talete da quello che costituisce il Mediterraneo: le sue acque.

Le acque, ci insegna Talete, sono l'idea da cui generare la riflessione, esse costituiscono il principio primo di tutte le cose *l'archè*[2] ossia ciò che è primo sia in ordine di tempo sia per importanza, i primi filosofi indicano il principio della natura inteso sia come origine e sostanza materiale primordiale, sia come legge o principio ordinatore, sia come forza o principio vitale. Esso è in sintesi ciò che parte da tutto e raggiunge tutto, Aristotele nel suo libro primo de "la metafisica" dirà, *"Talete, iniziatore di questo tipo di filosofia, dice che quel principio è l'acqua desumendo indubbiamente questa sua convinzione dalla constatazione che il nutrimento di tutte le cose è umido, e che perfino il caldo si genera dall'umido e viene nell'umido. Ora, Ciò da cui tutte le cose si generano è, appunto, il principio di tutto. Egli desume dunque questa convinzione da questo fatto e dal fatto che i semi di tutte le cose hanno una natura umida e l'acqua è il principio della natura delle cose umide. Ci sono, poi, alcuni i quali credono che anche gli antichissimi che per primi hanno trattato degli dei, molto prima della presente generazione abbiano avuto questa stessa concezione della realtà naturale"* (Libro A, 3, 983 b 5-30).

Tale considerazione ci fa riflettere sul fatto che già anticamente il concetto di acqua essendo essenza prima di tutte le cose, potesse avere anche un valore di condivisione universale delle esperienze e

---

[2] Gentile, Ronga, e Bertelli (2022b). Il pensiero del filosofo in merito ai sensi della storia di Nietzsche tratto Nietzsche (1993).

delle vicissitudini di tutti gli individui che di essa ne sono costituiti. Secondo questo principio diventa l'acqua, la possibilità di condivisione, di una realtà fatta di pensiero, di aspirazioni, di sussistenze "che parte dall'acqua per raggiungere le acque".

Traslandone il significato nell'accezione filosofica, è incontestabile che il Mediterraneo diventi un elemento d'avanguardia per tanti, che su di esso proiettano un'idea nuova di libertà.

Bisogna ricominciare a credere nella nostra epoca, così come in ogni tempo, che il Mediterraneo sia ancora terreno fertile per strutturare delle vie di pensiero innovative e tendenti a nuove istanze valoriali, troppo spesso dimenticate, da una volontarietà di *"imperium"*, comando sregolarizzato che muove le cose e dirige le scelte, seppur spesso, dimenticando i diritti universali come valori generali a cui tutti aspiriamo.

Siamo, dunque, consapevoli che il Mediterraneo da un'idea di principio universale, diventa una rappresentazione di aspirazioni individuali.

L'intento qui non è discriminare nessuno dei due elementi che coesistono all'interno della stessa natura, com'è noto, infatti, l'universalità non può prescindere dall'individualità di ogni individuo che è per sua stessa natura unico e ripetibile, sebbene sia costituito dalla stessa sostanza di altri.

Per tale ragione è utile considerare ogni essere umano, una realtà relativa che deve vivere e coesistere all'interno di una universale, che quest'ultima ha il dovere di rispettare, pertanto accogliendone nel medesimo momento le componenti positive e qualitative e disconfermando tutti gli elementi di negatività.

Ma lontani dalla volontà positivista di creare una ragione sperimentale che voglia gestire le individualità facendone di esse una realtà scientifica, che possa spiegare il pensiero come sottoposto a leggi precise che danno omogeneità e regolarità.

Si prova, invece, a indicare una creativa linea di pensiero che voglia stabilire un ponte tra l'assoluta universalità, che solipsisticamente non dà risposte e la sterile individualità che pensa di sé stessa, ma non raggiunge dialetticamente alcuna sintesi. Nietzsche disse *"non ci sono bensì solo le interpretazioni, noi non possiamo constatare alcun fatto in sé e forse un'assurdità volere qualcosa del genere tutto è soggettivo il soggetto non è niente di dato e solo qualcosa di aggiunto con immaginazione qualcosa di appiccicato dopo. È infine necessario mettere ancora l'interpretazione dietro l'interpretazione già questo è invenzione, ipotesi". In quanto la parola conoscenza abbia senso, il mondo è conoscibile, ma esso è interpretabile in modi diversi non ha dietro di sé un senso ma innumerevoli sensi* (Nietzsche 1886-1887, 7 [60])). Oggi ancora i filosofi del post modernismo parlano di una verità che è morta, di una democrazia che non si nutre, di valori congiunti ma che dà vita a velleità di pensiero che spesso sono offensive dell'identità altrui, ricordando il pensiero di Vattimo: "*potremmo dire in maniera più o meno paradossale la situazione della nostra cultura attuale sia nei suoi aspetti teorici e filosofici sia nell'esperienza comune proprio riferendoci a questa è sempre più evidente a tutti, che tutto diventa un gioco d'interpretazioni non disinteressate e non necessariamente false, ma orientate appunto secondo progetti, aspettative scelte di valori diverse. La cultura della società occidentale è di fatto - anche se spesso non di diritto - sempre più pluralista*" (Vattimo 2009, 42).

Questo pensiero pluralista ci insegna che partendo da quel principio primo dell'acqua come essenza di vitalità, di dinamismo e di cambiamento si realizzano creativamente diversi ancoraggi di pensiero e diverse proiezioni dei desideri, che hanno lo stesso diritto di trovare applicazione all'interno della società moderna.

Pertanto, il Mediterraneo continua a essere la scelta sofferta, il centro di una lotta pluralista di un pensiero che sogna un futuro diverso, nuovo, ma di fatto imprigionato da un pensiero, che troppo è ancorato ad una rigidità razionale, forse di natura politica e/o culturale che non lascia spazio alcuno alla realizzazione, all'affermazione del concetto di Soaltà, inteso come il desiderio che cozza con la realtà che non risponde, che non ha alcuna intenzione di dare vita alle proiezioni individuali non contemplate.

Il Mediterraneo che lotta tra l'essere e il non poter essere, tra il sussistere e il morire tra il pensare e il sognare è qui che il concetto di "*pensiero*" perde la sua natura latina di pesare, di soppesare, diventa una sterile rappresentazione di un volere che troppo poco vuole curare, diventa il pensiero che poco o nulla ha a che fare con ciò che ci rende universali. Ma che al contrario diventa un motivo di separazione, di lotta tra l'essere e il voler essere qualcosa di nuovo, di diverso. Oggi il nostro è e deve essere un impegno a rivalutare quel concetto di *Soaltà*, come di proiezione di una dimensione di desiderio che rimane aggrappata alla realtà con l'intendendo di migliorarla di renderla più egualitaria e più se si vuole aderente al principio di universalità, come è stato inteso; a tutti, dunque, è data la possibilità di affermarsi o riaffermarsi. Ancora oggi come ci insegnava Boezio (XXI), in epoca medievale, la filosofia viene in aiuto di chi soffre, il pensiero sostiene, supporta le ragioni di un'idea di differenza che non è mai una discriminazione, ma un plusvalore una possibilità nuova che si realizza nell'accoglienza di tutti quei desideri irrealizzati.

Di fatto nessuno di noi ancor prima di nascere ha scelto di poter sussistere in un luogo, in un tempo e in uno spazio, ciò ci viene donato ma per quale casuale ragione ci dovremmo interrogare? La risposta è all'interno del quesito ciò che è casuale si intende come non pianificato, non progettato come oggi si ha la pretesa di fare, ma ciò che gratuitamente si riceve e per la stessa ragione, che non solo cristianamente, deve gratuitamente essere donato.

OPERE CITATE

Aristotele. 1968. *La Metafisica*, vol. primo, trad. introd. a cura di Reale Giovanni. Napoli: Luigi Loffredo.

Anolli, Luigi e Paolo Legrenzi. 2012. *Psicologia generale*. Bologna:Il Mulino.

Boezio, A. T. Severino. 1961. *De consolatione Philosophiae*. A cura di Rapisarda, Emanuele. *Philosophiae consolatione*. Catania: Centro di Studi sull'Antico Cristianesimo.

Bontempelli, Massimo e Bentivoglio, Fabio. 1992. *Il senso dell'essere nelle culture occidentali, Filosofie della cultura greca e cristiana,* Milano: Trevisini Editore.

Gentile Gianni, Ronga Luigi e Bertelli Mario. 2022a. *Il Portico dipinto, dalle origini alla fine della sc,* Torino: Il Capitello.

Gentile Gianni, Ronga Luigi e Bertelli Mario. 2022b. *Il Portico dipinto, dal positivismo ad oggi,* Torino: Il Capitello.

Catelli, Giampaolo. 2000. *L'altra Sociologia*. Acireale-Roma: Bonanno Editore.

Hewstone Miles, Wolfgang Stroebe, e Geoffrey M. Stephenson. 1991. *Introduction Social Psychology*, trad. It. (1999). *Introduzione alla Psicologia Sociale*. Bologna: Il Mulino.

Nietzsche, Friedrich. 1965. *La Gaia scienza*. trad. it. F. Masini, Milano: Adelphi.

Nietzsche, Friedrich. 1886-1887. *Frammenti postumi, 7* [60]). trad.it Colli, Giorgio e Colli Staude Chiara, 2004 Milano: Piccola biblioteca Adelphi.

Nietzsche, Friedrich. 1993. *Sull'utilità e il danno della storia per la vita, dalle considerazioni inattuali*. trad. it. F. Masini, Roma: Newton Compton.
Peralta, Guglielmo. 2001. *Soaltà: il mondo raccolto*. Napoli: Federico.
Treccani vocabolario online.
Vattimo, Gianni. 2009. *Addio alla verità*, Milano: Meltemi.
Vattimo, Gianni. 2003. *Il soggetto e la maschera. Nietzsche e il problema della liberazione*, Roma: Bompiani.

WHO READS A BOOK DISCOVERS A MAN
NOTES AND REFLECTIONS ON GIOSE RIMANELLI
(November 28, 1925, Casacalenda, Molise - January 6, 2018, Lowell, MA)

ANTONIO C. VITTI

> Era smarto il dabben uomo
> Conosceva il bisinisse
> Era amico del polisse
> E in colleggio non andò[1]
> (*La parlata italo-canadese*, Giose Rimanelli)

This essay will not introduce Giose Rimanelli's works or pretentiously claim to reveal anything not yet written about his intellectual creativity, my intentions are to encapsulate the role that Rimanelli as a writer, intellectual, teacher and controversial historical figure had on a generation of Italianisti in North America. Rimanelli does not need an introduction in Italian Studies, although he is almost unknown to contemporary Italian readers[2] as well as to most students and even some contemporary professors of *Italianistica*.[3] The reasons for this neglect in Italy, what I call removal from the high circles of academia, are many and go much deeper

---

[1] The good man was clever
He knew his job well
He was a friend of the policeman
And he didn't go to prison

[2] I am aware of the work that Anna Maria Milone is doing in Italy to promote Rimanelli's literary works and that *Tiro al piccione* was republished by Rubbettino last year and that Prof. Anna Maria Milone wrote that it is a great war novel comparable to *Farewell to Arms* by Hemingway and *The Partisan Johnny* by Fenoglio and that Milone is also proposing a new reading today that "lies in the value of independence of thought and freedom from clichés."

[3] Rimanelli was aware of it as it is alluded in this short poem that he wrote in 2004 a short poem (ore) modelled on Cicero's *De senectude*, 19, 69:

> camminano le ore e con esse i giorni
> i mesi e gli anni: il tempo già trascorso
> non più ritorna, e quando cuoce nei forni
> del futuro non sarà un tuo rimorso;
>
> anche quest'attimo, di cui ti adorni,
> non è di ieri o di ora, non ha ricorso;
> da sempre hai sognato i suoi ritorni,
> e ritrovar la luna nel suo dorso

that the frequent explanation that after publication of his novel *Tiro al piccione* (1953), he adopted the pseudonym A.G. Solari to present a series of essays that offended prominent Italian critics. He chose or was forced into exile in North America, where his novels in English and in Italian were successful mostly among professors in Italian Studies and Comparative Studies.[4] Still, he kept publishing in Italy, albeit with minor houses, to affirm to himself that, despite everything and everyone, he was an *Italian* writer.

I will not address these recurring imputations but rather deliberate on Rimanelli's intellectual works to reconsider his position in Italian Cultural Studies. I propose a different interpretation of the importance of his works and teaching, which contributed to his role as a precursor in Italian Cultural Studies and Comparative Studies.

From Fascist Ghost to Real Person

I first heard about Giose Rimanelli decades ago when I enrolled in a graduate course on the literature of the Italian Resistance at Wayne State University in Detroit, Michigan. At the time, I wanted to study history, but I also dreamed of becoming a filmmaker, so I could return to Italy. I liked studying in Detroit, but my heart has always remained attached to that problematic and contradictory country that Rimanelli in the wonderful poem *L'Italia è una terra lunga* described as "…una terra lunnnnnnnga da dimenticare/ come il mal di cuore."

I was also struggling with Rudolf Arnheim's *Visual Thinking* (1969) and his view of the ancient dichotomy between seeing and thinking, perceiving, and reasoning, as false and misleading. Through lectures and private conversations with my professors, I came in contact with Rimanelli's first novel, but I was also told that he was or at least had been a fascist, which made a deep impression on me. I had never met a "real" fascist. As a schoolboy in Italy, I was told that everyone had been forced to become or pretended to

---

[4] Rimanelli in the USA worked and taught in the Department of Hispanic and Italian Studies, precisely in the program of Italian Studies. In that period the State of New York went bankrupt, and the university cancelled many of the language programs including the Italian program. Rimanelli went to the Italian Americans in the State Representatives and was able to find some funds to save only the undergraduate program, but the graduate program was closed.

be a fascist. I grew up with my family's myth of socialism and memories of a legendary grandfather who would vanish to avoid the fascist parades and celebrations on the eve of any official event, only to reappear on Sunday night. He died happy, fooled by a benevolent prank: his grandchildren, my older cousins, drew a hammer and sickle on the hard stone of his front door and carried him to see it. He exclaimed, "My comrades have finally arrived in this damned village!" (See Fig. 1).[5] Nonno Carlo Vitti was a political activist. During fascism, he welcomed and housed his brother Rocco Annibale Vitti, who, in 1920, was the first socialist elected mayor of Sora. In 1923, Rocco Annibale was dismissed by the fascists before he could realize the town planning he had conceived and designed.[6] Nonno Carlo, who saw his town totally seduced by Mussolini, was luckily spared seeing it become the feud of "Il Divo" and fall for the corruptive smile of "The Caiman," or in a sign of despair and protest, rally behind the populism of the 5 *Stelle* Movement and at last happy to vote for *Fratelli d'Italia*.

In 1986, at Wake Forest University, where I started my professional career, I met a lively, talkative, and pleasant young professor of Spanish literature, Sheryl Postman. One day, over lunch she revealed that she was waiting to become the bride of an Italian. Overcoming my surprise, I asked her to tell me more about this fortunate man, and she said that for years, she had been the friend, partner, lover, and former student of Giose Rimanelli. She wanted nothing more than to marry him and to spend the rest of her life with this wonderful, sensitive, creative, humorous man (See Fig. 2).

Later that same year, I had the pleasure of meeting Giose Rimanelli. I was impressed by, not only his charm, but his unconventional, rebellious intelligence, which incarnated the past, present, and future, baffling his interlocutors with understatement. I read everything he wrote and was consumed by his intellectual diaspora. I started by rereading *Tiro al piccione* to better understand the writer and to get closer to a historical period that I did not live but that nevertheless marked me: four of my uncles were drafted during WWII, and my father survived the Russian campaign and

---

[5] I compagni sono finalmente arrivati in questo paese di merda.
[6] Pietro Prosperi, *Il secondo dopoguerra a Sora* (Sora: Tipografia Pasquarelli, 1992) 37.

was severely wounded during the US landing in Sicily. Their memories were part of many conversations.

I wanted to go beyond facts, to relive the feelings and experiences and traumas of those who endured fascism and the war, and I firmly believed that novels, poetry, creative and documentary films were the way. I read works and watched all the films that report the sufferings and hopes of the young people who suffered the war and the liberation of Italy from Nazi-Fascist occupation, and since then, I have never stopped reading and rereading, searching, and seeing and reviewing Italian postwar movies and documentaries. To place *Tiro al piccione* in its historical and cultural setting yet discover what sets it apart, I reread *Una questione privata/A Private Matter* by Beppe Fenoglio (Einaudi, 1963) on the Resistance in the Langhe and later *DESTRA E SINISTRA. Ragioni e significati di una distinzione politica* by Norberto Bobbio.[7]

The young partisan Milton fights in the *badogliane* brigades but is also shaken by his love for Fulvia, whom he has not seen for some time, and the suspicion that she is having an affair with his best friend. I reworked my way through Italo Calvino's *Il sentiero dei nidi di ragno/ The Path of the Spider Nests* (Mondadori, 1947) which views the struggles to free Italy through the innocent eyes of Pin, a 10-year-old Ligurian boy. *L'Agnese va a morire/Agnese Goes to Die* by writer and partisan Renata Viganò (Einaudi, 1949) recounts the months before the Liberation in the Valle di Comacchio. Agnese joins the Resistance after the Nazis kill her husband and becomes a dispatcher to help the partisans to defeat the invaders. *Fausto e Anna/ Fausto and Anna* by Carlo Cassola (Mondadori, 1949) follows the troubled love between two youngsters as they mature from the 1930s through the Liberation.

To understand what sets Rimanelli's work apart from these stories, we must consider its context and literary qualities as well as the author's experience, religious background, age, and a particular cultural and political background. Rimanelli wrote the first draft of the story that became *Tiro al piccione* immediately, in September-October 1945. In 1950, Cesare Pavese was about to publish it with Einaudi but died, and Italo Calvino and Natalia Ginzburg cut it

---

[7] I read the last edition which also includes Bobbio's responses to the critics.

from the list of the most prestigious publishing house of the moment, although Calvino praised it as: "[...] certainly one of the most vivid chronicles that have been written on those times, the narration moves the reader and reaches its effect of horror and disgust." It appeared in 1953 from Mondadori. With the Einaudi brand, it would have seemed a book of lived ideas; with Mondadori, it seemed pure reductionism. It was not written for the bourgeoisie; or for an audience comprised of readers who viewed the Resistance from a leftist perspective.

The title refers to the mocking cry of partisans aiming at the eagle on the helmets of the Italian Social Republic Militia. Protagonist Marco Laudato's adventure takes place between 1943 and the end of the war, April 25, 1945, with an epilogue that includes his return home. This period is the most tragic and tormented in Italian history. The old ties of loyalty to a fallen state were broken, while the premises for resuming civil life and hopes for the recovery of free and democratic institutions tentatively emerged. Everyone was asked to choose, but in this period of total collapse, choices were limited and linked to personal experiences that varied with age and upbringing.

Marco Laudato is a young southerner from a culturally deprived area. At the beginning of the story, he is in despair. He has just fled the seminary for lack of religious vocation; at home, he faces his mother's misunderstanding and disapproval, his father's hostility, and even his younger brother's reproach. His only consolation, a violent sexual relationship with Giulia, does not satisfy him; on the contrary, her love makes him feel anguish, the guilt of sin, and the weight of his own nullity. He feels both imprisoned by, and estranged from, his family and the environment. He spends his nights clinging to the windows, watching the fleeting German trucks. His desire to escape and to disappear are summarized in his desolate reply to his parents' criticism: "I as well would not like to exist, Mother."

His malaise urges him and pushes him toward something he does not understand. He escapes from his father and leaves Casacalenda with the Germans, and once in Venice, he moves and acts in a fog with his mind populated by familiar faces, hearing words spoken by the relatives left at home. Arrested he is given a "choice":

enlistment or execution. Marco's pain and detachment testify to the absolute absence of the Manicheism that plays such a predominant role in many other stories and films of the period. In Rimanelli's novel, discomfort and anguish acquire an indelible feeling that expands into a metaphor for a generational condition for all those like Laudato, who, for various reasons, were caught up and forced to fight in a war they neither wanted nor understood. Marco's grief shows the horror of the war but is not connected to any political faction or ideology.

On the battlefield, the anxiety that oppressed Marco in Molise turns into self-destruction and despair. During a conversation with Anna, his nurse/lover, Marco says that he does not know where his homeland is: "Io mi domando: se domani sopravviverò a questa baraonda di odio, per chi debbo dire di aver combattuto? [...] Io penso di essere venuto quassù cercando la libertà, e invece ho trovato l'odio. Io, Anna non amo questa Patria che chiede troppo sangue e troppo odio. Ed è per questo forse sono sempre scontento." He does not give a political answer to the questions he poses himself. He is overwhelmed by the hate he sees around him, bathed in the blood of the civil war. To the questions, "Why are we fighting this war? Why is there so much hate?" he cannot find a religious answer, a patriotic explanation, let alone a political or ideological justification. He is unaware of the historical context. Simone, an old goatherd turned partisan, had warned the young man, reproaching him for his lack of historical and political awareness: "Tu non capisci, perciò è tutto inutile che mi spieghi meglio [...] Tu provi disgusto della guerra, delle azioni che commettete contro la gente, ma non riesci a capire come stanno le cose. Non riesci a vedere chiaro. Perciò resti solo un ragazzo, figliolo, e ti costerà caro essere stato ragazzo in una guerra come questa."

Marco returns home and must start to live again on his own. He has to pay his dues to history for his ingenuous ignorance: "It will cost you dearly to have been a boy in a war like this." Unlike his cinematic counterpart in Giuliano Montaldo's 1961 film[8] of the novel,

---

[8] When the film was made Rimanelli lived and taught in the USA and he has always stated that he was neither consulted nor paid by the producer of the film. Lizzani instead told me that Rimanelli had received money and three letters from the producer. On June 7, 2006, at

Rimanelli's Marco does not come to understand that he fought on the wrong side as an accomplice of Nazi-fascism and reclaim his legitimate homeland. Back home in Molise, Marco has only the support of his mother, who encourages him to face the people in the village who consider him an accomplice of the Germans. In Casacalenda, Marco must find a reason to continue his life. He starts writing in order to explain his ill-fated escape and his role in the civil war to himself and others:

> Qualcosa si era rotto definitivamente, e anche gli anni mi pesavano. Non erano più diciannove anni, ma anni senza età [...] Dicevo: "Forse tutti noi di questa epoca siamo carne bruciata. Riflettere ci uccide, e abbiamo poca gioia e molta infelicità nel cuore che ci duole. Senza dubbio siamo malati, ma la malattia non è nostra, non ci appartiene e forse ce l'ha trasmessa un'antichità malata. E così noi non sappiamo guardare nella nostra stanchezza ne sappiamo darle un nome" [..] ci hanno detto di andare! Ma andare dove? Non abbiamo mai capito dove dovevamo andare. Ci hanno mandati a morire, a morire massacrati, tutti insieme.

In reliving his experience through writing, Rimanelli wrote a homodiegetic story from a fixed point of view: the narrator/character whose perspective forges a bond between narrator and reader. The circular structure of the novel and this internal focus involve the reader and help the author to reach his goal: explaining his involvement.

After the war, unlike many former fascists and former members of the Social Republic, who enrolled in the Christian Democratic Party (DC) or the Liberal Party or the newly founded MSI, (the neofascist) party, Giose Rimanelli tried to stay out of politics. The unique *Tiro al piccione* could have become the novel of a generation and provoked a dialogue about what had happened to so many. Instead, it remained unpublished during the 1940s, losing its immediacy; it was unknown or, as a story associated with a fascist, unread. Rimanelli and his work were marginalized in the postwar

---

Centro Culturale Libreria Bibli in Rome that finally met and reconciled and shown in photos 4 and 5.

period. Like his character Marco Laudato, Giose Rimanelli had escaped imprisonment and returned to his native Molise, but then he moved to Rome, refused to join any of the postwar parties, worked for many newspapers, including a daily leftist newspaper, then went to Milano-Sera. To make more money, he also wrote theses for university students. He landed a job with *Gazzetta del popolo* of Turin, where he met Giorgio Bocca and Angelo Del Boca, and wrote literary criticism for *Lo Specchio,* a weekly publication indirectly under Giulio Andreotti and directed by an American from Rome, Giorgio Nelson Page.[9]

Some claim that during the period preceding his emigration, Rimanelli worked on Carlo Lizzani's *Achtung banditi* (1950), starring Andrea Checchi and Gina Lollobrigida; Lizzani denied the collaboration. Giose confirmed to me that he collaborated on the screenplays of *La lupa* by Alberto Lattuada (1953) and *Suor Letizia* by Mario Camerini, starring Anna Magnani, without receiving credit.[10] In 1961, Giuliano Montaldo, who had an important role in Lizzani's *Achtung banditi*, directed the film adaptation of *Tiro al piccione*, with Jacques Charrier as Marco Laudato, Francisco Rabal as Sergeant Elia, and Eleonora Rossi Drago as Laudato's nurse. When the film was released, Rimanelli was residing in North America.

Montaldo proposed to counter the stereotypical fascist in other films by a close study of the behavior of the average Italian-turned-fascist, refusing to demonize. However, the use of documentaries and newsreels from the Luce Institute, shot during the fascist re-

---

[9] Member of a distinguished Virginia family, George Nelson Page was born in France and lived most of his life in Europe. He renounced his US citizenship at the outbreak of the Ethiopian war and became an Italian subject, seen around Rome wearing a Fascist black-shirt and uniform. He changed his first name to Giorgio and pronounced his last name the Italian way, "Pahjay." See http://jfk.hood.edu/Collection/Weisberg%20Subject%20Index%20Files/P%20Disk/Page%20George%20Nelson/Item%2001.pdf.

[10] Sheryl Postman, Giose's wife told me that Rimanelli was asked to go meet Magnani at Termini. Prior to that moment, they had never met. When she got off the train, she ran to him and hugged him very tightly. Obviously, he was taken aback as it was their first encounter…and finally he asked her the reason for such a tight embrace. She responded that there were journalists and groups of people all around her and she had to relieve herself (pee) and there was not enough time to get to a bathroom… so she hugged him tightly so that the journalists and photographers would be looking at that and not noticing that she was relieving herself at that very moment. Anna Magnani was awarded the Silver Ribbon for best actress. The English title of the film is *Awakening*.

gime, together with topoi from films on the Resistance and the portrayal of the main characters align his interpretation of Rimanelli's novel with the general run of postwar films that solemnized and celebrated the civil war. Besides the style, the film does not understand or ignores or sidesteps the meaning of a southerner entering northern political culture and the difficulties in adapting to it: the protagonist is from Cremona, not Casacalenda. The film ends with a political pacification for viewers that does not exist in the novel. Marco Luadato's experience in the war is recast to conform to the leftist, politically correct point of view.

Rimanelli's novel should not be read as the story of a young fascist who, during the Resistance/Civil War, has an ideological crisis, drops his illusions, and joins the "right" side, the side fighting against Nazi-fascism. Instead, it is the testimony of a young man from a small southern town in search of his own identity, struggling with his conscience, trying to find freedom in the wrong place. He ends up without a clear political conscience and full awareness of the historical importance of the redemption of a fallen nation.

To understand the wounds opened by the war and the Resistance, all the various voices would have to be heard and included in a multifaceted national memory, with its contradictory patrimony and collective identities. In the aftermath of the eighth of September, the Resistance in northern Italy was a glorious moment and should be recognized as a movement to redeem and liberate Italy and as the foundation for the birth of a new identity. However, the new and victorious culture should not have removed the other voices; the winners should have striven to create an accurate and constructive analysis of what fascism was. Its destructive doctrine, including its international politics, racism, and imperialism, should have been studied and used to educate the new generations, but in the 1950s, nothing was studied and discussed openly. The Resistance became an oleographic, memorialist, dully celebratory image, with annual parades. Fascism was shrouded, and in the darkness, recriminatory, resentful, and polemically proud claims of a past greatness occulted all the damage it had done. Silence encouraged those who suffered postwar conditions with nostalgia, believing "si stava meglio quando si stava peggio" (we were better off when we were worse off).

Rimanelli's Vision of Cinema in the Classroom

At the end of the 1970s and the beginning of the 1980s, as a result of new university courses and revamped programs, Gian Piero Brunetta's two-volume history of Italian cinema from 1895 and Aldo Bernardini's studies on the Italian cinema industry and Italian cinema under the shadow of the Mussolini regime were published. In France, Jean A. Gili's studies of the new monsters of Italian comedy came out. Carlo Lizzani's *The Italian Cinema, 1895-1979* (Riuniti, 1979) was different. It was the work of an intellectual outside the university system, who had not only directed important documentaries and feature films in the postwar period but been part of the *Frondista* group, who sought to renovate Italian national cinema in articles written for the magazine *Cinema* in the early 1940s. All these publications stimulated academic research on Italian cinema that went beyond the specialist approach of film studies.

Under the influence of the various film studies departments and with the availability of films on videotape, the worldwide affirmation of many Italian directors of the so-called Golden Age of Italian Cinema, which began in the 1960s, and the international popularity of the Italian-style comedy, spaghetti westerns and auteurs considered Masters of the Seventh Art, the study of cinematography began to expand and modernize the conservative approaches of North American *Italianistica*. In 1978, Giose Rimanelli edited *Patterns of Italian Cinema*, a collection of articles on Italian films from the Silent Era to Ermanno Olmi, published for his newly developed university course in comparative studies. Years later, *The New Italian Cinema* by R.T. Witcombe (1982), *Italian Cinema from Neorealism to the Present* by Peter Bondanella (1983), and *Passion and Defiance: Films in Italy from 1945 to the Present* by Mira Liehm (1984) marked the propagation of a new field of research. The focus was on quality films and the Great Masters. Later, it was extended to western, peplum, horror, and erotic films, genres considered commercial products in the 1970s and today revalued as cult cinema.

Now, almost all departments of Romance Languages and Literatures at North American universities offer instruction on cinema, stand-alone courses or as a supplement to language, culture, and conversation courses, including classes comparing films with the novels from which they were drawn. All culture textbooks and grammars dedicate at least one chapter to the subject: Federici and Riga, *Ciao!* (5th ed., chap. 9); Pease and Bini, *Italiano in diretta* (chap. 23); Danesi, Lettieri, and Bancheri, *Con fantasia* (2nd ed., pp. 411-32); and Habekovic and Mazzola, *Insieme* (chapter 8). In addition, entire books address questions about using films to teach Italian language and culture; for example, the series on individual films and their respective directors published as *Film Study Program* (Edizioni Farinelli); the *Risorse Didattiche* and *Quaderni di cinema italiani per stranieri*, both from Guerra Edizioni; Antonello Borra and Cristina Pausini, *Italian Through Film: A Text for Italian Courses*; the series on films, directors, and how to read and understand films from G.B. Palumbo Editore; the series Universale Film from Lindau; and last but not least, Anna Clara Ionta, *SEQUENZE, Italian Through Contemporary Film*. Director Francesco Rosi's dream is partially fulfilled: "Il cinema è storia e come tale dovrebbe essere insegnato in tutte le scuole del mondo" (Cinema is history, and as such, it should be taught in all the schools of the world).

What distinguishes Rimanelli's approach to teaching cinema resides in his comprehensive vision of its complexities: what it is as an art form and what it takes to teach it. The preface of *Patterns of Italian Cinema* starts with an homage to Cesare Zavattini: "The cinema's overwhelming desire to see, to analyze, its hunger for reality, is an act of concrete homage towards other people." From here, he moves on to discuss theoretical questions.

Briefly, I will try to explain why Giose Rimanelli can be considered a precursor of the cultural innovations in teaching cinema. His first course on the subject was offered as Italian 318, Great Directors in Italian Cinema, at the State University of New York at Albany (SUNY-A) in the spring semester of 1978. Students' reaction was favorable, and a Committee on Film Studies, a group of SUNY-A cinema specialists, formed to establish a Department of Film Studies, which could be pursued as a second major. Professors, such as Arthur Lennig, George Santoni, Fred Silva, Tom Nafar, and Giose Rimanelli, stressed the need to combine efforts in an interdisciplinary approach to advanced-level cinema study. Based on the lack of adequate reading materials and the encouragement of the first semester of 318, Rimanelli collected the best extant theoretical, historical, and critical writings on Italian cinema in English in volume I of *Patterns of Italian Cinema*. A second volume contained a selection of student papers written as part of the requirements for the first sessions of Italian 318; other pertinent student papers were added as the course evolved.

In Italy, Rimanelli had collaborated with many directors in drafting screenplays and was fully aware of the worldwide impact of Italian cinema. He was familiar with the works of L. Visconti, R. Rossellini, V. De Sica, F. Fellini, M. Antonioni, E. Olmi, G. De Santis, C. Zavattini, and many others as well as their predecessors from G. Pastrone to, beyond Italy, D.W. Griffith, E.O. von Stroheim, F.W. Murnau, and S. Eisenstein.

In his introductory notes, instead of summarizing historical events, plots, and/or director biographies or presenting a commonplace discussion on neorealism, poetic neorealism, and historical realism, Rimanelli poses the question: "What is Cinema?" To answer it, he offers Ricciotto Canudo's reflection that cinema is "'arte totale', the total-sum of all the Arts." He cuts back to 1913, when Vladimir Majakowaskij declared, "Cinema is the logical conclusion of all modern Arts," adding Balázs Béla, who said, "we have learned so *See*." If we have learned to see, Giose implies, it is because of methodology, and we can talk about cinema only in the framework of contemporary culture and methodology. To support these assertions, he cites Mario Verdone's three aspects of cinematography from *La cultura del film* (1974):

    1. Cinema as the quintessence/personification of all the Arts
    2. Cinema as the creator of a new type of scholar
    3. Cinema as an interdisciplinary field of studies.

Rimanelli goes on to discuss how contemporary culture is made up of literary and aesthetic periods, or movements. The Futurist movement warns that all arts have, not only a similarity, an echo, a refraction of images, an interrelationship, but a "joint penetration" by a mass of related information that works to the same end-purpose. Only cinema has promoted this trend of similarity and co-penetration because it has established itself as the catalyst and the expression of all the arts. If music generated poetry and dance, and architecture gave birth to sculpture and painting, the seventh art, cinematography, spins all aesthetic expression and representation full circle. As an art that fashions all the others, cinema is plastic art, which develops in harmony with the rules of rhythmic art. Cinematography is a kind of poetry of light and movement; it is the narrator of myths. After a rather long list of slogans, Rimanelli comments that cinematography infers many other forms of entertainment, expression, and communication, such as circus performance, pantomime, news reports, novels, magic theater, comedy, melodrama, and operetta. We have to realize that all these forms of communication, entertainment, and art do not exist in isolation but ally themselves with their sister arts. Therefore, we cannot fully participate in our culture if we do not connect it with cinematography, which has conditioned even the general concepts of aesthetics and reorganized every problem. Moreover, film is not the work of a single person but a collaboration, even though most of the credit will finally go to one "genius." Cinema is not an aristocratic but a popular expression, and it popularizes artistic phenomena. It forces us toward amplification in a sociological sense. Cinema has forced every present-day critical methodology to think harder on how to understand cinema and transform itself and bring itself up to date. The semantics of film movements have modified methods of evaluation.

These considerations explain why film history and criticism have become courses in the university curriculum. They require a new type of historian who must be both specialist and polymath. Rimanelli concedes that for many, the concept *historian of the cinema* is still nebulous, perhaps because they do not understand the problems. He moves on to define the new type of historian needed to teach and to understand cinema. He admits that cinema has already become a subject of history, so many conceive the cinema historian as an old-fashioned scholar who knows everything about film chronology, directors, and interpreters. The role should not be confused with a simple collector of facts. The electronic brain would soon supplant that kind of scholar. For Rimanelli, the history of films, directors, actors, technicians, and all the others involved in making films cannot be written without taking into account the history of contemporary thought and civil progress, without seeing it in the framework of the culture that expresses it, society and its promoters, and the economy that conditions them. The task is not restricted to writing the natural history of cinematography and its products but must include the history of behavior and customs, the history of social relations, and the history of expression.

Referring to Mario Verdone, Rimanelli moves on to underline the cinematic elements that must be understood in order to study and teach cinema. He is aware of the need to use metaphors to convey the nature and function of the screen. The theoretical argument starts with Bazin's proposition that the screen is like, not a picture frame, but a mask that allows only part of the action to be seen. The screen's masking action is like that of a window; we don't see the space that extends on all the sides, but we never doubt its existence. We feel that if we could move to the left or right a bit, we would be able to catch a glimpse of the objects and people masked by the screen's border. In other words, on-screen space always suggests off-screen space, producing a centrifugal configuration. Bazin's entire realist theory is supported by this conception of the screen-as-window.

Next, Rimanelli summarizes Jean Mitry's view that the window metaphor is insufficient because it describes only one half of the screen dialectic. If the screen has a tendency to become a mask, it also operates as a frame, organizing internal space and concentrating interest on specific spots within it. This centripetal function can exist alongside the centrifugal one because the screen's border is, at the same time, the point where the frame stops and the point where it starts. Furthermore, when the screen is seen as a window, the image takes on a depth that suggests perspective painting; seen as a frame, the screen appears flat and graphic like a cubist painting that privileges the picture plane over the subject plane.

Rimanelli comments that Mitry's model is persuasive but not encompassing. In particular, the window/frame dichotomy looks only at the image, ignoring the apparatus that produces it (projector, darkroom, bright light source, flat reflective surface) as well as the apparatus that consumes it (spectators, their eyes, minds, and bodies). In other words, the image is treated as pure signified, while the signifier and the actual process of signification are neglected.

He asserts that new theories, both French and Italian, try to create a new metaphor for the screen that would take into account the process of signification itself. The metaphor is the mirror. Any transitive situation, in which the individual confuses the imaginary with the real, constitutes a "mirror" experience. On stage, a chair is a chair — before, during, and after the performance. In cinema, the chair actually presents during the filming delegates its image to replace it when the film is projected. There is no chair on the screen, only its refection, its mirror image.

Now, the key to recent French and Italian fascination with the mirror metaphor lies in the fact that it reflects a dialectic between identity and difference. That is, the subject and mirror-image have exactly the same outline, coloring, and so forth, but the subject is material, and the image is not. In short, critics first, then historians, must always establish the personal methodological criteria of their evaluation, including narrative and dramatic problems and the problems of figurative composition, technical problems related to the type of film and cameras used. Since the creative cinematographic operation requires a peculiar contribution of scenic architecture, acting, writing, music, the historians and critics of cinema must become historians and critics of other forms of expression that are amalgamated in any one film.

It seems to me that scholars of cinema are a kind of athlete who evades a reality circumscribed by industry and cultural consumption. Sensitive to sociology as well as aesthetics, to the suggestions of image and word, color and sound, they know well that "beautiful" does not exhaust the problem of cinematography performance They are alert to the historical, literary, dramatic, and pictorial phenomena reflected in cinema. They must understand the world of artists who also differ from one another culturally.

Such critics must be aware of experiments, movements of ideas to be able to ascertain whether a particular film pertains to futuristic, expressionist, surrealistic, Dadaistic ideas: to abstract, constructivist, eccentric, realistic currents; to the art-nouveau or neo-liberty taste; to the underground. They must have an intimate knowledge of cultural research, the vanguard, style. Further, since cinema is complete art, and its history sinks its roots into the history of other ideas and modes of expression, they must become complete critics.

The film compels them to understand and explain, record, and pass on, in their complex vitality works that document and entertain, that make an impact and create the supernatural, that translate, interpret, and invent, that are the fruit of the imagination and the tool of research, a means of reproducing and evaluating reality to expand on one individual mood/passion or whim.

CONCLUSION

In the 1980s, along with the rise in film studies departments at US universities, courses on the history of Italian cinema, and films as a tool to teach language and culture, Rimanelli was concerned about obscuring genuine historical inquiry and theoretical understanding of cinema. He came to film studies after direct participation in the world of cinema in Italy. He was also engaged with Italian American culture at large and took an increasingly strong part in promoting forgotten Italian American writers and works like Pietro di Donato's once-celebrated *Christ in Concrete*, which had slipped from public consciousness. Giose was afraid that representations of Italian American popular culture would be dominated by gangster and mafia films. Many of his short stories, poems, and novels aim to foster a deeper, more complex appreciation of the importance of Italian American culture, centering on Italian American families in various historical moments. He wanted to recover a forgotten, even repressed past through the innovative use of dialect and code-switching. His works could be used to teach changes in Italian American studies or integrated with other texts in courses ranging from American literature and history to multiethnic and women's studies. They provide an overview of popular beliefs, stereotypes, and slang while tracing the changing relations among different classes and ethnic groups and interrogating the stereotyped portrayals of Italian and African Americans. They are historical and interdisciplinary texts that revolve around themes of race and gender politics, work and social class, and the historical intersections of Italy, Molise, Canada, Louisiana, and Michigan.

Giose's multicultural and multilingual approach creates a cultural body in opposition to the rational material of *Italianistica*,[11] It is the precursor of Italian Cultural Studies, which was formally introduced at some Northern American universities only in 1995, especially since it factors in who teaches what, where, and how: the politics of academia at elitist institutions, which often reflects relations between social classes and culture. Rimanelli never deluded himself that he was the best and doing something important for humanity; he loved to critique and to challenge. His love for his dialect and humble people is attested in his novels, poetry, and essays. His work could be easily included in subaltern studies since his protagonists are humble, often illiterate immigrants, African Americans, and women; as for example, in *Biglietto di terza* (Mondadori, 1958):

> Naturalmente non riconoscevo nessuno. Ho dimenticato anche la mia parlata, ed è difficile spiegarsi ora, come è difficile riaffezionarsi. Ricordo, di quella mia infanzia, soltanto case di legno e strade fangose e gente che andava a cavallo. E ricordo mio fratello maggiore che adesso è a Detroit da trent'anni ma in quel tempo lavorava a una miniera di ferro fuori città, e quando tornava mi parlava di certi film muti coi cavalli che mi avrebbe condotto a vedere, e non lo fece mai; e ricordo mio padre che suonava la tromba di notte, in mezzo allo strit, e doveva sempre giungere lo sceriffo per calmarlo. Per me, io sono sempre vissuto in Italia.[12]

I would like to conclude with a brief comment on one of the most artistic Italian films on fascism in order to restate my reflections on Rimanelli's role in cultural studies. In the immediate postwar period, Italian films and novels that dealt with the Resistance

---

[11] "Italianistica Il settore di studi relativo alla letteratura italiana (lingua, filologia, storia letteraria, storia della critica ecc. In particolare, nell'ordinamento universitario, il complesso delle discipline settoriali in cui si articola lo studio specialistico della letteratura italiana." (Treccani).

[12] Of course, I didn't recognize anyone. I have also forgotten my native way of speaking, and it is difficult to explain myself now, how difficult it is to regain a liking for it again. I remember, of my childhood, only wooden houses and muddy streets and people riding horses. And I remember my older brother who has now been in Detroit for thirty years but at that time was working in an iron mine outside the city, and when he came back he would talk to me about certain silent films with horses that he would take me to see, and he never did; and I remember my father playing the trumpet at night, in the middle of the street, and the sheriff always had to come to calm him down. For me, I have always lived in Italy.

(later called Civil War) generally exalted the spirit of revenge and redemption that the Italian people showed during the struggle and avoided the problem of their historical responsibility for having first supported and then allied with the Nazis. *Il sole sorge ancora* (1947) by Aldo Vergano and *Giorni di Gloria* (1945) by L. Visconti, M. Pagliero, G. De Santis, and M. Serandrei also show a strong component of social struggle and blame directed at the bourgeoisie. We had to wait until the 1970s to see films that dealt with the delicate question of responsibility and who were the collaborators and who were the real fascists. These films contributed to the democratization of society by investigating the Italian civil mentality and the psychological mechanisms that historical and social events shape, force, and enforce.

The theme of guilt, betrayal, and the role of fathers during fascism is raised in B. Bertolucci's *The Conformist*, inspired by the 1951 novel by Alberto Moravia. Marcello Clerici, the protagonist, is an average Italian who follows the tide of conformism of his era and social status — "Borghese." The film attests that if people behave like Marcello and abdicate moral responsibility to others, they become degraded, martially, personally, and socially. The conformist is a metaphor for Italian history; he conforms to the regime to cover his inferiority. Bertolucci and the paternal figures of the mad father, the short-sighted "Professor Quadri," and Italo Montanari are as blind as the fascist regime that pushes Marcello to kill. Bertolucci knew fascism through cinema and literature, and more than a historical reconstruction, he wanted to capture the atmosphere of the time and make the most of the potential of the cinema. As I discussed Rimanelli was not an average Italian who followed the tide of conformism of his era and social status = "Borghese." Rimanelli was a misfit from an underdeveloped class and a culturally deprived town, who paid for his mistakes, and wrote *Tiro al piccione* at a moment when grief and horror over war crimes were too close and too divisive to be understood outside of their historical frame. Realism focused on social and economic difficulties encountered after or during the war, and historical fiction had to be presented according to certain coded considerations. If this discourse had been opened to the lived thoughts and experiences Rimanelli confronted, we might have learned how to confront present-day threats and seductions.

SNAPSHOTS

Photo 1. Nonno Carlo's house in Roselli (Casalvieri). The hammers and sickles are still visible on both sides of the doors.

Photo 2. Postcard of Casacalenda dedicated to Giose Rimanelli.

Photo 3. A typical Molisan winter during Rimanelli's childhood.

Photo 2. Giose and Sheryl Postman at Casacalenda

Photo 4. Left to right: Giose, Montaldo, and Lizzani.

Photo 5. Left to right: Lizzani, Montaldo, and Giose. In the background, Sheryl Postman with the camera.

"La cattura"

Maria Rosaria Vitti-Alexander

Come tutti sappiamo, Pirandello ha scelto Roma come posto dove vivere, scrivere e mettere su famiglia, brevi le sue visite in Sicilia, e soprattutto di necessità. L'Europa e altri posti del mondo si fanno luogo di viaggi per un Pirandello ramingo, viaggiatore senza bagagli, come amava lui stesso definirsi; mai un ritorno alla sua isola. Lontano dalla Sicilia; eppure, sempre vicino ad essa in un dialogo continuo, dalla tesi di laurea sul dialetto di Girgenti a tutti i suoi scritti letterari e no, la Sicilia è per sempre.

La novella "La cattura" è un esempio perfetto del discorso articolato che Pirandello ha tenuto con la sua terra. La novella è una storia di violenza, un sequestro di persona, perpetrato da tre miseri individui su un terzo, Vincenzo Guarnotta, possidente di terreni e case. "La cattura" la si deve leggere soprattutto come atto d'accusa della Storia che in questi posti si è fermata. È il racconto di una Sicilia arcaica, ancora feudale, serrata nelle sue regole e nei suoi soprusi. Forte il grido d'allarme della novella, non c'è vera giustizia in Sicilia, è "la roba" a comandare e tutti gli altri, tutti quelli che ne sono senza quelli, sono schiacciati dalla miseria e attanagliati dall'ignoranza più nera. La Sicilia che Pirandello mette a nudo con questa novella È una realtà immobile, dove qualunque cambiamento si rivela disperato, e la consapevolezza dell'irreversibilità di un simile destino, spinge troppo spesso alla violenza.

La novella "La cattura" inizia con il ritorno a casa di don Vincenzo Guarnotta, ricco possidente del posto, ed introduce da subito il tema dell'incuria dei luoghi.

> Ritornava, come tutti i giorni a quell'ora, dal suo podere quasi affacciato sul mare [...] s'affannava a superare le ultime pettate di quello stradone interminabile, tutto a volte e risvolte, attorno al colle, in cima al quale pareva s'addossassero fitte, una sulle altre, le decrepite case della cittaduzza. [...] dai muretti di cinta screpolati, [...] e qua e là i mucchi di breccciale che nessuno pen-

sava di stendere su quello stradone tutto solchi e fosse. (Pirandello 1957, 280).

Incuria e miseria regnano ovunque, e allo sguardo del Guarnotta che "li guardava [...]in quell'abbandono, gli parevano oppressi come lui da una vana pena infinita." Ormai è quasi arrivato al paese quando il Guarnotta, colpevole di appartenere a quelli con "la roba" case, terre, soldi, viene aggredito:

> E dall'ombra si vide saltare addosso tre appostati, con la faccia bendata, armati di fucile [...] lo strapparono di sella, giù a terra; [...] fu tirato su, spinto, strappato, trascinato di furia per le braccia, fuori dallo stradone, giù per la costa petrosa, verso la vallata. (232)

È un possidente il Guarnotta, ottima preda per chiedere un riscatto. Dopo averlo nascosto in una grotta tra i monti, i tre si presentano a chiedere una lettera da portare alla famiglia, la richiesta della somma necessaria per la sua liberazione. La situazione dei tre uomini fattisi briganti si presenta in tutta la sua tragicomica realtà. Ignoranti in tutto i tre malcapitati, naturalmente non sanno scrivere, ma più tragico ancora è il fatto che non hanno mai né visto una matita, né sanno che per servirsene, deve essere appuntita. Seguiamo un po' l'incontro tra il Guarnotta ed i tre uomini ormai divenuti briganti:

> [...] appena vide entrare uno di quei tre, carponi nella grotta, [...] (il Guarnotta) gli guardò subito le mani.
> No, nessun'arma. Una matita nuova, di quella da un soldo, non ancora temperata [...] e un rozzo foglietto di carta da lettere tutto brancicato, con la busta in mezzo.
> [...] Allegerito, senza volerlo, (il Guarnotta) sorrise; mentre nella grotta entravano gli altri due[...] Uno di essi si appressò e gli sciolse le mani soltanto.
> Il primo disse: Giudizio! Scrivete!
> "Io, giudizio? Giudizio voi, figlioli! A chi volete che scriva! Con che debbo scrivere? Con questa?
> E mostrò la matita.
> —Perché non è matita?

> —Matita si. Ma voi non sapete neppure come s'adopera.
> —Perché?
> —Ma bisogna prima temperarla.
> —Temperarla?
> [...]
> ...Ah, gia', bisogna temperarla.... Come si tempera?
> —Con un temperino, già, qua in punta...
> —temperino, niente!
> [...]
> Nel vederli uscire, così carponi, come tre bestie, non poté fare a meno di sorridere ancora una volta il Guarnotta.
> [...]
> Eccoli che rientravano a uno a uno, sconfitti.
> -Legno lasco, disse Manuzza-Una schifezza! Voi che sapete scrivere non ce n'avreste in tasca un'altra bella e temperata, per combinazione? (286)

Sorride il Guarnotta ed anche il lettore non può fare a meno di sorride. Comica la conversazione, amaro il riso. I tre non hanno mai tenuto in mano una matita prima d'ora. Lo scrivere è un'arte arcana per questi poveri contadini siciliani. È forte l'accusa silenziosa dello scrittore sulla misera condizione dell'isola, soffocata dall'ignoranza più assoluta e madre di tutti i mali. Non sono assassini i tre banditi, piuttosto "bestie ignoranti" che hanno sequestrato un possidente per necessità e per fame. Il Guarnotta li riconosce uno per uno, poveri disperati che vivono alla giornata, in una lotta costante con la sopravvivenza, e per ognuno di essi ha solo parole buone:

> Giudizio, si, Manuzza mio...
> [...] Chi era? Alla voce, poc'anzi. Gli era parso uno di Grotte, Fillicò?" Possibile? Buon uomo, tutto d'un pezzo, bestia di lavoro, di poche parole.... (287)

È un sistema feudale quello ancora in esistenza in Sicilia, che vuole le persone "bestie di lavoro" soffocate dalla miseria e dall'ignoranza, e se il lavoro non basta a mantenere sé stesso e la famiglia, allora si è costretti a farsi briganti. Ma questi tre non lo sono di certo anche se hanno sequestrato un uomo, e lo dimostra la loro decisione di occuparsi dell'ostaggio una volta che il riscatto si rivela impossibile. I tre si danno da fare e portano per il vecchio prigioniero della paglia per dormire, un cappotto per coprirsi, pane e companatico ed acqua ogni giorno.

> Intanto, morto di fame, non era vero; dormire per terra, non era vero. Gli avevano portato lassù tre fasci di paglia, per fargliene una lettiera, e anche un vecchio cappotto d'albagio, perché' si riparasse dal freddo. Poi, pane e companatico ogni giorno. Se lo levavano di bocca, lo levavano di bocca alle loro creature e alle loro mogli.

Per l'acqua poi, Pirandello ci tiene a specificare "in quel ziretto là di terracotta c'era acqua da bere, che Dio solo sapeva che pena trovarla per quelle terre assetate" (292).

Bestie da soma i tre individui, ma esseri umani che si attengono ai comandamenti, 'dar da bere agli assetati, dar da mangiare agli affamati e vestire gli ignudi.' Con il trionfo dell'umanità dei tre uomini, la novella si fa canto poetico della bellezza del luogo. La veduta della natura è un momento epifanico che apre il cuore al vecchio Guarnotta. Il buio della notte illuminato dalla luna si fa, con la sua luce, redentrice del male dell'umanità.

> Ah...ecco, zitto! Era lume di luna? Luna nuova, si, e tante stelle [...] che serata! Dov'era? Su una montagna...Che aria e che altro silenzio! (288)

Temi cari a Pirandello, la luna e le stelle dei suoi luoghi, gli occhi del cielo che si accendono per tutti, ed a tutti fanno ricordare l'essenza umana. Il Guarnotta identifica i monti circostanti, Caltafaraci, San Benedetto, Carapezza. Continua a cercare con lo sguardo, mentre i lumi giù in basso, come lucciole, lo riportano a Girgenti. Non è lontano da casa il Guarnotta, e la dolcezza dei luoghi lo spinge "a farneticare senza fine." Parla della luna, delle stelle, dei tanti monti, dei lumi dei paesi fino al loro riconoscimento, la dolcezza dei luoghi lo rende euforico.

Ma è questo "farneticare senza fine" che conquista l'interesse dei tre uomini. Ne sono affascinanti, ed iniziano ad ascoltare, ad imparare, anzi sono loro stessi a chiedere spiegazioni su tutto:

> E lo facevano parlare delle stelle e delle cose della città e della campagna, delle buone annate d'altri tempi, quando c'era più religione, e di certe malattie delle piante che prima, quando c'era più religione, non si conoscevano. (289)

Si assiste a un quasi capovolgimento del rapimento. Adesso è il Guarnotta a tenere ostaggio i tre uomini che si fanno suoi interlocutori e discepoli. Lo ascoltano affascinati dalle sue spiegazioni. Parla di tutto don Vincenzo:

> della bella luna [...] delle stelle [...] dei tanti mondi più grandi assai della terra [...] e parlò della terra che soltanto le bestie non sanno che gira come una trottola, [...] e che ci sono uomini che stanno a testa all'ingiù e pure non precipitano. (291)

I tre poveracci che non sapevano neanche appuntire una matita si fanno raccontare, spiegare, descrivere il mondo circostante. Il Guarnotta "si ritrovò a parlare [...] d'astronomia come un professore. Cose che a loro non è mai stato possibile imparare."

Un giorno i tre uomini gli portano perfino un regalo, una vecchia copia di un *Barbanera* per farglielo leggere "lui che aveva la bella fortuna di saper leggere" per poi spiegare a loro.

> —Che diceva, che diceva quello stampato, con tutte quelle lune e quella bilancia e quei pesci e quello scorpione?"

Non sanno leggere i piccoli, poveri siciliani, a loro e negata qualunque possibilità di imparare senza giustificazione. Nelle mani di Pirandello la novella si fa grido, un'accusa della condizione della gente della sua isola, ed i tre mancati briganti assurgono a simbolo di tutti i siciliani a cui è negata la possibilità di uscire dall'ignoranza e dalla miseria.

Anche per Vincenzo Guarnotta è una vittoria, e da ostaggio si ritrova a fare da 'professore,' a questi miseri uomini, ignoranti che vogliono imparare, capire:

anche egli, a poco a poco, cominciava a prender gusto, come a una cosa viva che nascesse da lui, da tutto ciò che in quei discorsi con loro traeva, come nuovo, anche per sé, dal suo animo ormai da tanti anni addormentato nella pena della sua incresciosa esistenza. (294)

Con il passare del tempo, al rispetto che i tre uomini hanno per il vecchio don Vincenzo, si affianca l'affetto, ed il Guarnotta trova su questa montagna la famiglia che non ha avuto, si fa "nonno" don Vincenzo per i figli dei presunti carcerieri. Una domenica Fillicò porta con sé la moglie, il piccolo infante e una bambina che offre 'al nonno' il "pan buccellato," un dolce del posto preparato dalla mamma proprio per lui. Muore di domenica il vecchio don Vincenzo circondato dai 'nipoti':

Fillicò aveva condotto i suoi ragazzi, a vedere il nonno, e anche Manuzza, i suoi. Tra quei ragazzi morì, mentre scherzava con loro, come un ragazzino anche lui, mascherato con un fazzoletto rosso sui capelli lanosi. (294)

Il Guarnotta è ormai divenuto uno di loro, e da lui queste povere 'bestie da soma' hanno imparato ad apprezzare le bellezze del mondo. "E lo piansero, lo piansero inginocchiati tutti e tre attorno al cadavere, e pregarono Dio per lui e anche per loro. Poi lo seppellirono dentro la grotta" (295).

La novella "La cattura" è uno specchio dell'amore di Pirandello per la sua terra. È una novella dove è sferzante l'accusa di una Storia che ha dimenticato lo sviluppo, che ha lasciato il suo il popolo nell'incuria e nell'ignoranza. Il piacere, la gioia della bellezza dei luoghi sono oscurati dalle troppe ombre del destino a cui è condannata la gente. Senza scuole e senza istruzione i giovani, senza lavoro gli adulti, e tutti reitti di una società feudale dove, ai senza niente, non resta che "farsi lupi" e dove, ogni tentativo di miglioramento, ogni qualunque spinta ideale si risolve nel suo opposto, nella conservazione, nell'immobilità di situazioni sociali e umane.

"La cattura" è un limpido specchio del legame ombelicale di Pirandello e la sua Sicilia, dolore e ammirazione, compassione e comprensione, la distanza con la sua terra per Pirandello non si è mai colmata. La novella è il ritratto di tutto l'amore e tutta la condanna di Pirandello per il suo luogo di nascita, dove gli estremi si incontrano e si scontrano. La Sicilia, Girgenti, la sicilianità che neanche una vita di lontananza è mai riuscita ad intaccare, come ci grida il suo testamento di morte: "Mie Ultime Volontà da rispettare."

> IV. Bruciatemi. E il mio corpo, appena arso, sia lasciato disperdere; perché niente, neppure la cenere, vorrei avanzasse di me. Ma se questo non si può fare sia l'urna cineraria portata in Sicilia e murata in qualche rozza pietra nella campagna di Girgenti, dove nacqui. (Pirandello 1960)

BIOGRAFIA

Nino Borsellino, *Ritratto e immagini di Pirandello*. Bari: Biblioteca Universale Laterza, 1993.

Matteo Collura, *Il Gioco Delle Parti. Vita straordinaria di Luigi Pirandello*. Milano: Longanesi, 2010.

Gaspare Giudice, *Pirandello. A Biography*. New York: Oxford University Press, 1995.

Luigi Pirandello, *Saggi, Poesie, Scritti varii*, Mondadori 1960.

Luigi Pirandello, *Novelle per un anno*, Volume II, Mondadori, 1957.

Douglas Radcliff-Umstead, *The Mirror of Our Anguish. A Study of Luigi Pirandello's Narrative Writings*. Madison, NJ: Fairleigh Dickinson University Press, 1977.

Gaetano Salvatteri, *I Siciliani*. Bari: Edizioni Laterza, 2005.

APOLLO, DIONYSIUS, AND WILL TO POWER IN SORRENTINO'S *È STATA LA MANO DI DIO*

David N Winker

I began this essay amidst preparations for the teaching of Tennessee Williams's *A Streetcar Named Desire*. In my studies, I came across a handful of scholarly writings[1] contending that Williams stages the Nietzschean concept of Apollo and Dionysus in the inimical relationship between Blanche Du Bois and Stanley Kuwalski; that the Blanche character embodies the Apollonian energies of human life, which seek order, meaning, beauty, rationality, coherence, measure, and harmony in response to the frightening pain and chaos of existence, while Stanley embodies the Dionysian life energies of drunkenness, chaos, unchained sexuality, euphoria and violence.

Watching Paolo's Sorrentino's *E' stata la mano di dio*, I found it increasingly plausible that the film could be read in a Nietzschian key (even if that was unlikely to have been the conscious intention of the auteur). My analysis of the film sees the young artist-in-the-making Fabietto Schisa as ultimately able to channel both the Apollonian and Dionysian energies he encounters in his youth into a future of artistic expression that transforms the agony of his parents' untimely death into an impetus for growth, beauty, and — to use a term of Nietzsche's — self-overcoming.

Through the character of his alter-ego Fabietto Schisa, Sorrentino spends the first half of the film enveloping us into his own late adolescence in mid-1980s Naples. Through Sorrentino's elegiac and achingly nostalgic tone, we perceive Fabietto's young life to be comfortable and charming, to be certain, but also marked with notes

---

[1] Crandell, George. "Beyond Pity and Fear: Echoes of *The Birth of Tragedy* in Tennessee Williams's *A Streetcar Named Desire* and Other Plays." *Southern Quarterly*. Hattiesburg. Vol. 48, issue 4 (2011): 91-107; Fotopolous, Niki Pravlis. *Apollonian-Dionysian Conflict in Three Tennessee Williams Plays*. 1974. Florida Atlantic University, Master's Thesis; Riddel, Joseph N. "A Streetcar Named Desire — Nietzsche Descending." *Modern Drama*. University of Toronto Press. Vol 5, n. 4 (1963): 421-430.

of stagnation, disquiet, and restlessness. The often humorous and lovable activities of a colorful cast of characters establish a sense of stability and warmth. The young man's days are marked by affable, jocular parents who love each other, quirky and particular but ultimately good-natured neighbors in the community, and homely but suggestive urban landscapes against the elegant curvature of the Mediterranean. And yet, Fabietto's sense of incompleteness, a certain dissatisfaction, is evinced in Sorrentino's use of deep focus shots when he is shown at school on the soccer field. His classmates are blurred as they jovially whoop and cavort with each other, and Fabietto is the only object we see up close and clear, closed off from the world in his Walkman headphones, detached, brooding, *irrequieto*. We observe Fabietto gazing longingly and with a touch of indignation at his older brother Marchino when he gains access to the affections (and body) of a beautiful girl from the neighborhood. He looks on with a similar disquiet at Marchino's halfhearted attempts at becoming an actor, which are disrupted when Fellini comes to Naples on a casting search and dismisses him for having a forgettable face. In sum, it may be precisely because Fabietto's young life is comfortable and familiar that neither he nor his brother have the impetus to move beyond it, even though they feel incomplete and unrealized within it.

To bring the discussion back to Nietzsche, we recall his having written in the 1901 manuscript *The Will to Power* that every living thing does everything it can not to preserve itself but to become something greater. *The Will to Power*, often misunderstood by fascists old and new as an existentially-coded impetus to mercilessly affirm one's strength at the expense of the weak, is indeed understood by Nietzsche as the fundamental impetus to become something more than what we currently are — to undergo meaningful and ameliorative transformation. The great philosopher believed that this is the essential instinct of all existence, and the man who is able to embody and give life to this instinct is the man who is whole and living in accordance with nature. The immobility of the Schisa brothers is Fabio's affliction. It is the comfort, charm, and familiarity of his life in the first half of the film that, by enveloping him, prevent him from the growth which, if we are to agree with Nietzsche, is the primary impulse of all life. Continuing with the Nietzschian line of thinking, it will take an unimaginable tragedy to serve as catalyst for that kind of growth.

When a carbon monoxide leak at the family's newly purchased vacation home in Roccaraso causes the untimely death of Fabietto's parents (a tragedy that did truly occur in the director's life), existence for the protagonist becomes unbearable. The comfort and charm are lost; all he sees before him is horror and suffering. Sorrentino applies the full force of his skills to take us into Fabietto's loneliness and desolation. And yet he shows us that, had his parents not perished in that horrid, freak accident, there would have been no *Grande Bellezza*, no *Divo*; no giant of world cinema who has (at least in this contributor's view) created some of the most beautiful art the West has seen this century. The collapse of all that was comfortable, charming, and cozy in his world is what will ultimately drive Fabietto to move away to Rome to become Paolo Sorrentino.

In *Beyond Good and Evil*, Nietzsche writes:

> The discipline of suffering, of great suffering -- do you not know that only this discipline has created all enhancements of man so far?[2]

It is only through tribulation that man is catalyzed to overcome himself; to become something grander than he was before; to create, to evolve, to become what he is capable of being.

And so it is for Fabietto, who will turn his grief into an impetus for self-overcoming once an important member of his community shakes him out of his inertia. In an extraordinary gesture of empathy that is as moving as it is shocking, the neighbor to the Schisa family, the elderly Baronessa Focale, seduces the grieving Fabietto and takes his virginity, explaining over a postcoital cigarette that he, having now passed the important rite of passage, may look outward to his future. In the very next scene, the protagonist returns to the Galleria

---

[2] Nietzsche, Frederick. *Beyond Good and Evil: A Prelude to the Philosophy of the Future*. (New York: Cambridge University Press, 2002): 116-117.

Umberto I where he had earlier been enchanted by his first encounter with a film set belonging to the Neapolitan director Antonio Capuano. Shortly thereafter, Fabietto meets Capuano personally. In an intense and probing conversation about whether Fabietto would have anything to say as a filmmaker, the protagonist flies into a rage of grief, screaming he was not allowed to see his parents after they died. This is the pain that moves him, the ghastly tale he longs to sublimate through art. Soon thereafter he leaves Naples on a train for Rome, where he will begin his career. Thus, we see that, once the baronessa pushes him past his initial immobility, it is his grief which pushes him to become what he had always been inside of himself.

Looking again to Nietzsche's philosophy, we recall here that the creation of art is the only thing that prevents us from being torn apart by the terror and grief of existence. The two artistic energies he identified in human creativity are, as stated in my introduction, the Apollonian and the Dionysian, the former being associated with dreaming, rationality, order, meaning, and the dignified dimensions of the individual, and the latter being associated with chaos, blind destruction and overabundant creativity, drunkenness, and the atomization of the individual into the collective.

What are the respective functions of these two modalities? Apollonian art allows us to place a mask on the dizzying chaos of existence, of the void and its horrors, the endlessly creative matrix of being from which we emerge and to which we return. Through Apollo we delude ourselves into an idea of existence as something stable and harmonious, something within which our identities are distinct, durable, and meaningful. Nietzsche did not see this illusion as a vice, but a necessary means of infusing an otherwise meaningless existence with beauty and meaning. Dionysian art, on the other hand, allows us to overcome the limitations of our individuality and behold, in rarefied moments of rapture, the ecstasy of merging with the collectivity of the universe, which is endlessly horrifying in its capacious swallow, but equally creative and alive with its primordial joy of endless becoming. So far as I under-stand it, the Will to Power which drives us always to become great-er versions of our current selves through hardship and destruction, is the Dionysian music of the universe, the throb of the heart divine which ruthlessly destroys for the sake of creation and re-creation.

Nietzsche believed that the highest form of artistic expression allows space for both the Apollonian and Dionysian energies,[3] as with the tragedies of Athenian playwrights like Aeschylus and Euripides. And it would seem to me from È stata la mano di Dio that Sorrentino's art, in its fundamental task of sublimating the pain that created it, draws from both.

We find a distinctively Apollonian energy in Fabietto's muse, his Zia Patrizia, who, having lost her mind in grief over her own infertility, recedes into a world of dreams and illusion. The second scene of the film opens with a highly geometrical nocturnal shot of Piazza del Plebescito (we remember here that harmony and geometry are features of Apollonian art). Patrizia is collected in the square by a man claiming to be San Gennaro, who promises to make her fertile. He takes her to a palazzo where *il munaciello*, the mischievous friend of Naples' grieving, gives her 200, 000 lire. In the next scene we learn that, in reality, Patrizia has been prostituting herself around the city habitually, in fits of hysterical grief. In the Apollonian key, Patrizia places a mask over the merciless horror of reality, elevating her experience to a dream-state of meaning, composition, transcendence, and beauty. It is important to note that Fabietto is the only one who entertains the possibility that Patrizia could be telling the truth about her adventures with San Gennaro and il munaciello. He, and by extension Sorrentino, is drawn to this kind of meaning-making; this rising above the meanness of reality and making instead one's own, neater, nobler, and more meaningful reality. And it seems that this approach will hold an important place in his future endeavors as an artist. To wit, he says in his conversation with Capuano that "la realtà è scandente. Voglio vivere nell'immaginario. Ecco perché voglio fare il cinema".

We find, on the other hand, a distinctively Dionysian energy in Armando, the sea-faring contrebandier who is the first to pull Fabietto out of his depression with a joyous spontaneity that is as

---

[3] See Nietzsche's *The Birth of Tragedy*, especially section V.

infectious as it is jarring. At first glance, Armando embodies all that is stereotypically pathological about the city of Naples: he is violent, he is vulgar, he is a trickster. He steals, evades the law, chases women, fights in the street. And yet, as we get to know him better through Fabio, we see that he is irrepressibly free, unconstrained by any arbitrary social conventions, brimming with a simple, joyous energy which he exudes easily, inexhaustibly, and endlessly.

From a Dionysian perspective, he embodies both the violence and destructiveness that is at the heart of all life, and also the wild, ecstatic freedom and generative energy that such destructiveness portends. A child of the sea, he describes the song of the utter and joyous freedom that exists far out from the shore, away from all codes and structures. It is a song sung by speedboats, which he alone among all the characters of the film has heard: tuff, tuff, tuff. That that very sound is produced in the opening shot of the film by a speedboat in the gulf of Naples should make clear that such an impulse is present in Sorrentino's art.

I close by reiterating: I am not convinced that Sorrentino consciously had Nietzsche in mind when he made this film. Just the same, I hope to have established to some degree that it is a plausible reading of the film: Sorrentino follows Nietzsche's idea that stagnation, which Fabietto suffers from in the debilitating comfort of the first half of the film, prevents us from following our natural instinct to become something greater than we are; that trauma, pain, and strife must serve as the catalyst for such growth, as Fabietto never would have left Napoli to become the Paolo Sorrentino had his parents not died tragically; that art is the one modality available to humans by which to sublimate the cruelty of existence, as the film itself clearly exists as a mechanism for processing, exorcizing, and rendering beautiful the trauma of Sorrentino's parents' death; that the best art contains both Apollonian and Dionysian elements, as this film reflects in the characters Patrizia and Armando.

INDEX

Abate, Carmine 146, 148, 150
Abulafia, David 9
Alessandrino, Clemente 155
al-Zayyat, Latifa 160
Ambrogio 102
Ambroise, Claude 39-40
Amelio, Gianni 51-61
Andreotti, Giulio 18, 208
Annibale, Rocco 203
Antigone 154
Antonioni, M. 212, 235
Apollodoro 100
Apollonio, Rodio 100
Apuleio 105
Arnheim, Rudolf 202
Aristotele (Aristotle) 97, 98, 100, 196
Aubry, Esther 111
Ávila-Cabrera, J. J. 108, 112, 120
Azzaro, G. 105, 112, 116

Bajani, Andrea 82-88
Barbagallo, Angela 30
Bartholini, Ignazia 145, 146
Battaglia, Letizia 163
Baudelaire 63
Beasly, Tom 21
Béla, Balázs 212
Belardo, Lenny 109-110, 113-14, 137, 140
Belloun, Tahar Jean 157
Bellucci, Franca 154
Belpoliti, Marco 144
Benjamin, Walter 65
Benussi, Cristina 62
Bertelli, Mario 196
Bertolucci, B. 218, 235
Bertone, Giorgio 62-63
Beseghi, M. 108-109, 118
Besozzi, Tomasso 89
Bloch, Ernst 150
Biamonti, Francesco 62-79
Bianchi, D. 107, 113, 116
Bimbi, Franca 163
Bleasdale, John 53

Bocca, Giorgio 208
Boccaccio, Giovanni 104
Boezio, A. T. Severino 199
Bondanella, Peter 210
Borges, Jorge Luis 41, 161
Borra, Antonello 211
Botta, Antonella 143
Braibanti, Aldo 52-61
Brancati, Vitaliano 46
Brannox, John 110
Briechle, L. 107, 118, 120-21, 124
Brunetta, Gian Piero 208
Bucaria, C. 107, 113, 116

Cacciari, Massimo 153
Calabretta-Sajder, Ryan 150
Calipso 98-99
Calvino, Italo 64, 74, 204-05
Camerini, Mario 208
Cammisa, Mariagrazia 182
Camus, Albert 62, 63, 78
Cannavò, Roberto 1, 3-4
Canudo, Ricciotto 212
Capozzi, Eugenio 10
Caprara, Giovanni 49
Caproni, Giorgio 25-34
Capuano, Antonio 232-33
Cardinal Assente 110, 119
Cardinal Dussolier 110
Cardinal Gutierrez 110
Cardinal Kurtwell 110
Cardinal Spalletta 110, 120, 124-25
Cardinal Voiello 109-110, 114-15, 117, 119-120, 124-25, 138, 140-141
Carlo, Andreoli 8, 14
Cartari, Vincenzo 106
Caruth, Cathy 15
Cases, Cesare 65
Cassano, Franco 63, 153-54
Cassola, Carlo 204
Castro, Américo 39-40, 45-46
Catalanotto, Giuseppe 45-46
Catozzella, Giuseppe 157
Cattafi, Bartolo 159

Cervantes, Miguel de 41, 46
Cesarani, Remo 145
Cesari, Severino 144
Chaplin, Charlie 42
Charrier, Jacques 208
Checchi, Andrea 208
Chiaro, D. 107-108, 113, 116, 124
Cicerone (Cicero) 100-101, 202
Circe 96, 98-99
Clerici, Marcello 218
Comand, Maria Pia 149
Comolli, Giampiero 144
Cooper, Gary 42
Corbières 64-65, 69-70
Cori 156

Dante 30, 32, 101, 103, 105, 144, 236
da Messina, Antonello 169, 184-85
D'Aprile, Annalisa 156
d'Aragona, Eleonora 168
de Caldas Brito, Cristiana 146
De Filipppo, Eduardo ix
de Insulis, Alanus 104
Del Boca, Angelo 208
de Lille, Alain 104
della Francesca, Piero 172
De Marco, Camillo 55
De Santis, G. 212, 218
De Sica, V. 212
Díaz Cintas, J. 120
di Bingen, Ildegarda 104
Di Folco, Gloria 4
Dillon, Armando 168
Di Maria, Nino 87
Di Nella, Maria Lucia 158
di Roma, Ippolito 89, 155
di Siviglia, Isidoro 102-03
Djebar, Assia 160
Don Alonso 189, 191-192
Don Cavallo 111, 119
Don Tomasso 140
Dos Pasos, John 42
Du Bois, Blanche 229

Eco, Umberto 52
Einaudi, Luigi 103, 204-205

Eisenstein, S. 212
Endgdahl, William 91
Enrico II d'Inghilterra 103
Eppler, Duran 107, 118, 120-121, 124
Esiodo 99-100, 103, 105
Ezechiele 104

Falzolgher, Nedda 88
Farah, Cristina Ali 146
Fasano 105
Fellini, Federico 20-21, 23, 212, 230
Ferlita 162
Fido, Franco 188
Fiore, A. 106
Fioretti, D. 108
Fiume, Marinella 160
Florida, Perciò 190
Formentelli, M. 107, 113, 116-17
Fortunato, Mario 144
Frabotta, Biancamaria 25-26, 30, 32
Franco, Francisco 42, 44, 45, 48
Franzoni, Olga 27
Freud, Sigmund 149
Fuentes-Luque, A. 107

Galassi, G.G. 107, 113, 117
Galiani, Ferdinando 105
Galli, Sara 5
Garibaldi, Giuseppe 43, 158
Gaudelli, Franca 162
Gentile, Gianni 196
Ghia, E. 116
Gide, Andrea 41
Gili, Jean A. 210
Ginzburg, Natalia 56-57, 204
Gioanola, Elio 67
Giuliano, Salvatore 89-94
Giulierini, Paolo 157
Gnisci, Armando 146-47
Gogol, Nikolai 41
Goldoni, Carlo 189-193
Goldoni, Giampalo 187-93
Gottlieb, H. 120
Graziani, Stefano 168
Griffith, D.W. 212
Grillet-Robbe, Alain 82, 84, 86

Guarnotta, Vincenzo 222-27
Guiotto, Mario 168

Hakuzwimana, Espérance 146
Hammerstein, R 104
Hemingway, Ernest 42-3, 201
Holmes, J. 123
Hornby, Simonetta Agnello 163
Hughes, G. 123

Isaia 102, 104
Ivarsson, J. 120

John Paul III 110

Khoshsaligheh, Masood 107
Kristeva, Julia 156
Kuwalski, Staley 229

Lakhous, Amara 146, 149-50
Langella, Giuseppe 27, 30, 32, 34
La Porta, Filippo 145-46, 150
La Spina, Silvana 162-63
Lattuada, Alberto 208
Laudato, Marco 205-06, 208
Laurana, Francesco 41, 168
Law, Jude 109
Legrenzi, Paolo 199
Lennig, Arthur 211
Levi, Carlo 158
Liehm, Mira 210
Lizzani, Carlo 206, 208, 210, 221
Lo Cascio, Luigi 53
Lodoli, Marco 66
Lollobrigida, Gina 208
Love, R. 121
Luciano, Charles "Lucky" 89-94
Lukács, György 66

MacLeish, Archibald 44
Macry, Paolo 8, 11
Magnani, Ana 208
Magno, Gregorio 102-03
Magris, Claudio 66, 144
Majakowaskij, Vladimir 212
Makeba, Miriam 157

Malinverno, A.L. 107, 112-13, 117
Malkovich, John 110
Mallone, Paola 74
Malraux, André 43
Maltese, Leonardo 53
Manzoni, Alessandro 41, 142
Maradona, Diego 19-20
Maraini Dacia 163
Marcasciano, Porpora 1-5
Marino, Marco 156
Márquez, Gabriel García 12
Martí Ferriol, J. L. 107
Martire, Giustino 155
Martone, Vittorio 1-2
Mattei, Enrico 89-94
McEnery, A. 121-23, 125-26
Medea 154, 236-37
Mellarini, Paola 74
Meloni, Giorgia 142, 145
Mengaldo, Pier Vincenzo 30
Messina, Maria 161
Milanesi, Claudio 143-44, 150
Milone, Anna Maria 201
Minissi, Franco 170
Mitry, Jean 214
Mittoro, Carmelita 158-59
Molinaro, Edourad 51
Moll, Nora 41
Mondadori, Arnoldo 204-205, 217
Monestiroli, Antonio 183
Montaldo, Giuliano 206, 208, 221
Montanari, Tomasso 142, 150
Montesquieu 41
Monti, S. 107, 113, 117
Morante, Elsa 52
Moravia, Alberto 52, 218
Morganti, Davide 82-88
Morini, L 51, 103
Muratova, X. 102
Murgia, Marilisa 1
Murnau, F.W. 212
Muscariello 161
Mussolini, Benito 42, 44-45, 203, 210

Nafar, Tom 211
Nicaso, Antonio 89

Nietzsche, Friedrich 20, 34, 194-98, 229-34
Nowak, Ewa 117

Olmi, Ermanno 210, 212
Omero 96-105, 154
Onofri, Sandro 144
Orwell, George 82-4
Ottieri, Maria Pace 16
Ovidio 101-02
Ozpetek, Ferzan 52

Page, Giorgio Nelson 208
Pagliero, M. 218
Pakar, Elnaz 107
Pallotta, Lina 4
Panella, Claudio 63, 74, 154
Parini, I. 107, 113, 117
Partenope 104, 106
Pasolini, Pier Paolo 22, 26, 52, 236
Pausini, Cristina 211
Pavese, Cesare 159, 204
Pavesi, M. 107, 112-13, 117
Pedrazzi, Betti 21
Pegoraro, Paolo 149
Penelope 99, 162-63
Persefone 154-55
Piccolo, Valerio 118
Pirandello, Luigi ix, 39-41, 47, 161, 222-23, 225-27
Pius (Pio) XIII 109-10, 113, 115, 117, 123, 125, 129, 137-38, 140-141
Platone 96, 104
Postman, Sheryl 203, 208, 220-21
Prosperi, Pietro 203
Pugliese, Nicola 8-17
Purini, Franco 168

Quintiliano 99

Rabal, Francisco 208
Raineri, Luisa 22
Ranzato, I. 105, 113, 117
Rapisardi, Mario 180-81
Remael, A. 120
Repetti, Manuela 161

Rimanelli, Giose 201-220
Roffe, I. 124
Rogers, Nick 20
Ronga, Luigi 196
Rosi, Francesco 89-94, 211
Rossi Drago, Eleonora 208
Rosselini, R. 212
Russo, E. 41
Russo, Giuseppe Genco

Salvatores, Gabriele ix
Santaemilia, J. 107
Santoni, George 211
Santore, John 9-10
Saponangelo, Teresa 21
Scarpa, Carlo 168-69, 184
Scego, Igiaba 146-50
Schisa, Fabietto 18-20, 230-31
Schisa, Marchino 18-20, 230-31
Sciascia, Leonardo 37-50, 149, 161-62
Scotti, Filippo 20
Seneca 101, 150
Serandesi, M. 218
Servillo, Toni 21
Silva, Fred 211
Sister Antonia 110
Sister Caterina 111
Sister Mary 110, 114
Smith, Winston 83
Smithey, Cole 21
Soler Pardo, B. 107
Sorrell, Robert 12
Sorrentino, Paolo 18-23, 107-110, 131, 229-34
Sherazade 157, 163
Spadafora, A. 112
Spani, Giovanni 156
Squarzina, Luigi 189
Stacy, Neil 19
Stendhal 41
Strabone 100
Strati, Saverio 87
Suida 104
Svetonio 106

Tabucchi, Antonio 67
Tagliaferri, Ettore 53
Tartamella, V. 112
Tellini, Giulia 192
Testa, Enrico 25
Thermes, Laura 175, 237
Todesco, Serena 162
Tognazzi, Ugo 51
Tornatore, Giuseppe 108
Totò 17

Ulisse 96-102, 162-63

Valéry, Paula 62-3, 72, 74
Vattimo, Gianni 198
Velázquez 77
Ventura 44-6
Verdone, Mario 212, 214
Verga, Giovanni 87
Vergano, Aldo 218
Viganò, Renata 204
Viola, Franca 163

Virgilio (Virgil) 23, 44, 70, 104-05
Visconti, Luchino 51, 210, 218
Visinoni, Girolamo 187
Vitti, Annibale 203
Voltaire 41, 188-89
von Stroheim, E.O. 212
von Weber, Carl Maria 34

Williams, Tennessee 229
Wilson, Jake 21
Witcombe, R.T. 210

Xiao 121-26

Zambon F. 102
Zamora, P. 107, 113, 117
Zavattini, Cesare 211-12
Zecchi 155-56
Zeus 154
Zublena, Paolo 69
Zumthor, Peter 169

Authors

ELISABETTA SANINO D'AMANDA is Coordinator of the Italian Studies Program, since 2001, at Rochester Institute of Technology. In 2010, she earned the Doctor of Modern Languages in Italian and Spanish at Middlebury College. Her scholarly publications and presentations are on Italian cinema, Italian pedagogy, and Diversity, Equity, and Inclusion. An active documentary filmmaker, she has directed *As Good As Bread* (2008), and *Astrodance: Dances Through the Wonders of the Universe* (2015). She produced *2016 Election Day* (2017).

ALAN G. HARTMAN holds a B.S. in Psychology from Manhattan College, a M.A. in Hispanic Studies from Boston College, a M.A. in Italian Studies from Middlebury College, a M.A. in Theology from The University of Scranton, and a Doctor of Modern Languages from Middlebury College. He is an Associate Professor of Italian and Spanish at Mercy College, where he also serves as Program Director of Modern Foreign Languages, Founding Director of Latin American and Latino Studies, and Fulbright Language Teaching Assistant Coordinator. He is also the Vice President of Italian Charities of America.

D.J. Higgins is an American filmmaker, writer, and director of Irish / Italian descent. He has four master's degrees, in Italian Cinema, Italian Literature, Spanish Generalist Studies, and in Film & Television. He also earned a Doctorate in Modern Languages, Middlebury College. While following his passion of filmmaking he is also an assistant teaching professor of film/video and music at Penn State Schuylkill.

MARIA LÀUDANI is a teacher of Latin and ancient Greek Literature. To her teaching she combines a constant interest in the manifestations of contemporary literature. In addition to having written some essays, she has translated texts unpublished in Italy by the novelist A. Papadiamantis. She is currently enrolled in the International Doctoral School of the Universidad Católica San Antonio de Murcia.

CLAUDIO MAZZOLA graduated from the Università di Milano and the University of Washington. In addition to contemporary Italian Literature, he has been involved with Italian Cinema for a while. He has written articles on Francesco Rosi, Michelangelo Antonioni, Bernardo Bertolucci, and others. His main interest is the way modernism developed in cinema and the transformation of filmic narration.

BRUNO MELLARINI, a Ph.D. in Italian, works at the Institute for Educational Research and Experimentation of the Province of Trento (IPRASE), where he is involved in training and research in the area of Italian and Classical Languages. He has published numerous essays and studies dedicated to authors of the second half of the Italian twentieth century in edited volumes and journals.

ANNA MARIA MILONE earned her Doctorate at Università degli Studi di Messina focusing on Giose Rimanelli's code switching. She teaches English at a high school in Rome and has widely published on Rimanelli. She is interested in contemporary literature and her essays on Joseph Tusiani, Giovanni Cecchetti and Rocco Carbone are included in academic reviews. She is the author of a book on Giose Rimanelli, *La valigia è vuota* (Castelvecchi 2020).

MASSIMO NICASO was born in Canada, where he recently graduated in Italian and Philosophy from the University of Toronto. This is his first published article in an academic publication. His dream is to pursue a career in academia. He will be pursuing a master's degree at Middlebury College (Vermont).

DOMENICO PALUMBO teaches Italian Studies at the Sant'Anna Institute in Sorrento, where he holds courses in Italian Language and Literature. He is a regular panelist at conferences of the AAIS, AATI, CAIS, MSA, and RSA. He dedicates his time to Dante, Tasso, and the teaching of literature. Among his latest publications: "Pasolini e la Parola: dal 'teatro di parola' alla Medea, 'cinema di parola'" (*Diacritica* [2022]); *The Divine Comedy for Foreigners* (Edilingua, 2020).

ILARIA PARINI is a Researcher in English linguistics and translation at the University of Turin, Italy. She earned a PhD in English Linguistics and Translation at the University of Milan. She is the author of the book *Italian American Gangsterspeak* (2013). Her research interests include audiovisual translation, translation of non-standard varieties, and manipulation and censorship in translation.

DANIELA PRIVITERA qualified as Associate Professor of Italian Literature in 2018. She holds a PhD in Italian and teaches Contemporary Italian Literature at Middlebury College in Vermont. She also teaches at the Università Niccolò Cusanò in Rome. She is also a teacher of literary subjects and Latin in high school and is a member of the scientific committee of the journal *Luci e ombre* and of the book series "Oltre ogni confine" published by Metauro Edizioni.

A graduate in Architecture from the Università degli Studi Mediterranea di Reggio Calabria, GIUSEPPE SCRAVAGLIERI has collaborated with the D.A.S.T.E.C. department of the same University with Prof. Laura Thermes. He has participated in architectural and urban design competitions and seminars, publishing several architectural works, and receiving mentions. He is a practicing architect in both private and public spheres. Among his most representative works are the preparation of an archaeological museum and the restoration of the facade of a church dating from the late Baroque period. He has taught at the Italian school of Middlebury College (Vermont) and is professor of art history at I.I.S. Mario Rapisardi in Paternò (CT).

ANTHONY JULIAN TAMBURRI is Dean of the John D. Calandra Italian American Institute and Distinguished Professor of European Languages and Literatures. He is co-founder and co-director of Bordighera Press, past president of the Italian American Studies Association (IASA) and of the American Association of Teachers of Italian (AATI). His latest publication is *A Politics of [Self-]Omission: The Italian/American Challenge in A Post-George Floyd Age* (Aracne 2022).

GIULIA TELLINI is a Research Fellow in the Department of Humanities, University of Florence. She has published several essays on Italian theatrical literature from the 16th to the 20th century. Her books include *Storie di Medea* (2012), *Tasso tragico e altri studi di letteratura teatrale* (2016), and *L'officina sperimentale di Goldoni* (2020).

CARMELINA VACCARO earned a degree with honors in Pedagogy and Educational Science from the University of Catania. She teaches at IIS Mario Rapisardi in Paternò, is a specialist in learning processes and an expert in the study of relational and group dynamics. Her field of inquiry ranges from pedagogy to philosophy applied to historical-anthropological and social processes. She is the author of the essay "Mediterranean Individuality" in the volume *Mediterranean Encounters and Legacies* (Bordighera 2021)

ANTONIO CARLO Vitti earned his PhD at the University of Michigan. He is Professor Emeritus at Indiana University, and former Director of the Italian Summer Program at Middlebury College. He has published widely on Italian Cinema, Contemporary Italian Culture and Literature, Mediterranean Studies, and Immigration.

MARIA ROSARIA VITTI-ALEXANDER earned her PhD at the University of Michigan. She is Professor Emerita and Adjunct in World Languages and Cultures at Nazareth College and has published widely on Luigi Pirandello. She is also the translator of Gina Logorio's *Wolf Beach*.

DAVID N. WINKLER holds a PhD in Italian from Indiana University and an MA from Middlebury College. He has held faculty appointments at Middlebury College and the University of Delaware, where his interdisciplinary research enabled him to teach coursework in Italian, Jewish Studies, English, and History. He currently serves with the English and Foreign Languages faculty at The Frisch School in Paramus, NJ, and is a founding co-editor of the digital humanities journal *Animo Quarterly*.

Saggistica

Taking its name from the Italian—which means essays, essay writing, or non-fiction—*Saggisitca* is a referred book series dedicated to the study of all topics and cultural productions that fall under what we might consider that larger umbrella of all things Italian and Italian/American.

Vito Zagarrio
  The "Un-Happy Ending": Re-viewing The Cinema of Frank Capra. 2011. ISBN 978-1-59954-005-4. Volume 1.
Paolo A. Giordano, Editor
  The Hyphenate Writer and The Legacy of Exile. 2010. ISBN 978-1-59954-007-8. Volume 2.
Dennis Barone
  America / Trattabili. 2011. ISBN 978-1-59954-018-4. Volume 3.
Fred L. Gardaphè
  The Art of Reading Italian Americana. 2011. ISBN 978-1-59954-019-1. Volume 4.
Anthony Julian Tamburri
  Re-viewing Italian Americana: Generalities and Specificities on Cinema. 2011. ISBN 978-1-59954-020-7. Volume 5.
Sheryl Lynn Postman
  An Italian Writer's Journey through American Realities: Giose Rimanelli's English Novels. "The most tormented decade of America: the 60s" ISBN 978-1-59954-034-4. Volume 6.
Luigi Fontanella
  Migrating Words: Italian Writers in the United States. 2012. ISBN 978-1-59954-041-2. Volume 7.
Peter Covino & Dennis Barone, Editors
  Essays on Italian American Literature and Culture. 2012. ISBN 978-1-59954-035-1. Volume 8.
Gianfranco Viesti
  Italy at the Crossroads. 2012. ISBN 978-1-59954-071-9. Volume 9.
Peter Carravetta, Editor
  Discourse Boundary Creation (LOGOS TOPOS POIESIS): A Festschrift in Honor of Paolo Valesio. ISBN 978-1-59954-036-8. Volume 10.
Antonio Vitti and Anthony Julian Tamburri, Editors
  Europe, Italy, and the Mediterranean. ISBN 978-1-59954-073-3. Volume 11
Vincenzo Scotti
  Pax Mafiosa or War: Twenty Years after the Palermo Massacres. 2012. ISBN 978-1-59954-074-0. Volume 12.

Anthony Julian Tamburri, Editor
Meditations on Identity. Meditazioni su identità. ISBN 978-1-59954-082-5. Volume 13.
Peter Carravetta, Editor
Theater of the Mind, Stage of History. A Festschrift in Honor of Mario Mignone. ISBN 978-1-59954-083-2. Volume 14.
Lorenzo Del Boca
Italy's Lies. Debunking History's Lies So That Italy Might Become A "Normal Country". ISBN 978-1-59954-084-9. Volume 15.
George Guida
Spectacles of Themselves. Essays in Italian American Popular Culture and Literature. ISBN 978-1-59954-090-0. Volume 16.
Antonio Vitti and Anthony Julian Tamburri, Editors
Mare Nostrum: prospettive di un dialogo tra alterità e mediterraneità. ISBN 978-1-59954-100-6. Volume 17.
Patrizia Salvetti
Rope and Soap. Lynchings of Italians in the United States. ISBN 978-1-59954-101-3. Volume 18.
Sheryl Lynn Postman and Anthony Julian Tamburri, Editors
Re-reading Rimanelli in America: Six Decades in the United States. ISBN 978-1-59954-102-0. Volume 19.
Pasquale Verdicchio
Bound by Distance. Rethinking Nationalism Through the Italian Diaspora. ISBN 978-1-59954-103-7. Volume 20.
Peter Carravetta
After Identity. Migration, Critique, Italian American Culture. ISBN 978-1-59954-072-6. Volume 21.
Antonio Vitti and Anthony Julian Tamburri, Editors
The Mediterranean As Seen by Insiders and Outsiders. ISBN 978-1-59954-107-5. Volume 22.
Eugenio Ragni
After Identity. Migration, Critique, Italian American Culture. ISBN 978-1-59954-109-9. Volume 23.
Quinto Antonelli
Intimate History of the Great War: Letters, Diaries, and Memoirs from Soldiers on the Front. ISBN 978-1-59954-111-2. Volume 24.
Antonio Vitti and Anthony Julian Tamburri, Editors
The Mediterranean Dreamed and Lived by Insiders and Outsiders. ISBN 978-1-59954-115-0. Volume 25.

Sabrina Vellucci and Carla Francellini, Editors
Re-Mapping Italian America: Places, Cultures, Identities. ISBN 978-1-59954-116-7. Volume 26.

Stephen J. Belluscio
Garibaldi M. Lapolla: A Study of His Novels. ISBN 978-1-59954-125-9. Volume 27.

Antonio Vitti and Anthony Julian Tamburri, Editors
The Representation of the Mediterranean World by Insiders and Outsiders. ISBN 978-1-59954-113-6. Volume 28.

Philip Balma and Giovanni Spani, Editors
Translating for (and from) The Italian Screen: Dubbing and Subtitles. ISBN 978-1-59954-141-9. Volume 29.

Antonio Vitti and Anthony Julian Tamburri, Editors
The Representation of the Mediterranean World by Insiders and Outsiders. ISBN 978-1-59954-142-6. Volume 30.

Anthony Julian Tamburri, Editor
Interrogations into Italian-American Studies. The Francesco and Mary Giambelli Foundation Lectures. ISBN 978-1-59954-143-3. Volume 31.

Susanna Nanni and Sabrina Vellucci, Editors
Circolazione di idee e di persone: Integrazione ed esclusione tra Europa e Americhe. ISBN 978-1-59954-155-6. Volume 33.

Sian Gibby, Joseph Sciorra, and Anthony Julian Tamburri, Editors
This Hope Sustains the Scholar: Essays in Tribute to the Work of Robert Viscusi. ISBN 978-1-59954-167-9. Volume 34.

Antonio Vitti and Anthony Julian Tamburri, Editors
Mediterranean Encounters and Clashes. Incontri e scontri mediterranei. ISBN 978-1-59954-171-6. Volume 35.

Wendy Pojmann
Espresso. The Art and Sould of Italy. ISBN 978-1-59954-168-6. Volume 36.

Paolo Giordano and Anthony Julian Tamburri, Editors
Il miglior fabbro. Essays in Honor of Joseph Tusiani. ISBN 978-1-59954-184-6. Volume 37.

Antonio Vitti and Anthony Julian Tamburri, Editors
Mediterranean Encounters and Legacies. Incontri e Lasciti Mediterranei. ISBN 978-1-59954-188-4. Volume 38.

Guido Baggio, Michela Bella, and Angela Di Matteo, Editors
Riscostruire. I luoghi della memoria nelle Americhe. ISBN 978-1-59954-203-4. Volume 39.

www.ingramcontent.com/pod-product-compliance
Lightning Source LLC
Chambersburg PA
CBHW030852170426
43193CB00009BA/585